Droit des collectivités territoriales

Les mémentos DALLOZ

série droit public

Droit des collectivités territoriales

Virginie Donier
Professeure à l'Université de Toulon

4e édition – 2021

DALLOZ

DALLOZ

31-35 rue Froidevaux, 75685 Paris cedex 14

ISBN 978-2-247-20477-9

Plan détaillé

Deuxième partie
Les acteurs locaux

Troisième partie
Le champ d'action des collectivités territoriales

Liste des abréviations

AJDA	*Actualité juridique droit administratif*
BJCP	*Bulletin juridique des contrats publics*
CAA	Cour administrative d'appel
CASF	Code de l'action sociale et des familles
CE	Conseil d'État
CEDH	Cour européenne des droits de l'homme
CGCT	Code général des collectivités territoriales
CJUE	Cour de justice de l'Union européenne
Cons. const.	Conseil constitutionnel
Dr. adm.	*Droit administratif*
DGCL	*Direction générale des collectivités locales*
EPCI	*Établissement public de coopération intercommunale*
GAJA	*Grands arrêts du droit administratif*
JCP A	*La semaine juridique administration et collectivités territoriales*
LPA	*Les petites affiches*
RDP	*Revue du droit public*
RFDA	*Revue française de droit administratif*
TA	Tribunal administratif

Introduction

Le droit des collectivités territoriales est une matière au carrefour du droit constitutionnel et du droit administratif qui a connu de profondes mutations depuis une trentaine d'années ; la portée conférée aux notions de base a donc substantiellement évolué, et c'est précisément ce que l'on se propose de retracer dans le cadre de cette introduction, après avoir précisé le sens des notions de décentralisation et de collectivités territoriales afin de comprendre les contours de la matière et ses spécificités.

Section 1 – Les notions à la base du droit des collectivités territoriales

§ 1 – La décentralisation

Définition : Il s'agit d'une forme d'organisation administrative visant à confier à une collectivité humaine ou à un service public la faculté de s'administrer lui-même ; le pouvoir central octroie à des institutions juridiquement distinctes de l'administration centrale des attributions pour la gestion desquelles elles bénéficient d'une certaine liberté.

I – Deux formes de décentralisation

A – La décentralisation fonctionnelle

Elle consiste à confier à une personne morale de droit public, distincte de l'État, généralement un établissement public, la gestion d'un service public dans un souci d'efficacité (ex. universités, hôpitaux, musées).

B – La décentralisation territoriale

Intéressant plus particulièrement le droit des collectivités territoriales, elle consiste à accorder la personnalité morale de droit public à des collectivités infra-étatiques, disposant d'organes élus par les citoyens résidant sur le territoire de la collectivité. Le champ d'action des personnes publiques est, par ailleurs, plus vaste dans la décentralisation territoriale puisque les collectivités se voient reconnaître des attributions dépassant le seul cadre d'un service public. Cette seconde forme de décentralisation se caractérise donc par la présence d'affaires locales, mais aussi par l'existence d'autorités locales élues.

II – Le contrôle de l'État et l'autonomie locale

Dans un État unitaire comme la France, marqué historiquement par la centralisation, les institutions décentralisées, et notamment les collectivités territoriales, ne peuvent disposer d'une autonomie absolue. Tel est d'ailleurs le sens de l'article 72 alinéa 3 de la Constitution qui énonce que les collectivités territoriales s'administrent librement dans les conditions définies par la loi ; la libre administration est ainsi enserrée par un carcan législatif qui dessine les contours de l'autonomie locale.

Les institutions décentralisées, et plus particulièrement les collectivités territoriales, restent soumises au contrôle de l'État tout en bénéficiant d'un pouvoir de décision et d'organisation.

A – La décentralisation et la déconcentration

Ces deux notions renvoient à deux formes d'organisation administrative distinctes.

La déconcentration peut être analysée comme une modalité de la centralisation : les décisions prises par les administrations déconcentrées le sont en effet selon des directives fixées par le pouvoir central. Les autorités déconcentrées sont soumises au pouvoir hiérarchique des autorités centrales.

En revanche, dans l'hypothèse de la décentralisation, la personne publique dispose d'un pouvoir de décision plus autonome car elle agit pour son propre compte et en son nom, indépendamment du fait qu'elle doit respecter les règles de droit en vigueur.

B – La décentralisation et le fédéralisme

Cette soumission des autorités décentralisées aux règles de l'État unitaire permet de distinguer la décentralisation du fédéralisme puisqu'en France, les niveaux infra-étatiques ne sont pas habilités à édicter eux-mêmes les règles de droit qui leur sont applicables. L'article 72 alinéa 3 de la Constitution, déjà mentionné, énonce ainsi que la libre administration s'exerce dans les conditions prévues par la loi.

Par ailleurs à la différence des États pratiquant le fédéralisme, les compétences des collectivités territoriales ne sont pas fixées par la Constitution ; si la Loi fondamentale fixe les principes applicables aux relations entre l'État et les collectivités territoriales, la définition matérielle des compétences de chaque catégorie de collectivités est l'œuvre du législateur.

Décentralisation et fédéralisme ne doivent pas être mis sur le même plan car dans l'un et l'autre cas, la forme de l'État, et donc la place dévolue aux niveaux infra-étatiques, diffèrent. Si l'organisation de la République est décentralisée comme l'indique, depuis la révision constitutionnelle du 28 mars 2003, l'article 1er de la Constitution, la France n'est pas pour autant un État fédéral.

III – Les éléments caractéristiques de la décentralisation

La décentralisation peut en définitive être caractérisée par plusieurs éléments.

A – La personnalité morale

Elle permet d'être sujet de droits et d'obligations, de disposer d'un patrimoine propre et de compétences spécifiques.

B – L'autonomie

Un certain degré d'autonomie par rapport à l'État permet aux autorités décentralisées de prendre des décisions au nom et pour le compte de leur collectivité. Cette indépendance est particulièrement prégnante dans le cadre de la décentralisation territoriale dans la mesure où les autorités locales sont élues.

C – Les moyens

Il importe que les collectivités décentralisées aient des moyens humains, financiers, mais aussi juridiques pour mettre en œuvre leurs compétences. Elles disposent ainsi d'un budget et de ressources propres, de personnels qui relèvent de leur responsabilité et de la possibilité de prendre des décisions administratives qui, néanmoins, sont soumises au contrôle du représentant de l'État selon les principes applicables à tout État unitaire.

§ 2 – La notion de collectivités territoriales

Définition : Ce sont des autorités administratives décentralisées bénéficiant de la personnalité morale, et disposant d'affaires propres, distinctes des affaires de l'État. Pour gérer ces affaires propres, les collectivités territoriales sont dotées de conseils élus et disposent d'un pouvoir de décision qui reste néanmoins soumis au contrôle de l'État.

Distinction : Les collectivités territoriales se distinguent des circonscriptions administratives : les premières renvoient en effet à l'organisation décentralisée du territoire tandis que les secondes désignent les organes déconcentrés de l'administration étatique. Si un même territoire (un département par exemple) peut être à la fois une circonscription administrative et une collectivité territoriale, ces deux notions ne renvoient pas aux mêmes formes d'organisation administrative.

Les différentes catégories de collectivités territoriales sont énumérées par l'article 72 de la Constitution : il s'agit des communes, départements, régions, des collectivités à statut particulier et des collectivités d'outre-mer régies par l'article 74 de la Loi fondamentale.

I – Les éléments constitutifs de l'identité d'une collectivité territoriale

Ainsi que nous aurons l'occasion de l'expliquer par la suite, le droit des collectivités territoriales peut, à certains égards, être qualifié de droit à géométrie variable. Pour autant, il existe des caractéristiques communes à toutes les collectivités, caractéristiques qui sont inhérentes à leur identité.

A – Un nom

Chaque collectivité possède un nom dont l'origine est fortement corrélée à l'existence même de la collectivité.

Celle-ci peut toutefois engager une procédure de changement de nom dans les termes prévus par le CGCT (art. L. 2111-1 pour les communes, L. 3111-1 concernant les départements, et L. 4121-1 s'agissant des régions). De telles procédures peuvent être mises en œuvre pour des raisons d'opportunité, tenant par exemple à la volonté de rénover l'image de la collectivité (voir par ex. le décret n° 2011-311 du 22 mars 2011 : la commune de Saint-Paul, située dans les Alpes-Maritimes, a pris le nom de Saint-Paul-de-Vence ; la commune de Saint-Just, située dans l'Ardèche, a pris le nom de Saint-Just-d'Ardèche).

B – Un territoire

Outre le nom, chaque collectivité territoriale se définit par un territoire, elle est ainsi circonscrite par des limites géographiques. Et en vertu de la jurisprudence, « les limites extérieures de chaque catégorie de circonscriptions coïncident entre elles, dans la mesure nécessaire à la bonne organisation et au bon fonctionnement des pouvoirs publics et des services publics » (CE 18 nov. 1977, *Commune de Fontenay-sous-Bois*, *Rec.* p. 448). Un tel principe, dégagé pour les circonscriptions administratives, vaut également pour les collectivités territoriales.

La modification du territoire d'une collectivité est cependant envisageable ainsi que le démontre la loi n° 2015-29 du 16 janvier 2015 relative à la délimitation des régions, aux élections régionales et départementales et modifiant le calendrier électoral, qui a procédé à la fusion de plusieurs régions (par exemple, les régions d'Alsace, de Champagne-Ardenne et de Lorraine, ou encore les régions de Bourgogne et de Franche-Comté). Si l'article 72-1 de la Constitution prévoit que les électeurs peuvent être consultés avant toute modification du périmètre de leur collectivité, il ne s'agit nullement d'une obligation.

C – Une population

Enfin, le dernier élément constitutif de la carte d'identité d'une collectivité territoriale réside dans sa population, le nombre d'habitants étant en effet un déterminant important s'agissant des règles applicables en matière financière, fiscale ou encore en matière électorale, tout du moins en ce qui concerne les communes.

C'est ainsi en fonction du nombre d'habitants que le mode de scrutin des conseillers municipaux est fixé, les communes de moins de 1 000 habitants étant soumises à un mode de scrutin différent de celui qui prévaut dans les autres communes. S'agissant des départements, c'est le nombre d'habitants qui détermine notamment le nombre de sénateurs. Des recensements sont périodiquement effectués afin d'actualiser l'état de la population des communes, et par voie de conséquence, le nombre des habitants des départements et des régions.

II – Une unité à nuancer

A – Prise en compte des spécificités territoriales

Au-delà de l'apparente unité catégorielle, il convient de préciser que le droit des collectivités territoriales revêt la forme d'un droit à dimension variable, notamment pour tenir compte des spécificités inhérentes à certains territoires, telles les collectivités situées outre-mer.

B – Expérimentation et différenciation

La révision constitutionnelle du 28 mars 2003 a introduit, à l'article 72 alinéa 4 de la Constitution, la notion d'expérimentation qui donne aux collectivités territoriales la possibilité d'adopter des règles dérogeant aux lois et règlements nationaux, excepté dans les cas où « les conditions essentielles d'exercice d'une liberté publique ou d'un droit constitutionnellement garanti » sont en cause.

Pendant l'expérimentation, et dans le champ d'application de celle-ci, les collectivités territoriales d'une même catégorie ne seront pas toutes soumises aux mêmes règles, certaines étant habilitées à déroger au droit national, tandis que d'autres y seront soumises. L'expérimentation porte en effet sur un nombre limité de collectivités relevant d'une même catégorie dans le dessein de mesurer l'efficacité d'un nouveau dispositif, celui-ci pouvant ensuite être généralisé, ou être pérennisé dans certains territoires seulement, selon une logique de différenciation.

L'expérimentation du Revenu de solidarité active (RSA)

Le Revenu de solidarité active (RSA) constitue une illustration de cette faculté de procéder à des expérimentations, ce dispositif ayant tout d'abord été mis en œuvre par certains départements sur le fondement de la loi du 21 août 2007 (loi n° 2007-1223 en faveur du travail, de l'emploi et du pouvoir d'achat) avant d'être ensuite généralisé par la loi du 1er décembre 2008 (loi n° 2008-1249). Le droit applicable à une même catégorie de collectivités territoriales peut ainsi être à géométrie variable.

Si l'expérimentation peut ouvrir la voie à la différenciation territoriale, il convient également de relever que le projet de loi déposé le 12 mai 2021 relatif à la différenciation, la décentralisation, la déconcentration et portant diverses mesures de simplification de l'action publique locale envisage de donner plus d'importance à la différenciation territoriale dans l'attribution et l'exercice des compétences. L'objectif affiché est de mieux prendre en compte la diversité des situations locales.

C – La permanence d'éléments communs

Il ne faudrait pas déduire des éléments qui précèdent que l'unité du droit des collectivités territoriales est totalement ébranlée : au-delà des évolutions récentes tendant quelque peu à porter atteinte à l'uniformité des règles applicables, les collectivités territoriales continuent à se définir par la réunion d'éléments communs, démontrant ainsi que l'approche unitaire du droit des collectivités territoriales conserve sa pertinence. À la variation des règles applicables, variation qui vise notamment à prendre en compte la nécessaire adaptation du droit aux différences de situation, s'oppose la stabilité des éléments constitutifs d'une collectivité territoriale.

Section 2 – L'émergence du droit des collectivités territoriales

Dans la mesure où le périmètre du droit des collectivités territoriales fluctue avec les progrès, ou *a contrario*, les reculs de la décentralisation, il est indispensable de retracer l'évolution historique de cette matière. Cela permettra de mieux saisir d'une part, comment s'est construit ce droit, et d'autre part, qu'il est le produit de choix politiques reflétés par l'organisation de la répartition du pouvoir sur l'ensemble du territoire national.

§ 1 – De la Révolution à la fin du xxe siècle : les prémices de la décentralisation

L'histoire de la décentralisation n'est pas celle d'une progression constante, elle reflète au contraire les inclinations ou les réticences à l'égard des libertés locales ; le droit des collectivités territoriales a donc, pendant longtemps, oscillé entre progression et régression.

I – Révolution, Directoire et Consulat : le poids de la centralisation

Certes, il existait déjà une administration locale sous l'Ancien-Régime, mais c'est l'Assemblée constituante qui a procédé au découpage de la France en circonscriptions, et notamment en circonscriptions départementales, lesquelles s'apparentaient néanmoins à des organes déconcentrés et non pas à des organes décentralisés. Seules les communes bénéficiaient véritablement d'une certaine liberté puisqu'elles pouvaient agir en faveur des intérêts locaux.

Le poids de la centralisation était donc particulièrement prégnant, et il le sera encore davantage sous le Directoire, mais aussi sous le Consulat. C'est d'ailleurs à cette période qu'ont été créés les préfets par la loi du 28 pluviôse an VIII, avec pour mission, d'assurer la représentation de l'État sur l'ensemble du territoire national. Le préfet devait notamment nommer les maires des communes de moins de 5 000 habitants, les autres maires étant nommés par le pouvoir central, ce qui illustre là encore l'importance de la centralisation.

II – Monarchie de Juillet et IIIe République : évolutions significatives

Cette situation évolua néanmoins de manière significative sous la Monarchie de Juillet puisque les conseillers municipaux et les conseillers généraux seront désignés par la voie de l'élection, et ce, en vertu respectivement des lois du 21 mars 1831 et du 22 juin 1833. Pour autant, ces textes n'ont pas mis un terme à la tutelle qu'exerçaient les préfets sur les collectivités territoriales, le pouvoir de décision de ces dernières demeurait particulièrement encadré.

C'est à partir de 1871 qu'un véritable tournant eut lieu avec l'adoption de deux lois fondamentales.

- **Loi du 10 août 1871 relative aux conseils généraux** : elle prévoit que le conseil général délibère « sur tous les objets d'intérêt départemental dont il est saisi, soit par une proposition du préfet, soit sur l'initiative d'un de ses membres ». Pour autant, ce texte n'a pas doté les départements d'un exécutif élu, le préfet demeurait à leur tête.

- **Loi du 5 avril 1884 relative aux communes** : elle prévoit le principe de l'élection des maires, ce qui ne les empêche pas d'exercer certaines missions au nom de l'État, à l'image des compétences qui leur sont encore dévolues aujourd'hui. Par ailleurs, cette loi consacre, au profit des communes, ce qu'il est convenu d'appeler une clause générale de compétence (ou clause de compétence générale), leur permettant d'intervenir dès lors qu'un intérêt public local le justifie.

Ces deux lois marquent une véritable reconnaissance de l'autonomie locale et constituent une étape importante dans la construction du droit de la décentralisation et du droit des collectivités territoriales.

III – IVe et Ve Républiques : libre administration et création des régions

Si l'on excepte la période de Vichy, les libertés locales n'ont plus été remises en cause ; au contraire, la **Constitution de la IVe République** consacre l'autonomie des collectivités territoriales en affirmant le principe de **libre administration**, principe qui sera repris par la **Constitution de la Ve République**. Toutefois, initialement, seules les communes et les départements en bénéficiaient.

Les **régions**, créées par un arrêté ministériel du **28 octobre 1956**, n'ont pas été immédiatement érigées en collectivités territoriales, elles ne constituaient que des circonscriptions déconcentrées dont la vocation consistait à appliquer la politique de planification définie par l'État. La loi du 5 juillet 1972 les a ensuite transformées en établissements publics, mais c'est avec la loi du 2 mars 1982 qu'elles ont acquis le statut de collectivité territoriale.

§ 2 – 1982 : la décentralisation consacrée

La loi du 2 mars 1982 marque un véritable tournant en ce qu'elle définit les droits et libertés des trois catégories de collectivités territoriales que sont les communes, les départements et les régions. Mais surtout, elle confie à un élu la présidence du conseil général, la fonction d'exécutif étant jusqu'alors dévolue au préfet. Il en sera de même pour le conseil régional puisque la région devient une collectivité territoriale, les premières élections régionales auront lieu au mois de mars 1986.

I – Le contrôle *a posteriori* des actes administratifs

La loi du 2 mars 1982 consacre également une plus grande liberté au profit des différentes catégories de collectivités en réformant la tutelle exercée par les préfets pour la remplacer par un contrôle *a posteriori*. Les actes des collectivités territoriales deviennent exécutoires de plein droit à compter de leur publication et de leur transmission au préfet et ce, en vertu d'une autre loi, celle du 22 juillet 1982 (loi n° 82-623 modifiant et complétant la loi n° 82-213 du 2 mars 1982). Le nouveau contrôle *a posteriori* restreint les pouvoirs du préfet en ce qu'il ne dispose plus du pouvoir d'annuler lui-même un acte administratif, il a désormais simplement la faculté de saisir le juge administratif afin de contester la légalité de l'acte s'il estime que celui-ci est illégal.

II – La répartition des compétences

La loi du 2 mars 1982 fut complétée par plusieurs textes dans les années qui suivirent, ces textes avaient notamment pour objet de préciser la répartition des compétences entre l'État et les collectivités territoriales, mais aussi entre les différentes catégories d'échelons locaux : tel fut l'objet des lois des 7 janvier et 22 juillet 1983 (respectivement loi n° 83-8 et loi n° 83-663), de la loi du 25 janvier 1985 portant plus particulièrement sur les compétences en matière d'enseignement (loi n° 85-97), mais aussi de la loi du 6 janvier 1986 adaptant la législation sanitaire et sociale aux transferts de compétence en matière d'aide sociale et de santé (loi n° 86-17).

Méthode : Pour opérer cette répartition, le législateur a défini une méthodologie fondée sur une logique de blocs de compétences : dans un souci de cohérence et pour tenter d'éviter les enchevêtrements et les doublons, le législateur a souhaité limiter les interventions de plusieurs catégories de collectivités dans un même domaine. Si une telle logique paraît intellectuellement séduisante, elle s'est rapidement révélée délicate à mettre en œuvre, le législateur n'étant pas parvenu à éviter les enchevêtrements dans des domaines tels que ceux du développement économique ou de l'aménagement du territoire, autant de compétences qui se caractérisent par leur transversalité. Par ailleurs, en interdisant toute tutelle d'une collectivité sur une autre, la loi du 7 janvier 1983 a implicitement avalisé les interventions concurrentes sans qu'aucune concertation et coordination ne soient imposées aux collectivités territoriales. Pour autant, en dépit de cet écueil, l'interdiction de la tutelle entre collectivités territoriales est un principe important pour préserver la libre administration de chaque collectivité et ainsi, les libertés locales.

Moyens : Pour assurer aux collectivités les moyens d'exercer leurs nouvelles compétences, le législateur a posé le principe selon lequel tout transfert de compétence devait donner lieu à une compensation financière, ce qui s'est traduit par des transferts de ressources fiscales, mais aussi par l'attribution de dotations aux collectivités territoriales. À ces moyens financiers se sont ajoutés des transferts de services et de personnels de l'État vers les collectivités territoriales, puis la création d'une fonction publique territoriale par la loi du 26 janvier 1984 (loi n° 84-53, dite loi Le Pors, portant dispositions statutaires relatives à la fonction publique territoriale).

III – L'adoption de statuts particuliers

À ces différents textes généraux, s'ajoutent des lois ayant trait plus spécifiquement à certaines collectivités territoriales : c'est ainsi que deux lois relatives à la Corse ont été adoptées, la première en date du 2 mars 1982 portant statut particulier de la Corse, et la seconde en date du 30 juillet 1982 relative aux compétences de la Corse. On relèvera également la loi du 31 décembre 1982 relative à l'organisation de Paris, Lyon, Marseille, ou encore la loi du 31 décembre 1982 portant organisation des régions de Guadeloupe, Guyane, Martinique et Réunion. Il apparaît, au regard de cet inventaire non exhaustif que, dès 1982, le législateur a mis en œuvre des dispositions particulières en direction de collectivités présentant des spécificités, soit en raison de leur insularité, de leur localisation, soit en raison du nombre d'habitants. Le droit des collectivités territoriales est donc composé de règles générales applicables aux collectivités de droit commun, auxquelles viennent s'ajouter des règles dérogatoires visant à prendre en compte l'existence d'une situation différente.

Selon l'interprétation retenue par le Conseil constitutionnel, le principe d'égalité, pas plus que le principe de libre administration des collectivités territoriales, ne s'oppose à la prise en compte des singularités qui caractérisent certaines collectivités, et ainsi, à l'élaboration d'une législation différente.

§ 3 – De 1986 à 2003 : la décentralisation mise à l'épreuve

Les changements issus des élections législatives de 1986 n'ont pas remis en cause la décentralisation, mais ont marqué une pause temporaire, tout du moins jusqu'en 1988, puisqu'une loi du 5 janvier, dite d'amélioration de la décentralisation, est venue encadrer davantage les interventions économiques des collectivités territoriales, et notamment des communes. L'objectif poursuivi était de préserver les finances locales face à la tentation de venir en aide, de manière inconsidérée parfois, aux entreprises en difficulté situées sur le territoire de la collectivité.

Par ailleurs, d'autres textes ont été adoptés durant cette période parmi lesquels on peut citer les différentes lois ci-dessous :

Texte	Contenu	But/Conséquence
Mandats locaux et loi ATR		
Loi du 3 février 1992	Conditions d'exercice des mandats locaux	Démocratise l'accès et l'exercice des mandats locaux.
Loi du 6 février 1992	Administration territoriale de la République (dite « loi ATR »). En partie relative à la politique de déconcentration mais comporte également des dispositions relatives à la démocratie locale. • Importance de l'article 1er selon lequel « l'administration territoriale de la République est assurée par les collectivités territoriales et par les services déconcentrés de l'État ».	– Renforce les droits des élus de la minorité au sein des assemblées locales. – Crée la possibilité d'organiser des consultations des habitants dans le cadre des communes. – Vise également à renforcer l'intercommunalité en créant les communautés de communes et communautés de villes.
Sur les statuts particuliers		
Loi du 13 mai 1991	Statut de la Corse	Transformation de la Corse en collectivité *sui generis*, alors qu'elle était auparavant une région.
Loi organique du 12 avril 1996	Statut de la Polynésie française	Transfert de nouvelles compétences à ce territoire en matière de relations internationales par exemple.
Révision constitutionnelle du 20 juillet 1998	Statut juridique différent de la Nouvelle-Calédonie par rapport aux autres territoires d'outre-mer	Insertion de deux nouveaux articles au sein de la Constitution afin de reprendre l'accord de Nouméa du 5 mai 1998.
Loi organique du 19 mars 1999	Loi relative à la Nouvelle-Calédonie	Ce territoire devient une collectivité territoriale spécifique, il ne fait plus partie des territoires d'outre-mer.

Loi du 13 décembre 2000	Orientation pour l'outre-mer	Possibilité pour les territoires de Guadeloupe, Guyane, Martinique et de la Réunion de définir une organisation institutionnelle spécifique à chaque territoire.
Loi du 11 juillet 2001	Mayotte devient une collectivité départementale	L'exécutif est transféré au président du conseil général, les actes de la collectivité deviendront exécutoires dans les conditions de droit commun.
	Aménagement du territoire	
Loi du 4 février 1995	D'orientation pour l'aménagement et le développement du territoire (dite « loi Pasqua »)	Crée notamment les pays, conçus comme étant des « territoires de projet ».
Loi du 25 juin 1999	D'orientation pour l'aménagement et le développement durable du territoire (dite « loi Voynet »)	Création des schémas régionaux d'aménagement et de développement durable du territoire.
Loi du 12 juillet 1999	De réforme et de simplification de la coopération inter-communale (dite « loi Chevènement »)	Poursuit trois ambitions : simplifier les règles applicables aux établissements publics de coopération intercommunale, favoriser le développement de l'intercommunalité et enfin, inciter ces établissements à opter pour la taxe professionnelle unique. Cette loi supprime en outre les communautés de ville et articule les structures intercommunales autour des communautés urbaines, des communautés d'agglomération et des communautés de communes.
	Fonctionnement de la démocratie locale	
Loi organique du 25 mai 1998	Relative à l'exercice par les citoyens de l'Union européenne du droit de vote et d'éligibilité aux élections municipales	Détermine les conditions permettant aux ressortissants des pays membres de l'Union européenne de participer aux élections municipales.
Loi constitutionnelle du 8 juillet 1999	Relative à l'égalité entre les hommes et les femmes	La loi introduit à l'article 1er de la Constitution le principe d'égal accès des femmes et des hommes aux mandats électoraux et fonctions électives.

Loi organique du 5 avril 2000	Relative à la limitation du cumul des mandats	Un député ne peut détenir plus d'un mandat parmi les mandats de conseiller régional, conseiller à l'assemblée de Corse, conseiller général, conseiller de Paris, conseiller municipal d'une commune de plus de 3 500 habitants.
Loi du 6 juin 2000	Favoriser l'égal accès des femmes et des hommes aux mandats électoraux et fonctions électives	Instauration d'une parité relativement stricte pour les élections municipales dans les communes de plus de 3 500 habitants.
Loi du 27 février 2002	Relative à la démocratie de proximité	– Crée des conseils de quartier (communes de plus de 80 000 habitants) afin de renforcer la participation des habitants à la vie locale. – Possibilité pour les élus locaux de demander la création de mission d'information et d'évaluation. – Facilite l'exercice simultané d'un mandat local et d'une activité professionnelle.

§ 4 – 2003 : la décentralisation constitutionnalisée

Après la réélection de Jacques Chirac en 2002, Jean-Pierre Raffarin, alors Premier Ministre, affirme sa volonté de renforcer la décentralisation et la démocratie locale. Pour ce faire, une révision constitutionnelle est adoptée, révision qui succède à une période de concertation avec les acteurs locaux dans le cadre des Assises des libertés locales organisées dans les différentes régions françaises.

I – La révision de l'article 1er de la Constitution

La loi constitutionnelle du 28 mars 2003 relative à l'organisation décentralisée de la République, adoptée par le Congrès, s'ouvre sur une disposition emblématique visant à réviser l'article 1er de la Constitution pour y ajouter que l'organisation de la République française est décentralisée. La portée de cette nouvelle disposition ne doit pas pour autant être surestimée : si elle interdit effectivement au législateur de revenir à une centralisation absolue niant toute autonomie locale (notion qui est par ailleurs protégée par l'entremise de l'article 72 de la Constitution), il est peu concevable, compte tenu de ce que sont aujourd'hui les interventions publiques dont la variété ne peut être contestée, que l'État puisse assumer seul la mise en œuvre de toutes les politiques publiques. Par conséquent, cette incise issue de la loi constitutionnelle du 28 mars 2003 n'est qu'une consécration, au sein même de la Constitution, de ce qui caractérise l'organisation administrative française depuis le début des années 1980.

II – Le remaniement du titre XII de la Constitution

Outre cette disposition symbolique, la révision modifie substantiellement le titre XII de la Constitution consacré aux collectivités territoriales. L'article 72 est profondément remanié puisque de nouvelles notions sont consacrées constitutionnellement. C'est ainsi que la région fait désormais partie des collectivités reconnues par la Loi fondamentale, que les collectivités se voient reconnaître un pouvoir réglementaire dans les conditions définies par la loi ou qu'elles peuvent « organiser les modalités de leur action commune » en désignant un chef de file, lorsqu'une compétence est partagée entre plusieurs niveaux de collectivités. Par ailleurs, la révision constitutionnelle leur reconnaît la possibilité de mettre en œuvre, sous certaines conditions, des expérimentations visant à éprouver l'application d'un nouveau dispositif ou d'une nouvelle politique dans certains territoires avant de procéder à une généralisation si l'expérimentation s'avère satisfaisante. De même, la révision constitutionnalise l'interdiction pour une collectivité territoriale d'exercer une tutelle sur une autre, interdiction qui avait jusque-là valeur législative. La loi du 28 mars 2003 reconnaît également l'autonomie financière des collectivités (art. 72-2 Const.), elle renforce la démocratie locale en consacrant le référendum local ou le droit de pétition (art. 72-1), et elle apporte des évolutions importantes s'agissant des collectivités d'outre-mer (art. 72-3 s.).

III – Le renforcement du rôle du Sénat

En vertu de l'article 24 alinéa 3 de la Constitution, le Sénat assure la représentation des collectivités territoriales ; ces dernières participent par ailleurs à la désignation des sénateurs qui sont élus au suffrage universel indirect. Toutefois, l'article 24 ne signifie pas que le Sénat est un organe de défense des collectivités territoriales même si son rôle a été renforcé par le Constituant en 2003. L'article 39 de la Constitution a en effet été modifié, il prévoit désormais que « les projets de loi ayant pour principal objet l'organisation des collectivités territoriales sont soumis en premier lieu au Sénat ». Le non-respect de cette obligation fait encourir au texte de loi une déclaration d'inconstitutionnalité, ainsi que l'a jugé le Conseil constitutionnel dans sa décision du 23 juin 2011 (n° 2001-632 DC, loi fixant le nombre des conseillers territoriaux de chaque département et de chaque région, *Rec.* p. 294).

IV – Les textes ultérieurs

Cette révision constitutionnelle a été suivie de plusieurs lois organiques : la loi du 1er août 2003 relative à l'expérimentation (loi n° 2003-704), la loi organique du même jour relative au référendum local (loi n° 2003-705) et la loi organique du 29 juillet 2004 relative à l'autonomie financière (loi n° 2004-758). À ces différents textes, s'ajoute la loi ordinaire du 13 août 2004 relative aux libertés et responsabilités locales (loi n° 2004-809) qui confie de nouvelles compétences aux collectivités territoriales, essentiellement en faveur des départements et des régions. Elle ouvre, par ailleurs, la voie à des expérimentations dans les conditions fixées par les nouvelles dispositions de la Constitution.

Au-delà de ces différentes évolutions, il convient en outre de mentionner l'adoption de la loi organique du 27 février 2004 qui consacre davantage l'autonomie de la Polynésie française (loi n° 2004-192), mais aussi la ratification par la France de la charte européenne de l'autonomie locale par la loi du 10 juillet 2006 (loi n° 2006-823). La révision constitutionnelle intervenue en 2003 a en effet permis d'intégrer au sein de la Constitution nombre de principes contenus dans cette charte dont le texte affirme, notamment, que l'autonomie locale se compose de l'autonomie politique, de l'autonomie administrative et de l'autonomie financière.

§ 5 – 2007-2021 : l'instabilité du droit des collectivités territoriales

Après quelques années de mise en œuvre, il est apparu que les textes adoptés en 2003 et en 2004, s'ils avaient parfois permis de faire progresser la démocratie et l'autonomie locales, n'étaient pas réellement parvenus à remédier à certains maux qui caractérisent la décentralisation. On pense notamment à l'enchevêtrement des compétences entre l'État et les collectivités territoriales d'une part, et entre les différents niveaux de collectivités d'autre part. À cela s'ajoutent d'autres difficultés liées au coût de fonctionnement d'une administration caractérisée par la superposition des strates de territoire.

Plusieurs études ont alors suggéré de réformer l'administration locale afin de la rendre plus lisible pour les citoyens, mais aussi dans un objectif de rationalisation financière. Tel fut l'objet de deux rapports : celui rendu au mois de décembre 2007 par le groupe de travail présidé par Alain Lambert, rapport consacré aux relations entre l'État et les collectivités territoriales, et celui rendu par le comité pour la réforme des collectivités locales présidé par Édouard Balladur le 5 mars 2009. Ces différentes propositions ont partiellement inspiré la loi du 16 décembre 2010 de réforme des collectivités territoriales (n° 2010-1563) dont certaines dispositions font figure de réforme avortée compte tenue des lois adoptées postérieurement.

Il convient, par ailleurs, d'évoquer l'apport de la révision du 23 juillet 2008 pour le droit des collectivités territoriales, même si cet apport demeure sectoriel.

I – La révision constitutionnelle du 23 juillet 2008

La loi constitutionnelle apporte des modifications s'agissant du droit de l'outre-mer : Saint-Barthélémy et Saint-Martin deviennent des collectivités d'outre-mer, ce qui signifie que ces deux îles acquièrent leur « indépendance » par rapport à la Guadeloupe. Mais surtout, la révision constitutionnelle modifie la rédaction de l'article 73 de la Constitution afin de faciliter les adaptations par les départements et régions d'outre-mer des règles nationales. La nouvelle rédaction prévoit ainsi qu'une dérogation à une règle de valeur réglementaire peut être autorisée par le gouvernement alors qu'il fallait auparavant l'aval du Parlement, tant pour les règles de valeur législative, que pour les règles de valeur réglementaire. Par ce biais, le Constituant a, en quelque sorte, facilité la possibilité d'appliquer un droit dérogatoire pour ces départements et régions d'outre-mer.

Cette révision a également introduit, à l'article 75-1 de la Constitution, la disposition suivante : « les langues régionales appartiennent au patrimoine de la France ». Mais la langue officielle de la République reste le français.

II – La loi du 16 décembre 2010

S'inspirant, dans une certaine mesure, des différentes propositions formulées par le « Comité Balladur », la loi du 16 décembre 2010 de réforme des collectivités territoriales a été l'occasion d'adopter de nouvelles mesures qui, si elles avaient toutes été mises en œuvre, auraient contribué à remodeler substantiellement le droit des collectivités territoriales, et notamment la démocratie locale (loi n° 2010-1563).

A – Le conseiller territorial

La loi prévoyait la création d'un nouvel élu, le conseiller territorial, appelé à siéger à la fois au sein de l'assemblée régionale et de l'assemblée départementale dans le dessein de mieux coordonner l'action de ces deux catégories de collectivités, mais aussi afin de réaliser des économies puisque cette réforme devait engendrer une diminution du nombre des élus locaux, et incidemment, des indemnités dont ils bénéficient.

La création de ce nouvel élu à deux têtes, car titulaire de deux mandats en quelque sorte, a été validée par le Conseil constitutionnel qui a considéré que le principe de libre administration ne s'oppose pas à ce que des élus désignés dans le cadre d'un même scrutin siègent dans deux assemblées territoriales (déc. n° 2010-618 DC du 9 déc. 2010).

Toutefois le conseiller territorial ne verra finalement jamais le jour, la disposition législative concernée ayant été abrogée par la loi du 17 mai 2013 (loi n° 2013-403 relative à l'élection des conseillers départementaux, des conseillers municipaux et des conseillers communautaires, et modifiant le calendrier électoral), et ce, avant que les premières élections des conseillers territoriaux ne soient organisées.

B – La suppression de la clause générale de compétence

Une autre disposition importante figurant dans la loi du 16 décembre 2010, et non mise en œuvre, a elle aussi été abrogée : il s'agissait de la suppression de la clause générale de compétence pour les départements et les régions, dont l'entrée en vigueur était programmée pour le 1er janvier 2015. Cette suppression a ensuite été abandonnée, la loi du 27 janvier 2014 de modernisation de l'action publique territoriale et d'affirmation des métropoles ayant rétabli la clause générale de compétence pour toutes les catégories de collectivités (loi n° 2014-58). Ce rétablissement fut néanmoins de courte durée puisque la loi du 7 août 2015 portant nouvelle organisation territoriale de la République (loi n° 2015-991) supprime finalement la clause générale de compétence des départements et des régions. Cela illustre les atermoiements de l'État s'agissant de la réforme des collectivités territoriales.

C – Les dispositions maintenues

La loi du 16 décembre 2010 n'a pas été entièrement déconstruite par le législateur issu des urnes en 2012, certaines dispositions et innovations ont été maintenues et confirmées, à l'image de la création des métropoles, nouvelle forme d'établissement public de coopération intercommunale, ou de l'élection au suffrage universel direct des conseillers communautaires.

III – Les réformes récentes : la multiplication des textes

A – Les lois adoptées en 2013

Le droit des collectivités territoriales a évolué sous l'impact de deux textes : les lois organique et ordinaire du 17 mai 2013 (respectivement n° 2013-402 et n° 2013-403) relatives à l'élection des conseillers municipaux, des conseillers communautaires et des conseillers départementaux. Ces deux textes modifient les règles applicables aux élections municipales et départementales, et apportent des précisions sur l'élection des conseillers communautaires dont le principe de la désignation au suffrage universel direct avait été posé par la loi du 16 décembre 2010.

De plus, en vertu de la loi ordinaire précitée, le conseil général a changé de dénomination depuis son renouvellement en 2015, pour devenir le conseil départemental.

B – La loi du 27 janvier 2014

Le droit des collectivités territoriales a connu de nouvelles évolutions avec l'adoption de la loi de modernisation de l'action publique territoriale et d'affirmation des métropoles (loi n° 2014-58) qui affiche plusieurs ambitions :

• Elle vise à rationaliser l'organisation des compétences entre les différents niveaux de collectivités, notamment lorsqu'il s'agit de compétences partagées entre les strates locales.

• Elle rétablit la clause générale de compétence au profit des départements et des régions, clause que la loi du 16 décembre 2010 avait prévu de supprimer. Cependant, ce rétablissement ne sera pas appelé à perdurer puisque le législateur fera finalement volte-face lors du vote de la loi du 7 août 2015.

• Elle comporte aussi d'importantes dispositions relatives à l'intercommunalité et aux métropoles : elle confirme la création de ce nouvel établissement public de coopération intercommunale tout en apportant des modifications au régime juridique défini initialement. La durée de vie de certaines dispositions figurant dans la loi du 16 décembre 2010 aura donc été de courte durée.

C – La loi relative à la fusion des régions

La loi du 16 janvier 2015 (n° 2015-29) a doté la France d'une nouvelle carte régionale puisque certaines régions ont été fusionnées dans le dessein de construire des entités plus puissantes, censées être mieux adaptées au contexte européen. La France compte ainsi, depuis le 1er janvier 2016, douze régions métropolitaines, en dehors de la Corse qui est devenue une collectivité à statut particulier. Le texte comporte également un volet électoral qui modifie quelque peu les règles applicables aux élections régionales et départementales.

Cette nouvelle carte des régions a été suivie d'une réorganisation des services déconcentrés de l'État afin de les adapter aux nouveaux périmètres définis par le législateur (décret n° 2015-510 du 7 mai 2015 portant charte de la déconcentration).

D – La loi portant nouvelle organisation territoriale de la République

Ce texte du 7 août 2015 affiche l'ambition de renforcer les échelons intercommunaux et régionaux et de rationaliser l'organisation des compétences entre les différents niveaux de collectivité territoriale. Pour autant, cette loi, qui comporte pas moins de 136 articles, ne parvient guère à atteindre ses objectifs. Si la région bénéficie de nouvelles compétences en matière de développement économique, de transport ou d'emploi, notamment, sa marge de manœuvre a été quelque peu réduite par la suppression de la clause générale de compétence, suppression qui vaut aussi pour le département. Le législateur de 2015 a ainsi opté pour la solution dégagée par la loi du 16 décembre 2010. Sur ce point, la portée des dispositions de la loi du 27 janvier 2014 rétablissant ladite clause a été de courte durée, la spécialisation des départements et des régions ayant finalement obtenu l'adhésion des parlementaires. Désormais, la région doit se concentrer sur le développement économique, la formation professionnelle et l'emploi ; le département est quant à lui spécialisé dans les domaines de la cohésion sociale et territoriale.

S'agissant de l'objectif de renforcement de l'intercommunalité, la loi impose la création d'établissements publics de coopération intercommunale de taille plus importante afin d'éviter le morcellement des niveaux supra-communaux, et elle renforce les compétences communautaires. Pour autant, le maintien de nombreuses dispositions dérogatoires et l'existence des métropoles rendent le paysage intercommunal particulièrement complexe. L'objectif de rationalisation et de clarification n'est pas véritablement atteint.

• Au-delà des principaux objectifs qui innervent la loi, il convient également de préciser que ce texte comporte des dispositions intéressant la Corse qui est transformée en une collectivité unique en lieu et place de la collectivité territoriale de Corse et des départements de Corse du Sud et de Haute-Corse.

La loi du 28 février 2017 relative au statut de Paris et à l'aménagement métropolitain (loi n° 2017-257)

Ce texte a fait de Paris une collectivité à statut particulier en lieu et place du département et de la commune de Paris.

De plus, la loi a pour objet de faciliter la création des métropoles, nouvelle forme d'établissement public de coopération intercommunale, en abaissant les seuils de population exigés pour la création d'un tel établissement.

E – Vers une nouvelle étape de la décentralisation ?

L'histoire récente de la décentralisation est généralement présentée sous la forme d'une succession d'actes, ce qui laisse à penser que cette politique obéit à une évolution linéaire et cohérente. La réalité est bien différente puisque la pluralité des réformes adoptées depuis le début des années 2000 laisse au contraire entrevoir les nombreuses tergiversations du pouvoir politique et l'absence de lignes directrices claires.

Il n'en demeure pas moins qu'au cours du mouvement social des « gilets jaunes », le président de la République a annoncé, au printemps 2019, la mise en œuvre d'un nouvel acte de la décentralisation. Cette nouvelle étape aurait pu prendre la voie d'une révision constitutionnelle, puisque le projet de loi constitutionnelle « Pour un renouveau de la vie démocratique » n° 2203 du 29 août 2019 envisageait de reconnaître un droit à la différenciation aux collectivités territoriales inscrit dans la Constitution. Cela devait leur permettre d'exercer certaines compétences, limitativement énumérées, dont ne disposent pas les autres collectivités appartenant à la même catégorie. Toutefois, les conditions politiques d'une révision constitutionnelle n'étant pas réunies, c'est finalement par le biais de lois ordinaires qu'une nouvelle étape de la décentralisation serait en cours, si l'on en juge par le discours officiel. Cette nouvelle étape serait composée de la loi du 27 décembre 2019 relative à l'engagement dans la vie locale et à la proximité de l'action publique (loi n° 2019-1461) et du projet de loi intitulé initialement « 4D » pour décentralisation, déconcentration, différenciation et décomplexification, puis baptisé « 3Ds » après avis du Conseil d'État (projet de loi relatif à la différenciation, la décentralisation, la déconcentration et portant diverses mesures de simplification de l'action publique locale du 12 mai 2021).

S'agissant en premier lieu de la loi du 27 décembre 2019, ses 118 articles comportent différentes évolutions d'importance variable. L'apport le plus significatif réside dans la place renouvelée qui est accordée à la commune au sein de l'intercommunalité et dans la volonté de renforcer les pouvoirs du maire, notamment dans le cadre de la police administrative. Ainsi que l'indique l'intitulé de la loi, le législateur a souhaité renforcer cet échelon de proximité qu'est la commune.

Le projet de loi dit « 3Ds » contient quant à lui nombre de dispositions de portée essentiellement technique qui ne semblent guère à la hauteur des objectifs affichés. L'un des principaux enjeux de ce texte consiste à laisser davantage de place à la différenciation territoriale dans l'exercice des compétences, et ce, à cadre constitutionnel constant puisque la révision de la Constitution n'aura finalement pas lieu. Le projet de texte interroge aussi la place dévolue au pouvoir réglementaire local qui est, en l'état du droit positif, particulièrement réduite. À cela s'ajoutent des dispositions relatives aux compétences des collectivités en matière de transition écologique, de transports, ou encore de logement, sans que ces dispositions ne semblent impliquer une réelle transformation de l'action publique locale. Mais la discussion parlementaire permettra peut-être de donner plus d'ambition à ce texte.

En définitive, au plan institutionnel comme au plan matériel, le droit des collectivités territoriales a acquis un haut niveau de complexité, la succession des réformes ayant contribué à l'instabilité de la matière. Le maquis textuel semble se densifier en dépit de la volonté de simplification et de rationalisation affichée par le discours politique sur la réforme des collectivités.

Dès lors, pour tenter de mieux saisir les évolutions passées et celles à venir, cet ouvrage s'articulera autour de trois grandes thématiques : en premier lieu, les principes fondamentaux applicables aux collectivités territoriales, en second lieu, les acteurs des collectivités territoriales, et enfin, le champ d'action qui leur est reconnu. Cette déclinaison permettra ainsi d'appréhender les grandes lignes de la matière.

Pour aller plus loin

Bibliographie générale

- J.-B. Auby, J.-F. Auby et R. Noguellou, *Droit des collectivités locales*, PUF, coll. « Thémis droit », 6e éd., 2015, 416 p.
- P. Bodineau et M. Verpeaux, *Histoire de la décentralisation*, PUF, coll. « Que sais-je ? », 1997, 126 p.
- C. Cornet, J. Ferstenbert, et L. Touvet, *Les grands arrêts du droit de la décentralisation*, Dalloz, coll. « Grands arrêts », 2001.
- B. Faure, *Droit des collectivités territoriales*, Dalloz, coll. « Précis », 6e éd., 2021, 803 p.
- J. Ferstenbert, F. Priet et P. Quilichini, *Droit des collectivités territoriales*, Dalloz, coll. « Hypercours », 3e éd., 2021, 768 p.
- O. Gohin, M. Degoffe, A. Maitrot de la Motte, C.-A. Dubreuil, *Droit des collectivités territoriales*, Cujas, 2e éd., 2015, 708 p.
- D. Guignard, *Droit des collectivités territoriales*, Bréal, coll. « Lexifac », 2017, 180 p.
- A. Hastings-Marchadier et B. Faure, *La décentralisation à la française*, LGDJ, Lextenso éditions, coll. « Systèmes pratique », 2015, 202 p.
- B. Poujade et X. Cabannes, *Les collectivités territoriales*, Foucher, 2019, 223 p.
- C. Rimbault, M. Verpeaux, F. Waserman, *Les collectivités territoriales et la décentralisation*, La Documentation française, 12e éd., 2021, 206 p.
- A. Roux, *Droit constitutionnel local*, Economica, 1995, 112 p.
- M. Verpeaux et L. Janicot, *Droit des collectivités territoriales*, LGDJ, 2019, 534 p.
- M. Verpeaux, *Les collectivités territoriales en France*, Dalloz, coll. « Connaissance du droit », 6e éd., 2020, 201 p.
- Code général des collectivités territoriales.

Première partie

Les principes fondamentaux applicables aux collectivités territoriales dans l'État unitaire

Si l'article 1er de la Constitution du 4 octobre 1958 énonce désormais que l'organisation administrative de la France est décentralisée et si l'article 72 protège le principe de libre administration des collectivités territoriales, ces dispositions doivent être conciliées avec le caractère indivisible de la République et le caractère unitaire de l'État qui ont également valeur constitutionnelle. L'objet de cette première partie sera ainsi d'analyser la place dévolue à l'autonomie locale dans un État unitaire ainsi que la nécessaire conciliation entre des principes a priori antagonistes. Il apparaîtra que l'autonomie dont bénéficient les collectivités territoriales demeure modérée puisque la décentralisation n'a pas remis en cause la place prépondérante qu'occupe l'État par rapport aux collectivités territoriales.

Chapitre 1
La reconnaissance d'une autonomie locale

L'essentiel

L'autonomie reconnue aux collectivités territoriales demeure limitée en raison des compétences confiées au législateur pour définir les contours de cette autonomie, le principe de libre administration s'exerce, en effet, dans les conditions définies par la loi aux termes de l'article 72 de la Constitution. Toutefois, certaines collectivités, qui sont dotées d'un statut particulier, bénéficient d'une autonomie renforcée reconnue par la Constitution. Le droit des collectivités territoriales ne répond pas à une stricte homogénéité. L'étude des fondements juridiques de l'autonomie locale permettra ainsi de révéler l'existence de degrés d'indépendance variables. Cela permettra également de mettre en exergue la diversité des sources juridiques qui ne se cantonnent pas au droit interne, le droit européen pouvant lui aussi produire des conséquences sur le champ de l'autonomie locale. Par ailleurs, au-delà des fondements, se pose la question de savoir quels sont les éléments constitutifs de l'autonomie locale. Le principe de libre administration serait en effet vidé de sa substance si les collectivités étaient privées de compétences et des moyens de les exercer, qu'il s'agisse de moyens financiers, juridiques ou humains.

Section 1 – Les fondements juridiques de l'autonomie locale

§ 1 – Les fondements de droit européen

I – La Charte européenne de l'autonomie locale

A – Contenu

Ce texte a été adopté sous l'égide du Conseil de l'Europe le 15 octobre 1985 et ratifié par la France par la loi du 10 juillet 2006 (n° 2006-823). Son préambule proclame que « les collectivités locales sont l'un des principaux fondements de tout régime démocratique ». Cette Charte a pour objet de protéger les libertés locales sous leurs différentes facettes. Elle précise ainsi que l'autonomie locale suppose de reconnaître une capacité de gérer et de régler une partie des affaires publiques aux moyens de conseils élus.

L'article 5 énonce que les limites territoriales des collectivités ne peuvent être modifiées sans que ces dernières aient été consultées.

La Charte consacre également la liberté pour chaque collectivité territoriale d'organiser ses services administratifs dans le respect des lois en vigueur et précise que le contrôle exercé sur les actes qu'elles adoptent doit se limiter à un contrôle de légalité, ce qui exclut en principe tout contrôle d'opportunité dans les domaines de compétences qui sont pleinement confiés aux collectivités.

De plus, ce texte reconnaît aux échelons locaux, dans la mesure du possible, un pouvoir d'adaptation des normes aux spécificités locales.

Au plan financier, la Charte protège l'autonomie financière des collectivités territoriales en indiquant qu'elles doivent disposer de ressources propres suffisantes.

Par une loi du 27 janvier 2020 (loi n° 2020-43), le Parlement a par ailleurs autorisé la ratification du protocole additionnel sur le droit de participer aux affaires locales. Ce texte impose aux États parties d'établir ou de maintenir un cadre juridique facilitant l'exercice du droit de participer aux affaires locales, cadre qui existait déjà en France avant la ratification du protocole. Mais cela permet de conforter l'état du droit interne et de prémunir les citoyens contre tout recul législatif en la matière.

B – Portée de la Charte

Ce texte international peut être invoqué par une collectivité territoriale devant le juge administratif à l'occasion d'un contentieux dès lors qu'une disposition législative ou réglementaire méconnaîtrait la Charte (à titre d'exemple, voir CE 26 juill. 2011, n° 340041, *Département de la Seine-Saint-Denis*). Certes, le contenu de la Charte est relativement proche des dispositions constitutionnelles figurant actuellement dans le titre XII de la Constitution, mais certaines dispositions présentent une spécificité par rapport au texte constitutionnel. Tel est le cas de l'article 4 § 2 : « Les collectivités locales ont, dans le cadre de la loi, toute latitude pour exercer leur initiative pour toute question qui n'est pas exclue de leur compétence ou attribuée à une autre autorité. » Cette disposition semble consacrer une clause générale de compétence qui n'est pas explicitement affirmée par la Constitution française.

La ratification de ce texte par la France permet ainsi aux collectivités de disposer d'un nouvel instrument pour protéger leur autonomie face au législateur, sous réserve que le juge reconnaisse l'effet direct de la disposition invoquée à l'appui du recours contentieux.

À cela s'ajoute un contrôle politique assuré par le Congrès des pouvoirs locaux et régionaux en Europe, organe du Conseil de l'Europe qui est chargé de rédiger des rapports réguliers sur la situation de la démocratie locale en Europe.

II – Le droit de l'Union européenne

A – Les collectivités territoriales, des sujets du droit de l'Union européenne

1. La réception du droit de l'Union européenne par les collectivités territoriales

Article 4 du Traité de Lisbonne : « l'Union respecte l'égalité des États membres devant les traités ainsi que leur identité nationale, inhérente à leurs structures fondamentales politiques et constitutionnelles, y compris en ce qui concerne l'autonomie locale et régionale ».

Si le principe d'autonomie institutionnelle laisse à chaque État la faculté de définir son organisation territoriale, on ne peut s'en tenir à ce constat et passer sous silence l'impact des règles produites par les instances européennes. Il s'avère, en effet, que de manière indirecte, ces règles tendent à contraindre la marge de manœuvre dont disposent les collectivités territoriales puisque ces dernières sont, au même titre que les

États, des sujets du droit de l'Union européenne. Les règles édictées à ce niveau s'imposent aux échelons locaux comme l'a indiqué la Cour de justice des Communautés européennes dans une décision du 10 mars 1987, *Commission contre Italie* (*Rec. CJCE* 1039), mais aussi dans un arrêt du 22 juin 1989, *Fratelli Costanzo c/ Commune de Milan* (*Rec. CJCE* 1839). Le droit de l'Union européenne influe donc sur les règles applicables par les collectivités territoriales, ce qui peut réduire leur autonomie.

Le droit de l'Union européenne et les interventions économiques des collectivités territoriales

Les règles adoptées par l'Union européenne en matière de droit de la concurrence, notamment dans le cadre des marchés publics ou des délégations de service public, peuvent contraindre les collectivités territoriales dans le choix de leurs co-contractants et restreindre leur liberté contractuelle (pour une illustration, voir CJCE 18 juill. 2007, *Commission contre République fédérale d'Allemagne, Rec. CJCE* I-6153 : une commune est dans l'obligation de résilier un marché de service dès lors que celui-ci a été conclu en méconnaissance des règles du droit de l'Union européenne). Or, la liberté contractuelle est une composante de l'autonomie locale.

Par ailleurs, le droit de l'Union européenne limite, au nom de la libre concurrence, la faculté d'accorder des aides économiques aux entreprises. Par conséquent, une aide qui serait accordée en contradiction avec les règles posées par les textes européens doit faire l'objet d'une procédure de récupération mise en œuvre par la collectivité ayant octroyé cette aide illégale, comme le prévoit l'article L. 1511-1-1 du CGCT. En cas de non-respect des règles du droit de l'Union européenne par une collectivité territoriale, sa responsabilité, ou celle de l'État, peut être engagée (CJCE 5 mars 1996, *Brasserie du pêcheur, Rec. CJCE* I-1029 ; CJCE 4 juill. 2000, *Haïm, Rec. CJCE* I-5148).

La loi portant nouvelle organisation territoriale de la République du 7 août 2015 a également accru la responsabilité financière des collectivités territoriales en prévoyant qu'une collectivité peut se voir affecter, au titre de ses dépenses obligatoires, la charge des amendes et astreintes prononcées par la Cour de justice de l'Union européenne contre la France dès lors qu'elles sont imputables à ladite collectivité (art. L. 1611-10 CGCT).

Si le droit de l'Union européenne n'opère pas de démembrement entre l'État et ses collectivités, il n'en demeure pas moins qu'il agit, par un effet de ricochet, sur les contours et l'intensité de l'autonomie locale. Il fait ainsi figure de fondement indirect en ce sens qu'il contribue à définir, parfois dans un sens limitatif, l'autonomie locale.

2. Les collectivités territoriales, objet des politiques de l'Union européenne

L'Union européenne, dans le cadre de sa politique de cohésion sociale, accorde des subventions aux collectivités territoriales par l'entremise des fonds structurels dont l'ambition est de remédier aux trop grandes inégalités territoriales. Ils servent ainsi au financement d'actions de développement au profit des territoires en difficulté.

La loi du 13 août 2004 avait mis en place une expérimentation permettant aux collectivités territoriales de gérer ces fonds en lieu et place de l'État. Les compétences des régions en ce domaine ont ensuite été renforcées par la loi du 27 janvier 2014 de modernisation de l'action publique territoriale et d'affirmation des métropoles (loi n° 2014-58) : désormais, les régions peuvent être autorité de gestion des fonds européens, ce qui signifie qu'elles peuvent être responsables de la mise en œuvre des programmes européens sur leur territoire.

B – Les collectivités territoriales, des acteurs du droit de l'Union européenne

Par l'intermédiaire du Comité des régions créé par le Traité de Maastricht du 7 février 1992, les collectivités décentralisées peuvent être amenées à occuper un rôle plus actif dans la mesure où cet organe consultatif leur permet de disposer d'une voix dans la définition des politiques de l'Union européenne. Dans ce comité figurent des représentants de chaque État désignés, s'agissant tout du moins de la France, parmi les élus locaux. Ces représentants, qui ont pour tâche d'œuvrer dans l'intérêt de l'Union, et non dans l'intérêt de leur propre État, sont consultés sur les sujets ayant une incidence sur les collectivités territoriales (politique de l'environnement, emploi, santé publique par ex.).

Néanmoins, si cette consultation est obligatoire dans certains cas, sa portée demeure relative puisque les avis rendus sont dénués de force contraignante. Toutefois, avec l'entrée en vigueur du Traité de Lisbonne, les pouvoirs du Comité des régions ont été accrus : le champ des consultations obligatoires a été étendu, et le Comité s'est vu reconnaître la possibilité de saisir la Cour de justice de l'Union européenne si ses prérogatives venaient à être méconnues par les instances de l'Union.

Il convient enfin de préciser que le Traité de Lisbonne, s'il accorde une place plus importante aux niveaux locaux, n'a pas pour autant érigé les collectivités territoriales au rang de requérant privilégié, contrairement aux États membres qui n'ont pas à démontrer un intérêt à agir pour saisir la Cour de justice de l'Union européenne. Cela signifie que les collectivités sont assimilées à des particuliers dans le cadre des recours formés devant la Cour. Le recours en annulation ne leur est donc ouvert que dans deux hypothèses : d'une part lorsqu'elles sont destinataires de l'acte contesté, d'autre part, lorsque l'acte, sans leur être destiné, les concerne directement et individuellement.

§ 2 – Le principe de libre administration en droit interne

Si la révision constitutionnelle du 28 mars 2003 a introduit une nouvelle disposition au sein de l'article 1er de la Constitution précisant que l'organisation de la République est décentralisée, c'est surtout le principe de libre administration qui fonde et protège l'autonomie locale en droit interne. C'est le principe cardinal du droit des collectivités territoriales.

I – Définition du principe de libre administration

Le principe de libre administration est énoncé à l'article 72 de la Constitution, mais l'article 34 de la Constitution, qui définit les compétences du législateur, y fait également référence.

Article 72, alinéa 3 : « Dans les conditions prévues par la loi, ces collectivités s'administrent librement par des conseils élus et disposent d'un pouvoir réglementaire pour l'exercice de leurs compétences. »

Article 34, alinéa 3 : « La loi détermine les principes fondamentaux (...) de la libre administration des collectivités territoriales, de leurs compétences et de leurs ressources. »

Plusieurs enseignements peuvent être déduits du texte constitutionnel : le principe de libre administration suppose l'existence de conseils élus et s'il implique que les collectivités bénéficient d'un champ d'action, celui-ci est en grande partie défini par le législateur. Le champ dévolu au pouvoir réglementaire local, permettant l'adoption par les collectivités de dispositions générales, reste particulièrement limité. De plus, il y a un autre élément qui mérite d'être intégré à la définition du principe de libre administration en raison des liens étroits qu'il entretient avec lui : l'interdiction de toute tutelle d'une collectivité sur une autre.

A – Des conseils élus

Le principe de libre administration s'exerce par des conseils élus, ce qui suppose que les organes chargés d'administrer les collectivités territoriales doivent être désignés par le suffrage universel. Néanmoins, cette légitimité issue des urnes ne confère pas aux assemblées locales et aux exécutifs locaux une autonomie absolue, la libre administration n'est pas synonyme de libre gouvernement. L'élection au suffrage universel des conseils municipaux, départementaux, régionaux, et des assemblées des établissements publics de coopération intercommunale, n'autorise pas les assemblées locales à s'affranchir de toute contrainte. Il n'en demeure pas moins qu'un territoire qui ne serait pas dirigé par une assemblée élue ne pourrait être qualifié de collectivité territoriale, et ainsi bénéficier du principe de libre administration. Le Conseil constitutionnel l'a par ailleurs rappelé dans sa décision du 8 août 1985, loi sur l'évolution de la Nouvelle-Calédonie (déc. n° 85-196 DC, *Rec.* p. 63), en précisant que ces conseils devaient être dotés d'attributions effectives et ne pouvaient recevoir uniquement un rôle consultatif.

Le juge constitutionnel a également eu l'occasion de préciser que les élections locales sont des élections politiques (déc. n° 82-146 DC du 18 nov. 1982, *Quota par sexe, Rec.* p. 66), ce qui implique que le suffrage est universel, égal et secret.

B – Un principe défini par la loi

Si le principe de libre administration implique également l'existence de compétences dévolues aux collectivités territoriales, le champ de l'autonomie locale est néanmoins déterminé par le législateur. Les collectivités s'administrent, en effet, dans les conditions définies par la loi, le législateur dispose donc d'un pouvoir d'appréciation étendu, notamment pour délimiter le champ des compétences incombant aux échelons locaux.

1. Les raisons justifiant le rôle prééminent du législateur

Il s'agit là d'un enseignement particulièrement important qui tend à mettre en lumière la place secondaire qu'occupent les libertés locales, en raison du caractère unitaire de l'État. Le principe de libre administration doit ainsi se concilier avec le principe d'égalité devant la loi qui, lui aussi, a valeur constitutionnelle. Or le législateur et, dans une seconde mesure, le pouvoir réglementaire national sont les garants de cette unité et de cette égalité. Les exigences inhérentes au principe d'égalité justifient par conséquent que le contenu du principe de libre administration soit défini par la loi. Et cela explique que les sources du droit des collectivités territoriales ne sont pas seulement à rechercher dans la Constitution, mais aussi dans la loi et, dans une certaine mesure, dans les règlements d'application des lois.

2. Le champ d'application de la compétence législative

La prééminence du législateur transparaît dès le premier alinéa de l'article 72 de la Constitution : après avoir énoncé les différentes catégories de collectivités territoriales, cette disposition indique que « toute autre collectivité territoriale est créée par la loi, le cas échéant en lieu et place d'une ou de plusieurs collectivités » existantes. Le législateur bénéficie d'une compétence étendue pour définir l'organisation territoriale de la République puisque cette disposition lui permet de créer une nouvelle catégorie dotée d'une seule entité, c'est-à-dire une collectivité *sui generis*, ainsi que l'illustre l'exemple de la Corse (loi n° 91-428 du 13 mai 1991). Pour autant, cette possibilité ne doit pas méconnaître le principe d'indivisibilité de la République et c'est précisément ce qui a justifié la censure par le Conseil constitutionnel de la reconnaissance d'un « peuple corse » (déc. n° 91-290 DC du 9 mai 1991, loi portant statut de la collectivité territoriale de Corse, *Rec.* p. 50).

D'autres décisions du Conseil constitutionnel sont également venues préciser le champ des compétences dévolues au législateur :

– il est ainsi en mesure de définir les principes régissant la tutelle administrative pesant sur les collectivités territoriales (déc. du 12 mai 1964, n° 64-29, Nature juridique de certaines dispositions relatives à l'administration départementale et à l'administration communale et figurant dans les ordonnances n° 58-937 du 11 oct. 1958, n° 59-29 du 5 janv. 1959, n° 59-30 du 5 janv. 1959, n° 59-33 du 5 janv. 1959 et n° 59-150 du 7 janv. 1959 et dans la loi n° 62-873 du 31 juill. 1962, *Rec.* p. 37) ;
– ou les principes fixant le caractère exécutoire des actes des collectivités territoriales (déc. n° 75-84 L du 19 nov. 1975, Nature juridique de diverses dispositions relatives à l'administration communale, aux syndicats de communes, aux fusions et regroupements de communes, aux districts et aux agglomérations nouvelles, *Rec.* p. 35).

Par ailleurs, seul le législateur est compétent pour imposer de nouvelles obligations ou de nouvelles charges aux collectivités comme le rappelle l'article L. 1611-1 du CGCT aux termes duquel : « aucune dépense à la charge de l'État ou d'un établissement public à caractère national ne peut être imposée directement ou indirectement aux collectivités territoriales ou à leurs groupements qu'en vertu de la loi ». Le juge constitutionnel a en outre indiqué que le législateur était compétent pour déterminer quelle catégorie de collectivités pouvait bénéficier de la clause générale de compétence, et, parallèlement, pour supprimer une telle clause pour les départements et les régions (déc. n° 2010-618 DC du 9 décembre 2010, loi de réforme des collectivités territoriales, *Rec.* p. 367).

La révision constitutionnelle du 28 mars 2003 a également conforté la place du législateur : le constituant a ainsi confié à une loi organique le soin de préciser les conditions de mise en œuvre de l'expérimentation prévue à l'article 72 alinéa 4 ou le recours au référendum local (art. 72-1, al. 2) ; le législateur est aussi compétent pour définir une collectivité chef de file lorsque l'exercice d'une compétence est enchevêtré entre plusieurs niveaux de collectivités (art. 72, al. 5) ; le législateur doit également fixer les conditions d'exercice du droit de pétition prévu à l'article 72-1 alinéa 1 ; il est encore compétent pour déterminer les ressources et dépenses incombant aux collectivités territoriales (art. 72-2 Const.).

C – La place résiduelle du pouvoir réglementaire local

La reconnaissance d'un tel pouvoir aux collectivités territoriales est indispensable à l'exercice de leurs compétences, et par conséquent, à l'effectivité du principe de libre administration. Cependant, le pouvoir réglementaire reconnu par l'article 72 alinéa 3 de la Constitution n'est pas un pouvoir autonome, il s'exerce dans le respect des lois et règlements nationaux en vigueur, ainsi que l'a indiqué le Conseil d'État dans son avis du 15 novembre 2012 (avis n° 387095, section de l'intérieur ; B. Faure, « Le Conseil d'État et le pouvoir réglementaire des collectivités territoriales. L'heure de vérité ? », *AJDA* 2013. 2240). Dans la mesure où le législateur, en vertu de l'article 34 de la Constitution, doit déterminer les principes fondamentaux des compétences confiées aux collectivités, le pouvoir réglementaire qui leur est reconnu dans l'exercice de ces compétences ne peut être qu'un pouvoir d'exécution des lois.

La faculté de prendre des règlements qui dérogent aux règlements nationaux ne semble être ouverte que dans l'hypothèse très restrictive de l'article 72 alinéa 4 de la Constitution, c'est-à-dire en cas d'expérimentation. Selon cette disposition, « Dans les conditions prévues par la loi organique, et sauf lorsque sont en cause les conditions essentielles d'exercice d'une liberté publique ou d'un droit constitutionnellement garanti, les collectivités territoriales ou leurs groupements peuvent, lorsque, selon le cas, la loi ou le règlement l'a prévu, déroger, à titre expérimental et pour un objet et une durée limités, aux dispositions législatives ou réglementaires qui régissent l'exercice de leurs compétences ».

Dans ce cas, qui doit néanmoins être autorisé par la loi, les collectivités semblent disposer d'un pouvoir réglementaire étendu durant l'expérimentation et dans le champ exclusif de celle-ci.

Toutefois, au-delà de cette possibilité, qui repose sur une autorisation législative préalable, le pouvoir réglementaire des collectivités territoriales reste subordonné à la loi et aux règlements nationaux et ce, dans le souci de préserver le caractère unitaire de l'État et le principe d'égalité.

Sur ce point, on peut cependant relever certaines évolutions, même si elles demeurent encore timides : la loi du 7 août 2015 (loi portant nouvelle organisation territoriale de la République) a ainsi doté la région d'un pouvoir de proposition : la nouvelle rédaction de l'article L. 4221-1 du CGCT prévoit qu'un conseil régional (ou plusieurs conseils régionaux par délibérations concordantes) peut présenter des propositions visant à modifier ou à adapter les dispositions législatives ou réglementaires en en vigueur ou en cours d'élaboration, étant précisé que ces propositions doivent être liées à l'organisation, au fonctionnement, ou aux compétences des régions.

Surtout, les discussions relatives au projet de loi relatif à la différenciation, à la décentralisation, à la déconcentration et portant diverses mesures de simplification de l'action publique locale du 12 mai 2021 pourraient donner lieu à des évolutions plus substantielles. La version initiale du texte ne prévoit qu'une extension très limitée du pouvoir réglementaire local, mais certaines propositions plus ambitieuses ont notamment été avancées dans un rapport de l'Inspection générale de l'administration qui souligne les relations étroites entre différenciation et pouvoir réglementaire local (Rapport de l'IGA, « Le pouvoir réglementaire des collectivités territoriales : enjeux et perspectives », B. Acar et N. Angel, juin 2021, 86 p.). Or, la meilleure prise en compte de la diversité des territoires est l'un des objectifs du projet de loi précité. D'après le rapport, il serait envisageable de confier au pouvoir réglementaire national la fixation d'objectifs dans la mise en œuvre des compétences des collectivités territoriales, et de laisser à ces dernières le soin de définir les conditions pour atteindre ces objectifs, en usant pour ce faire du pouvoir réglementaire local. Cela permettrait d'adapter la norme aux circonstances locales dans une logique de différenciation maîtrisée puisque le maintien d'objectifs fixés au niveau national permettrait d'éviter de trop fortes inégalités territoriales. Si la différenciation semble désormais servir de boussole à la réforme territoriale, tout du moins dans le discours politique, il n'en demeure pas moins qu'elle doit se concilier avec les exigences du principe d'égalité.

D – L'interdiction de toute tutelle d'une collectivité sur une autre

Définition : Si le principe de libre administration s'exerce dans les conditions définies par la loi, il profite néanmoins à toutes les collectivités visées par la Constitution qui sont, de ce fait, placées sur un pied d'égalité. Le principe de libre administration serait, en effet, en partie vidé de sa substance si une collectivité était en mesure de prendre l'ascendant sur une autre (par ex. si une région pouvait exercer une position dominante par rapport aux départements situés sur son territoire). C'est pour cette raison qu'aux côtés du principe de libre administration figure un principe qui entretient un lien de connexité avec lui, il s'agit de l'interdiction de toute tutelle d'une collectivité sur une autre. Cette interdiction avait de prime abord valeur législative, mais elle a fait son entrée dans la Loi fondamentale grâce à la révision constitutionnelle du 28 mars 2003 (art. 72, al. 5 Const.).

On peut se féliciter d'une telle évolution tant l'interdiction de toute tutelle est indissociable de la libre administration qui suppose l'existence de relations horizontales entre les collectivités territoriales, et non de relations verticales. Si la Constitution autorise la désignation d'une collectivité chef de file (art. 72, al. 5), sorte de coordonnateur dans les domaines de compétence qui sont répartis entre plusieurs niveaux de collectivités, ce chef de file ne doit pas être en mesure d'imposer ses décisions aux autres collectivités. L'interdiction de la tutelle vise ainsi à préserver l'un des éléments essentiels de la libre administration : le pouvoir de décision de chaque collectivité territoriale qui ne peut être contraint par les décisions d'une autre collectivité.

Cons. const. 24 juillet 2008, n° 2008-567 DC,
Loi relative aux contrats de partenariat, *Rec.* p. 341

Le Conseil a censuré une disposition législative prévoyant qu'une collectivité pouvait organiser l'action conjointe de plusieurs échelons locaux, et accordant pour ce faire, un pouvoir de décision pour déterminer cette action conjointe. Un tel pouvoir conféré à une collectivité territoriale par rapport à d'autres méconnaît l'interdiction de toute tutelle affirmée par l'article 72 alinéa 5 de la Constitution : « Considérant qu'en prévoyant que plusieurs collectivités publiques (...) peuvent désigner l'une d'entre elles pour signer un contrat de partenariat et en disposant que la convention passée entre ces collectivités précise les conditions de ce transfert de compétences et en fixe le terme, l'article 18 de la loi déférée a non seulement autorisé la collectivité désignée à organiser l'action commune de plusieurs collectivités, mais lui a également conféré un pouvoir de décision pour déterminer cette action commune ; que, dès lors, il a méconnu le cinquième alinéa de l'article 72 de la Constitution ».

Atténuation :

• L'interprétation du juge administratif

L'interdiction de toute tutelle d'une collectivité sur une autre fait parfois l'objet d'une interprétation tolérante : dans une décision d'Assemblée du 12 décembre 2003, *Département des Landes*, *Rec.* p. 502, le Conseil d'État avait à juger de la légalité de subventions qu'un département accordait aux communes sous conditions. Ces subventions visaient les services de distribution d'eau, compétence qui relève des communes, étant précisé qu'elles variaient selon le mode de gestion retenu afin d'inciter les communes à opter pour une gestion directe par la voie de la régie. Le juge administratif avait alors estimé que les modalités d'octroi des subventions n'étaient pas contraires au principe d'interdiction de toute tutelle d'une collectivité sur une autre.

Néanmoins, cette solution fut remise en cause par le législateur par le biais de la loi du 30 décembre 2006 sur l'eau et les milieux aquatiques (loi n° 2006-1772). Aux termes du nouvel article L. 2224-11-5 du CGCT : « Les aides publiques aux communes et groupements de collectivités territoriales compétents en matière d'eau potable ou d'assainissement ne peuvent être modulées en fonction du mode de gestion du service. » Cela tend à démontrer qu'il existait une divergence entre le juge administratif et le législateur s'agissant de l'interprétation du principe visant à interdire toute tutelle.

• L'interprétation du juge constitutionnel

Cette divergence connut finalement un épilogue qui donna raison au Conseil d'État : dans le cadre d'une décision rendue à la suite d'une question prioritaire de constitutionnalité le 8 juillet 2011 (déc. n° 2011-146 QPC, *Département des Landes*, *Rec.* p. 341), le Conseil constitutionnel a confirmé la lecture faite par le juge administratif, et la disposition introduite par la loi du 16 décembre 2006 fut déclarée contraire à la Constitution.

La solution dégagée par le Conseil constitutionnel doit être interprétée à la lumière du principe de libre administration : c'est dans le dessein de préserver ce principe que le Conseil a considéré que les départements devaient pouvoir définir les conditions d'octroi des subventions aux communes. Si la solution retenue entérine l'idée selon laquelle un département peut inciter financièrement une commune à retenir un mode de gestion déterminé, et ainsi, peser sur son choix, elle permet toutefois de préserver le pouvoir de décision des départements pour définir les modalités d'attribution des subventions. Par ailleurs, cette solution ne vise pas à conférer aux départements le pouvoir de décider du mode de gestion du service public à la place des communes, il s'agit simplement de reconnaître aux premiers un pouvoir d'incitation en direction des secondes.

Libre administration et interdiction de toute tutelle entretiennent donc des liens ténus et parfois ambigus puisque l'affaire *Département des Landes* démontre que le principe de libre administration, s'il ne doit pas se traduire par la mise en œuvre de relations verticales, peut, dans certains cas de figure, s'accompagner d'un pouvoir d'influence. Puisqu'une collectivité doit pouvoir décider des modalités entourant les subventions qu'elle accorde, il convient d'admettre, dans cette hypothèse, que ces modalités puissent inciter les collectivités bénéficiaires à opter pour un mode de gestion particulier du service public de l'eau.

La solution dégagée par le Conseil constitutionnel se justifie donc par le pouvoir de décision dont toute collectivité doit disposer en vertu du principe de libre administration, lequel pouvoir suppose qu'elle soit en mesure de définir les modalités d'octroi des subventions qu'elle accorde. Cependant, cette faculté demeure tout de même limitée, une collectivité ne devant pas être en capacité d'imposer ses choix à une autre. Il convient donc de différencier pouvoir de décision et pouvoir d'influence même si la distinction peut sembler subtile.

II – La portée du principe de libre administration dans la jurisprudence

A – La jurisprudence constitutionnelle

Le sens et la portée du principe de libre administration ont été progressivement précisés au fil des décisions rendues par le Conseil constitutionnel, notamment afin de concilier ce principe avec le principe d'égalité, mais aussi afin de déterminer le seuil de protection qui lui est accordé.

1. La conciliation entre libre administration et égalité

a. Les solutions applicables aux libertés publiques

En la matière, le Conseil constitutionnel fait prévaloir le principe d'égalité sur le principe de libre administration dans la mesure où il ne tolère pas que l'exercice d'une liberté publique puisse varier en fonction des décisions des pouvoirs locaux.

Dans une décision du 18 janvier 1985, le Conseil a en effet considéré que le principe de libre administration « ne saurait conduire à ce que les conditions essentielles d'application d'une loi organisant une liberté publique dépendent des décisions des collectivités territoriales, et ainsi, puissent ne pas être les mêmes sur l'ensemble du territoire » (déc. n° 84-185 DC, loi modifiant et complétant la loi n° 83-663 du 22 juill. 1983 et portant dispositions diverses relatives aux rapports entre l'État et les collectivités territoriales, *Rec.* p. 36). L'autonomie des collectivités territoriales est ainsi inexistante dès lors que l'exercice d'une liberté publique est en cause.

Cette décision de 1985, relative à la liberté de l'enseignement, sera confirmée par une décision du 13 janvier 1994 (n° 93-329 DC, *Révision de la loi Falloux*, *Rec.* p. 9), mais également par une décision du 9 avril 1996 (n° 96-373 DC, loi organique portant statut d'autonomie de la Polynésie française, *Rec.* p. 43). Il ressort de ces différentes décisions que les règles applicables aux conditions essentielles d'exercice des libertés publiques sont régies par une stricte égalité sur l'ensemble du territoire national, ce qui implique l'uniformité du droit applicable.

Cette solution a été reprise par le Constituant puisque la mise en œuvre de l'expérimentation prévue à l'article 72 alinéa 5 de la Constitution depuis la révision du 28 mars 2003 est exclue « lorsque sont en cause les conditions essentielles d'exercice d'une liberté publique ou d'un droit constitutionnellement garanti ». Cela tend ainsi à démontrer que le principe de libre administration doit céder face à l'unité du droit applicable aux libertés publiques.

b. Les solutions applicables aux autres catégories de droits et libertés

Lorsque ne sont plus en cause les conditions essentielles d'exercice des libertés publiques, le Conseil constitutionnel exerce un contrôle plus souple, tolérant l'existence de légères disparités territoriales. Pour étayer ce constat, on peut se référer à l'exemple des droits sociaux, les départements ayant des compétences étendues en la matière. Dans une décision du 21 janvier 1997, (déc. n° 96-387 DC, loi tendant, dans l'attente du vote de la loi instituant une prestation d'autonomie pour les personnes âgées dépendantes, à mieux répondre aux besoins des personnes âgées par l'institution d'une prestation spécifique dépendance, *Rec.* p. 23), le Conseil a estimé que le législateur pouvait confier au pouvoir réglementaire local le soin de préciser le montant d'une allocation d'aide sociale. Si le juge constitutionnel prend soin de vérifier que le législateur et le pouvoir réglementaire national fixent les conditions d'octroi de cette prestation afin d'éviter toute « rupture caractérisée de l'égalité » entre les bénéficiaires sur l'ensemble du territoire national, il n'exclut cependant pas de laisser aux collectivités territoriales, et plus précisément aux conseils généraux (devenus les conseils départementaux), un certain pouvoir d'appréciation.

Ainsi, dans le champ extérieur aux libertés publiques, tels les droits sociaux, le juge admet que les collectivités puissent disposer d'une marge de manœuvre et d'un pouvoir de décision, sous réserve néanmoins que ce pouvoir ne soit pas trop étendu. À l'uniformité du régime applicable aux libertés publiques, s'oppose ici l'homogénéité des règles de droit, laissant ainsi aux collectivités une marge d'appréciation modérée.

2. Une protection relative des éléments inhérents à la libre administration

Certains auteurs ont parfois considéré que la libre administration était « un terme vague et vide » (M. Troper, « Libre administration et théorie générale du droit, le concept de libre administration », in *La libre administration des collectivités locales, réflexion sur la décentralisation*, J. Moreau et G. Darcy [dir.], Economica, 1984, p. 62). On ne peut que souscrire à cette affirmation dans la mesure où le contenu et la portée du principe de libre administration sont largement dépendants des choix du législateur. La jurisprudence du Conseil constitutionnel conforte cette analyse car les déclarations d'inconstitutionnalité fondées sur le principe de libre administration demeurent peu nombreuses. Sans prétendre à l'exhaustivité, nous nous efforcerons ici de tracer les grandes lignes de la jurisprudence constitutionnelle afin de mettre en lumière le seuil de protection accordé au principe de libre administration.

a. Le principe de libre administration et les compétences des collectivités territoriales

Si le principe de libre administration suppose que les collectivités territoriales disposent de compétences effectives afin d'avoir un champ à administrer, le Conseil considère que ce principe ne s'oppose pas au retrait total d'une compétence à une collectivité. L'exemple de l'aide médicale illustre ce constat : avec la création de la couverture maladie universelle, les collectivités ont perdu leurs compétences en matière d'aide médicale, la gestion de la nouvelle couverture ayant été confiée aux services de l'État. Le Conseil constitutionnel a estimé que cette évolution ne méconnaissait pas le principe de libre administration (déc. n° 99-416 DC du 23 juill. 1999, loi portant création d'une couverture maladie universelle, *Rec.* p. 100).

Cela tend à démontrer que, sous réserve de ne pas priver les collectivités territoriales de compétences effectives, le législateur bénéficie d'une marge de manœuvre importante pour confier ou retirer une compétence déterminée à un échelon local (exception faite, comme cela a déjà été souligné, des règles applicables aux conditions essentielles d'exercice des libertés publiques qui doivent demeurer dans le giron étatique d'après la jurisprudence constitutionnelle). C'est en vertu de ce pouvoir d'appréciation que le législateur a pu supprimer la clause générale de compétences des départements et des régions sans méconnaître le principe de libre administration, d'après le Conseil constitutionnel (déc. n° 2010-618 DC du 9 déc. 2010, loi de réforme des collectivités territoriales ; déc. n° 2016-565 QPC du 16 sept. 2016, *Assemblée des départements de France*).

b. Le principe de libre administration et les charges imposées aux collectivités territoriales

Dans la veine de la jurisprudence qui vient d'être évoquée, le Conseil constitutionnel a considéré que le législateur pouvait accroître les charges pesant sur les communes en matière de construction de logements sociaux (déc. n° 2000-436 DC du 7 déc. 2000, loi relative à la solidarité et au renouvellement urbains, *Rec.* p. 176 ; voir également déc. n° 2012-660 DC du 17 janv. 2013, loi relative à la mobilisation du foncier public en faveur du logement et au renforcement des obligations de production de logement social, *JO* 19 janv. 2013, p. 1327).

Cette possibilité n'est pas absolue, elle est, au contraire, soumise à certaines conditions ainsi que l'a indiqué le Conseil constitutionnel dans le 12e considérant de sa décision du 7 décembre 2000 : « Considérant que, si le législateur peut, sur le fondement des dispositions des articles 34 et 72 de la Constitution, assujettir les collectivités territoriales ou leurs groupements à des obligations et à des charges, c'est à la condition que celles-ci répondent à des exigences constitutionnelles ou concourent à des fins d'intérêt général, qu'elles ne méconnaissent pas la compétence propre des collectivités concernées, qu'elles n'entravent pas leur libre administration et qu'elles soient définies de façon suffisamment précise quant à leur objet et à leur portée ». Par ailleurs, le législateur peut imposer des dépenses obligatoires aux collectivités territoriales, sous réserve qu'elles soient définies « avec précision quant à leur objet et à leur portée » et qu'elles ne portent pas atteinte au principe de libre administration ; il s'agit là d'une limite particulièrement lâche tant les contours du principe de libre administration paraissent nébuleux (voir notamment déc. n° 90-274 DC du 29 mai 1990, loi relative à la mise en œuvre du droit au logement *Rec.* p. 61).

c. Le principe de libre administration et le pouvoir de décision des collectivités territoriales

La décision du 8 juillet 2011 rendue dans le cadre d'une procédure de question prioritaire de constitutionnalité (2011-146 QPC, *Département des Landes, op. cit.*) démontre qu'en vertu du principe de libre administration, les collectivités territoriales doivent pouvoir définir les modalités accompagnant les subventions qu'elles accordent aux autres catégories de collectivités.

Le pouvoir de décision des collectivités territoriales est ainsi protégé au titre de la libre administration, au besoin par le biais d'une question prioritaire de constitutionnalité puisque ce principe fait partie des droits et libertés protégés au titre de l'article 61-1 de la Constitution. Une collectivité peut user de cette procédure pour contester la constitutionnalité d'une disposition législative qui n'aurait pas été soumise au contrôle *a priori* du Conseil constitutionnel. Cela avait déjà été admis dans une décision du 2 juillet 2010, *Commune de Dunkerque* (déc. n° 2010-12 QPC, *Rec.* p. 134). La création de la question prioritaire de constitutionnalité a ainsi ouvert de nouvelles perspectives aux collectivités territoriales pour faire sanctionner les atteintes que le législateur pourrait porter au principe de libre administration.

d. Le principe de libre administration et les conseils élus

Si certaines décisions semblent protectrices à l'égard du principe de libre administration, d'autres laissent en revanche apparaître son extrême plasticité. Tel est notamment le cas de la décision rendue le 9 décembre 2010 dans laquelle le Conseil constitutionnel a considéré que la création du conseiller territorial, appelé à siéger au sein de l'assemblée départementale et de l'assemblée régionale, ne portait pas atteinte au principe de libre administration (déc. n° 2010-618 DC, loi de réforme des collectivités territoriales, *Rec.* p. 367). Plus précisément, le Conseil constitutionnel a indiqué que « si le principe selon lequel les collectivités territoriales s'administrent librement par des conseils élus implique que toute collectivité dispose d'une assemblée délibérante élue dotée d'attributions effectives, il n'interdit pas que les élus désignés lors d'un unique scrutin siègent dans deux assemblées territoriales ». Ainsi, au regard de cette décision, le principe de libre administration ne suppose pas nécessairement l'indépendance des assemblées locales les unes par rapport aux autres. Or, cette interprétation est sujette à controverse dans la mesure où la création du conseiller territorial portait en son sein un risque de tutelle d'une assemblée sur une autre (mais le conseiller territorial a été abrogé par la loi n° 2013-403 du 17 mai 2013).

La protection que le Conseil constitutionnel accorde au principe de libre administration, et notamment aux éléments qui le composent, peut ainsi paraître relative. Cela s'explique en partie par le pouvoir d'appréciation que le juge reconnaît au législateur pour définir les contours de la libre administration.

B – La jurisprudence administrative

Le juge administratif considère que le principe de libre administration est une liberté fondamentale au sens de l'article L. 521-2 du Code de la justice administrative relatif au référé-liberté (CE, sect., 18 janv. 2001, *Commune de Venelles, Rec.* p. 18), ce qui signifie que les collectivités peuvent user de cette procédure d'urgence lorsque l'État méconnaît leur autonomie. Le juge des référés peut alors ordonner toutes mesures nécessaires à la sauvegarde du principe de libre administration s'il s'avère que l'État lui a porté une atteinte grave et manifestement illégale. Conformément à l'article L. 521-2 précité, le juge se prononce dans un délai de quarante-huit heures.

En outre, il résulte de la décision du Conseil d'État du 12 décembre 2003, *Département des Landes* (*Rec.* p. 502), que le principe de libre administration peut être invoqué dans les relations entre les collectivités territoriales, et non pas seulement dans les relations entre ces dernières et l'État. Le juge administratif est ainsi le garant du principe de libre administration qu'il soit méconnu par l'État ou par une collectivité territoriale.

Enfin, la jurisprudence administrative relative aux interventions locales tend à démontrer que l'autonomie locale bénéficie d'une protection relativement attentive de la part du juge administratif dès lors que la collectivité bénéficie de la clause générale de compétence.

CE 29 juin 2001, *Commune de Mons-en-Barœul, AJDA* 2002. 42, note Y. Jégouzo

Dans cette espèce était en cause la légalité d'une aide au logement créée, de manière facultative, par une commune. Puisqu'aucun texte ne reconnaît expressément aux communes de compétences dans le domaine de l'insertion sociale, la question de la légalité d'une telle intervention était posée. Le Conseil d'État a alors retenu une solution particulièrement favorable à l'autonomie locale : « Considérant (...) que le législateur n'a pas entendu interdire aux communes de créer, de leur propre initiative, des aides dont l'objectif est de favoriser l'insertion sociale de leurs bénéficiaires dès lors qu'elles répondent à un intérêt communal ; qu'ainsi, en jugeant qu'aucune disposition législative ne donnait compétence aux communes pour conduire des actions d'insertion et en concluant pour ce motif à l'illégalité de la délibération du conseil municipal de Mons-en-Barœul, la cour administrative d'appel de Nancy a commis une erreur de droit ». Dès lors qu'une compétence n'est pas explicitement réservée à un autre échelon local, une commune peut intervenir dans ce domaine par la voie d'actions facultatives, sous réserve de poursuivre un intérêt public local.

Il convient toutefois de relever que la loi NOTRe (loi portant nouvelle organisation territoriale de la République) du 7 août 2015 a réduit le périmètre de cette jurisprudence en retirant la clause générale de compétence aux départements et aux régions. Ainsi que l'a clairement indiqué le Conseil d'État s'agissant des départements, cette catégorie de collectivités n'est plus autorisée à intervenir en dehors du champ de leurs compétences, y compris dans « les domaines pour lesquels aucune autre personne publique ne dispose d'une compétence attribuée par la loi » (CE 11 oct. 2017, n° 407347, *Département des Yvelines et autres*). La solution dégagée par l'arrêt du 29 juin 2001 se limite désormais aux seules communes puisque ce sont les seules collectivités à avoir conservé la clause générale de compétence, avec la métropole de Lyon, la collectivité de Corse et la ville de Paris qui sont toutes trois des collectivités à statut particulier.

III – L'autonomie spécifique de certains territoires

Cette autonomie, qui affecte l'étendue de la compétence dont dispose le législateur pour définir le principe de libre administration et les règles applicables aux collectivités territoriales, se traduit de deux manières : en premier lieu, par l'organisation de consultations obligatoires prévues par la Constitution, et en second lieu, par la dévolution d'un pouvoir normatif étendu à certaines catégories de collectivités. Cette autonomie renforcée concerne essentiellement les collectivités situées en outre-mer.

A – La consultation des électeurs de la collectivité

L'article 72-4 de la Constitution : « Aucun changement, pour tout ou partie de l'une des collectivités mentionnées au deuxième alinéa de l'article 72-3, de l'un vers l'autre des régimes prévus par les articles 73 et 74, ne peut intervenir sans que le consentement des électeurs de la collectivité ou de la partie de collectivité intéressée ait été préalablement recueilli dans les conditions prévues à l'alinéa suivant. Ce changement de régime est décidé par une loi organique. (...) »

Les collectivités visées sont : la Guadeloupe, la Guyane, la Martinique, la Réunion, Mayotte, Saint-Barthélemy, Saint-Martin, Saint-Pierre-et-Miquelon, les îles Wallis et Futuna et la Polynésie française. Sur un plan statutaire, l'article 72-4 de la Constitution vise le passage du statut de département et région d'outre-mer (art. 73 Const.) à celui de collectivité d'outre-mer (art. 74), ou inversement.

Dans ce cas, un changement de statut ne peut être décidé sans l'accord des électeurs de la collectivité, leur avis est donc contraignant, le législateur voit son pouvoir de décision soumis à l'assentiment des électeurs. À cela s'ajoute le fait que le changement de statut doit être décidé par une loi organique et non par une loi ordinaire.

Cette procédure a notamment été mise en œuvre pour les communes de Saint-Barthélemy et Saint-Martin qui sont devenues des collectivités d'outre-mer au sens de l'article 74 de la Constitution (ces dernières sont alors soumises à un statut différent de celui applicable aux départements et régions d'outre-mer).

Par ailleurs, une consultation fut également organisée à Mayotte pour autoriser le passage du statut de collectivité d'outre-mer à celui de département d'outre-mer le 29 mars 2009. Ce changement a été entériné par la loi organique n° 2010-1486 du 7 décembre 2010 (sur cette question, voir M. Verpeaux, « Le nouveau département de Mayotte. Espoirs et réalités », *AJDA* 2011. 1725).

L'article 73 de la Constitution : « La création par la loi d'une collectivité se substituant à un département et une région d'outre-mer ou l'institution d'une assemblée délibérante unique pour ces deux collectivités ne peut intervenir sans qu'ait été recueilli, selon les formes prévues au second alinéa de l'article 72-4, le consentement des électeurs inscrits dans le ressort de ces collectivités. »

La possibilité ouverte par cet article de fusionner un département et une région d'outre-mer, ou de créer une assemblée unique, suppose là encore de recueillir l'assentiment des électeurs de la collectivité. Cette disposition a été appliquée en Guyane et en Martinique : la loi du 27 juillet 2011 (n° 2011-884) a fait de ces deux territoires des collectivités régies par l'article 73 de la Constitution après avoir recueilli l'accord des électeurs. Le fonctionnement de ces collectivités a été précisé par la loi organique du 27 juillet 2011 (loi n° 2011-883).

L'article 74 de la Constitution : « Les collectivités d'outre-mer régies par le présent article ont un statut qui tient compte des intérêts propres de chacune d'elles au sein de la République. Ce statut est défini par une loi organique, adoptée après avis de l'assemblée délibérante (...) ».

L'assemblée délibérante est notamment consultée sur les conditions dans lesquelles les lois et règlements seront applicables sur son territoire, ou encore sur ses compétences (s'agissant des autres catégories de collectivités territoriales, et notamment des communes, départements et régions de droit commun, les assemblées délibérantes ne sont pas consultées lors de la détermination du champ de leurs compétences).

De plus, l'assemblée délibérante d'une collectivité d'outre-mer doit être consultée « sur les projets et propositions de loi et les projets d'ordonnance ou de décret comportant des dispositions particulières à la collectivité, ainsi que sur la ratification ou l'approbation d'engagements internationaux conclus dans les matières relevant de sa compétence ». Il convient toutefois de préciser que si l'organisation de la consultation est obligatoire, son résultat n'est pas contraignant.

B – La reconnaissance d'un pouvoir normatif étendu

Il est des domaines dans lesquels les collectivités, départements et régions d'outre-mer peuvent intervenir dans le champ de la loi. S'agissant plus spécifiquement des collectivités d'outre-mer, l'article 74 de la Constitution prévoit que ces domaines doivent être déterminés par la loi organique portant statut de la collectivité. Dans les départements et régions d'outre-mer, il faut selon les cas, une autorisation législative ou réglementaire (art. 73 Const.).

Toutefois, sont exclues les règles portant sur la nationalité, les droits civiques, les garanties des libertés publiques, l'état et la capacité des personnes, l'organisation de la justice, le droit pénal, la procédure pénale, la politique étrangère, la défense, la sécurité et l'ordre publics, la monnaie, le crédit et les changes, ainsi que le droit électoral. Cette exclusion concerne tant les collectivités d'outre-mer que les départements et régions d'outre-mer.

Outre ces exclusions, le pouvoir normatif reconnu aux collectivités demeure limité : d'une part, elles sont soumises au contrôle du juge administratif, et d'autre part, elles ne sont pas autorisées à adopter des règles qui seraient contraires aux lois antérieures.

La Nouvelle-Calédonie est, quant à elle, autorisée à adopter des « lois de pays » qui se voient reconnaître une véritable valeur législative et qui, de ce fait, relèvent du contrôle du Conseil constitutionnel et non du juge administratif. Les matières concernées par les « lois de pays » visent par exemple le droit du travail, la fiscalité, l'emploi ou encore les successions et les libéralités.

Cette possibilité est également reconnue à la Polynésie française dans des domaines relevant du droit du travail, du droit civil, ou encore de l'environnement. Toutefois, s'agissant de la Polynésie, c'est le Conseil d'État et non le Conseil constitutionnel qui exerce le contrôle juridictionnel sur les « lois de pays ».

La faculté d'adopter de tels actes s'explique par le fait que ces deux territoires bénéficient d'un statut d'autonomie. Dans ces différents domaines, le législateur a, en quelque sorte, délégué une partie de sa compétence aux assemblées locales, il est ainsi dépossédé d'une part de ses prérogatives. Cela tend à démontrer que la place dévolue au pouvoir législatif pour définir les contours du principe de libre administration peut varier selon le statut de la collectivité.

Section 2 – Les éléments constitutifs de l'autonomie locale

Le principe de libre administration suppose que les collectivités territoriales s'administrent par des conseils élus dotés d'attributions effectives, les assemblées délibérantes doivent ainsi disposer d'un pouvoir de décision dans le cadre des compétences confiées aux collectivités. Le principe de libre administration serait en effet vidé de sa substance si les assemblées locales ne pouvaient disposer d'un champ à administrer.

Ce premier élément, s'il est indispensable, n'est pas à lui seul suffisant : les collectivités doivent également avoir les moyens financiers, juridiques et humains d'exercer leurs compétences.

§ 1 – Les principes applicables aux compétences des collectivités territoriales

I – Les différentes catégories de compétences

Il existe deux grandes catégories de compétences :

– les compétences facultatives qui sont rattachées à la clause générale de compétence (dont le bénéfice est désormais réservé aux seules communes, ainsi qu'à la métropole de Lyon, à la collectivité de Corse et à la ville de Paris, ces trois dernières étant des collectivités à statut particulier) ;

– et les compétences obligatoires qui ont été confiées par le législateur aux collectivités territoriales dans le cadre des lois de décentralisation.

A – La clause générale de compétence

1. Origine et évolution

Elle trouve son fondement dans la loi du 5 avril 1884 qui énonce que « le conseil municipal règle, par ses délibérations, les affaires de la commune ». S'agissant du département, la loi du 10 août 1871 contenait une disposition que l'on peut juger analogue : « le conseil général délibère sur tous les objets d'intérêt départemental dont il est saisi, soit sur une proposition du préfet, soit sur l'initiative de l'un de ses membres ». Cette clause générale de compétence a été étendue à l'ensemble des collectivités territoriales par la loi du 2 mars 1982.

Signification : En vertu de cette clause, une collectivité peut intervenir dans tous les domaines présentant un intérêt public local même si cette intervention n'est pas expressément prévue par un texte, sous réserve, néanmoins, de ne pas empiéter sur les compétences réservées exclusivement à d'autres personnes publiques. Telle est tout du moins l'interprétation retenue par le Conseil d'État dans sa décision du 29 juin 2001, *Commune de Mons-en-Barœul* (*AJDA* 2002. 42, note Y. Jégouzo).

Une existence controversée

Le maintien de cette clause a donné lieu à quelques controverses doctrinales après l'adoption des lois de décentralisation de 1982 et 1983. Une partie de la doctrine a notamment soutenu que le législateur avait souhaité accorder une vocation prioritaire à chaque catégorie de collectivités territoriales et ainsi les spécialiser, ce qui limitait l'intérêt de la clause générale de compétence.

Cependant, la loi du 2 mars 1982 a généralisé cette clause en l'étendant à toutes les catégories de collectivités ; la décentralisation n'a pas sonné le glas de cette notion qui trouve son fondement historique dans les lois de 1871 et 1884.

La seule véritable atteinte est venue de la loi du 16 décembre 2010 de réforme des collectivités territoriales : ce texte visait à remettre partiellement en cause cette clause au détriment des départements et des régions. Le Conseil constitutionnel avait estimé, dans sa décision n° 2010-618 DC du 9 décembre 2010 (*Rec.* p. 367), qu'aucun principe de valeur constitutionnelle ne s'opposait à cette réforme qui avait pour objet de limiter la capacité des départements et des régions à mener des interventions facultatives.

Cependant, la loi du 27 janvier 2014 de modernisation de l'action publique territoriale et d'affirmation des métropoles a rétabli cette capacité pour toutes les catégories de collectivités (loi n° 2014-58), et ce, avant l'entrée en vigueur des dispositions concernées de la loi du 16 décembre 2010 prévue en 2015.

Il faut toutefois composer avec une nouvelle volte-face du législateur puisque la loi du 7 août 2015 portant nouvelle organisation territoriale de la République a finalement supprimé cette clause pour les départements et les régions. Depuis l'entrée en vigueur de ce texte, ces deux catégories de collectivités ne bénéficient que de compétences d'attributions dans le dessein d'accroître leur spécialisation.

2. Les contours de la clause générale de compétence : l'intérêt public local

En dépit de sa suppression pour les départements et les régions, la clause subsiste au niveau communal. La détermination de son contenu conserve à cet égard un intérêt particulier dans la mesure où sa définition repose sur une approche empirique, qu'elle soit conçue de manière positive ou négative.

a. Approche positive : le contenu de l'intérêt public local

Le contenu de la clause générale de compétence doit être appréhendé à la lumière de la jurisprudence administrative relative à l'intérêt public local. C'est en effet cette notion qui conditionne la légalité des interventions facultatives des collectivités territoriales.

1) L'intérêt public local et les interventions à finalité sociale

Plusieurs exemples permettent d'illustrer l'interprétation particulièrement souple que le juge administratif retient de l'intérêt public local dès lors que l'intervention de la collectivité poursuit une finalité sociale, qu'elle soit directe ou indirecte.

Dans une décision du 20 novembre 1964, *Ville de Nanterre*, le Conseil d'État a ainsi admis la création d'un service municipal de soins dentaires afin de permettre à tous les habitants, et notamment aux plus modestes, d'accéder aux soins (*AJDA* 1964. 705).

Plus tard, dans un arrêt du 11 décembre 1996, *Centre communal d'action sociale de Saint-André-les-Vergers* (*Rec.* p. 480), le Conseil d'État a accepté qu'une commune crée un revenu minimum étudiant versé, sous certaines conditions, aux étudiants résidant dans la commune.

Dans l'arrêt précité du 29 juin 2001, *Commune de Mons-en-Barœul*, le juge administratif a estimé que la création d'une allocation municipale d'habitation était légale dans la mesure où elle présentait un intérêt public local.

Par ailleurs, le Conseil d'État a considéré que la création par un département d'un service de téléalarme au profit des personnes âgées, service qui devait permettre à toutes ces personnes « indépendamment de leurs ressources » d'accéder à une telle prestation, présentait un intérêt public local (CE 3 mars 2010, *Département de la Corrèze*, *RDSS* 2010. 341, note G. Koubi et G. J. Guglielmi, *AJDA* 2010. 957, concl. N. Boulouis).

2) L'intérêt public local et les interventions à finalité éducative

Dans un arrêt de section du 28 juillet 1995, *Commune de Villeneuve-d'Ascq* (*Rec.* p. 324), le Conseil d'État a jugé que l'octroi de bourses à des étudiants étrangers pouvait présenter un intérêt public local. En effet, en l'espèce, ces bourses étaient destinées à des étudiants issus de villes jumelées avec la commune ; or, le juge a considéré que faciliter les échanges internationaux dans le cadre universitaire pouvait servir le développement de la collectivité et donc, l'intérêt public local.

De même, le juge administratif admet qu'une commune puisse financer un voyage en Guadeloupe ouvert aux enfants de la commune dès lors que cela favorise « l'ouverture vers l'extérieur » de ces enfants (CE 7 juill. 2004, *Commune de Celoux*, *Rec.* p. 319).

3) L'intérêt public local et les interventions à caractère culturel

Il existe en la matière plusieurs décisions ayant trait à la conciliation entre l'intérêt public local et les dispositions de la loi du 9 décembre 1905 relative à la séparation de l'Église et de l'État.

Dans un arrêt en date du 19 juillet 2011, *Commune de Trélazé* (*AJDA* 2011. 1460) était en cause la légalité d'une décision visant à acquérir un orgue afin de l'installer dans l'église communale. Dans la mesure où cet orgue devait également être utilisé lors de cours de musique ou de concerts, c'est-à-dire dans le cadre d'événements dénués de liens avec le culte, cette intervention répondait à un intérêt public local.

Dans une autre décision du même jour, *Fédération de la libre-pensée et de l'action sociale du Rhône et M. P.* (*AJDA* 2011. 1460), était en cause la légalité d'une subvention versée par la ville de Lyon visant à financer un ascenseur pour faciliter l'accès à la basilique de Fourvière. Le Conseil d'État a estimé que cet ascenseur ne bénéficierait pas seulement aux personnes qui se rendent dans cette basilique pour pratiquer leur culte, mais aussi aux visiteurs et aux touristes. Cette intervention répond donc à un intérêt public local en ce qu'elle permet de valoriser l'un des atouts culturels de la ville de Lyon, ainsi que son développement touristique.

Dans le même sens, le Conseil d'État a considéré que l'installation d'une crèche de Noël dans l'enceinte de bâtiments publics ne peut être autorisée que « lorsqu'elle présente un caractère culturel, artistique ou festif, sans exprimer la reconnaissance d'un culte ou marquer une préférence religieuse » (CE 9 nov. 2016, n° 395122, *Commune de Melun c/ fédération des libres penseurs de Seine-et-Marne* ; CE 9 nov. 2016, n° 395223, *Fédération de la libre pensée de Vendée*).

Au-delà de ces exemples relatifs à la conciliation entre laïcité et action culturelle, il convient également de souligner que le Conseil d'État reconnaît qu'une manifestation culturelle peut présenter un intérêt public local : tel est le cas d'un festival de bandes dessinées (CE 25 mars 1988, *Commune de Hyères*, *Rec. T.* p. 668) ou d'un festival d'art lyrique (CE 6 avr. 2007, *Commune d'Aix-en-Provence*, *Rec.* p. 155).

4) L'intérêt public local et les interventions à finalité économique

Si les interventions économiques des collectivités territoriales ne doivent pas porter atteinte à la liberté du commerce et de l'industrie et doivent par conséquent être justifiées par la « carence de l'initiative privée » (CE, sect., 30 mai 1930, *Chambre syndicale du commerce en détail de Nevers*, *Rec.* p. 583), le juge administratif a néanmoins admis que les opérations réalisées par une commune pour favoriser l'installation d'une entreprise sur son territoire présentaient un intérêt public local (CE 26 juin 1974, *Société la Maison des Isolants de France*, *Rec.* p. 365).

La jurisprudence tend à retenir une interprétation de plus en plus souple de la condition liée à la carence de l'initiative privée.

CE 3 mars 2010, *Département de la Corrèze* (*op. cit.*)

En l'espèce, l'intervention de la collectivité territoriale était susceptible de concurrencer les entreprises intervenant dans le secteur de la téléalarme. Pourtant, la création de ce service public est jugée légale en ce qu'elle permet à toutes les personnes âgées, notamment aux plus modestes, d'accéder à ce service. En d'autres termes, la carence de l'initiative privée peut être reconnue lorsqu'une prestation jugée essentielle n'est pas délivrée par le secteur privé à des tarifs abordables. Loin de retenir une vision désincarnée de l'intérêt public local, le juge administratif s'est écarté de toute interprétation rigide : la carence de l'initiative privée n'est pas seulement caractérisée par l'absence d'activité privée, mais aussi par l'existence d'un secteur privé pratiquant des tarifs peu abordables. C'est également ce qu'illustre la décision du Conseil d'État du 20 novembre 1964, *Ville de Nanterre* (*Rec.* p. 563) : en l'espèce, la commune n'était pas dépourvue de cabinets dentaires, mais les tarifs pratiqués dépassaient ceux remboursés par l'assurance sociale. Il existait donc un risque d'exclusion en direction des personnes les plus modestes, et c'est précisément pour pallier ce risque que le juge administratif a admis la création d'un service municipal de soins dentaires aux côtés du secteur privé.

b. Approche négative : les limites opposées à l'intérêt public local

1) Les compétences dévolues à une autre personne publique

La clause générale de compétence n'est pas un blanc-seing qui autorise les collectivités territoriales à intervenir dès lors qu'un intérêt public local le justifie. Il existe, en effet, des limites d'ordre matériel tenant aux compétences confiées par les textes aux autres catégories de collectivités territoriales, à l'État ou à un établissement public. Tel est notamment le sens de l'arrêt rendu par le Conseil d'État le 21 juin 2000, *Commune de Charvieux-Chavagneux* (*Rec.* p. 856) : une commune n'est pas compétente pour attribuer des logements sociaux dès lors que cette compétence est confiée à un établissement public par la loi.

2) Les limites territoriales

Si les collectivités territoriales peuvent accorder des subventions visant à soutenir et à développer les relations qu'elles entretiennent avec d'autres collectivités, notamment des collectivités étrangères avec lesquelles elles seraient jumelées, l'intervention facultative reste néanmoins circonscrite par l'intérêt public local. En ce sens, le Conseil d'État a jugé qu'une subvention accordée par le département de l'Oise à une association afin de contribuer au financement de travaux d'embellissement de la commune de Colombey-les-deux-Églises était illégale, cette commune n'étant pas située dans le département de l'Oise (CE 16 juin 1997, *Département de l'Oise, Rec.* p. 236).

En revanche, une commune peut accorder une subvention à une association départementale qui organise, sur le territoire de la commune, un événement ayant des retombées sur la notoriété de cette dernière (CE 5 déc. 1941, *Rousteau*, *Rec.* p. 206). Dans ce cas de figure, l'intervention présente un intérêt public local pour la commune même si elle vise à soutenir une association départementale et non communale.

3) La liberté du commerce et de l'industrie

La jurisprudence *Chambre syndicale du commerce en détail de Nevers* (*op. cit.*) constitue une limite aux interventions économiques des collectivités territoriales en ce qu'elles ne doivent pas concurrencer de manière illégale l'initiative privée. Dans cette espèce, le juge administratif a considéré que la création d'un service public de ravitaillement municipal n'était pas justifiée par la carence de l'initiative privée et constituait, de ce fait, une atteinte à la liberté du commerce et de l'industrie.

Par ailleurs, les collectivités territoriales sont soumises au respect des règles édictées par le droit national et les instances de l'Union européenne en matière de droit de la concurrence ; l'octroi d'aides aux entreprises situées sur leur territoire, afin de soutenir le développement économique de la collectivité, est ainsi enserré par la réglementation nationale et européenne.

4) La neutralité des interventions des collectivités territoriales

Elles doivent, en premier lieu, respecter une stricte neutralité politique, une commune ne peut accorder une subvention à une association dont l'action est essentiellement politique (CE 11 oct. 1989, *Commune de Gardannes*, *Rec.* p. 188).

Mais le seul fait que l'association mène des actions politiques n'est pas nécessairement rédhibitoire : le Conseil d'État a ainsi jugé qu'une commune pouvait accorder une subvention à une association de défense des droits des personnes LGBT militant pour l'ouverture du recours à la procréation médicalement assistée, dès lors que l'aide était bien destinée au financement d'une action d'intérêt public local. Tel est précisément le cas d'une subvention visant à soutenir les actions de l'association en matière d'accueil, d'information et de prévention en faveur des personnes LGBT. La commune doit cependant s'assurer, par le biais d'une convention par exemple, que l'aide sera effectivement employée pour financer des actions présentant un intérêt public local (CE 8 juill. 2020, n° 425926, *Mme du Boisgueheneuc*).

Outre la neutralité politique, les collectivités doivent également respecter une stricte neutralité religieuse : elles doivent ainsi prendre garde à ne pas favoriser les seuls élèves d'une école privée (CE 12 juin 1996, *OGEC de l'île d'Elle*, *Rec.* p. 226).

Pour autant, la décision rendue le 19 juillet 2011, *Fédération de la libre-pensée et de l'action sociale du Rhône et M. P.* (*op. cit.*), tend à démontrer qu'une subvention peut être accordée pour favoriser l'accès à un lieu de culte dès lors que celui-ci contribue au rayonnement touristique et économique de la collectivité.

3. La marge de manœuvre des départements et des régions en question

La loi du 7 août 2015 ayant retiré aux départements et aux régions leur clause générale de compétence, la question de l'étendue de leur champ d'action semble devoir être posée.

• S'agissant du département, le nouvel article L. 3211-1 CGCT prévoit que le conseil départemental règle par ses délibérations les affaires du département dans les domaines qui lui sont attribués par la loi. Cette disposition ajoute ensuite qu'il « est compétent pour mettre en œuvre toute aide ou action relative à la prévention ou à la prise en charge des situations de fragilité, au développement social, à l'accueil des jeunes enfants et à l'autonomie des personnes. Il est également compétent pour faciliter l'accès aux droits et aux services des publics dont il a la charge. Il a compétence pour promouvoir les solidarités et la cohésion territoriale sur le territoire départemental, dans le respect de l'intégrité, de l'autonomie et des attributions des régions et des communes ». Cette disposition offre en réalité au département une marge de manœuvre dans le champ qu'elle définit. Si cette catégorie de collectivités ne bénéficie plus de la clause générale de compétence, cela ne signifie pas pour autant que son action se limite strictement aux seules compétences décentralisées. Le département dispose encore de la possibilité de prendre des initiatives dont les contours sont circonscrits, au plan matériel, par l'énumération figurant à l'article L. 3211-1. Pour autant, le département ne peut intervenir « dans les domaines pour lesquels aucune personne publique ne dispose d'une compétence attribuée par la loi » (CE 11 oct. 2017, *Département des Yvelines et autres*, *op. cit.*). Si les compétences des départements ne sont pas strictement énumérées par la loi, et s'il dispose encore d'un droit d'initiative, ce droit ne peut s'exercer que dans les limites définies par l'article L. 3211-1.

• On peut formuler des remarques analogues s'agissant de la région : l'article L. 4221-1 CGCT prévoit qu'au-delà des compétences que la loi lui attribue, le conseil régional peut « promouvoir le développement économique, social, sanitaire, culturel et scientifique de la région, le soutien à l'accès au logement et à l'amélioration de l'habitat, le soutien à la politique de la ville et à la rénovation urbaine et le soutien aux politiques d'éducation et l'aménagement et l'égalité de ses territoires, ainsi que pour assurer la préservation de son identité et la promotion des langues régionales, dans le respect de l'intégrité, de l'autonomie et des attributions des départements et des communes ». Dans le cadre fixé par cet article, le conseil régional dispose ainsi de la possibilité de mener des actions facultatives. La suppression de la clause générale de compétence ne s'est donc pas accompagnée de la disparition pure de toute faculté d'intervention. Simplement, le périmètre de ces interventions s'est quelque peu réduit puisque le législateur a procédé à une énumération qui se veut limitative. On peut toutefois s'interroger sur la portée de cette limitation compte tenu de l'imprécision de certaines notions, à l'image du développement économique, social, sanitaire, culturel et scientifique qui couvre un champ particulièrement vaste.

Il convient par ailleurs de préciser qu'en vertu de l'article L. 1111-4 CGCT, les compétences en matière de culture, de sport, de tourisme, de promotion des langues régionales, et d'éducation populaire demeurent partagées entre les différents niveaux de collectivités.

→ La suppression de la clause générale de compétence par la loi du 7 août 2015 n'a donc pas privé les départements et les régions de tout droit d'initiative, le législateur ayant maintenu un certain espace de liberté, même s'il s'avère plus restreint que dans la législation antérieure. Par ailleurs, selon le Conseil constitutionnel, cette suppression ne porte pas atteinte au principe de libre administration car elle ne prive pas les départements de compétences effectives (Cons. const., déc. n° 2016-565 QPC, *Assemblée des départements de France*).

B – Les compétences décentralisées

1. Des compétences d'attribution

Si les collectivités territoriales sont en mesure de développer des interventions facultatives, certaines leur sont en revanche imposées par la loi par le biais des transferts de compétences réalisés dans le cadre de la décentralisation. Dans cette hypothèse, on parle alors de compétences d'attribution car elles sont expressément attribuées aux collectivités par un texte.

2. Les blocs de compétences

Dès les premières lois de décentralisation, au début des années 1980, le législateur a tenté de mettre en œuvre une répartition par bloc de compétences, principe qui est inscrit à l'article L. 1111-4 du CGCT : « La répartition des compétences entre les collectivités territoriales et l'État s'effectue, dans la mesure du possible, en distinguant celles qui sont mises à la charge de l'État et celles qui sont dévolues aux communes, aux départements, ou aux régions, de telle sorte que chaque domaine de compétences ainsi que les ressources correspondantes soient affectés en totalité soit à l'État, soit aux communes, soit aux départements, soit aux régions. »

Le législateur ambitionne donc de construire un jardin à la française en vertu duquel chaque niveau d'administration disposerait de compétences clairement identifiées. En réalité, cette logique de répartition par bloc s'est rapidement révélée impraticable. Que l'on songe au développement économique ou aux compétences en matière d'aménagement du territoire par exemple, et l'on s'aperçoit aisément qu'il est impossible d'opérer une répartition par bloc dans ces matières. Si la logique d'une répartition claire fut érigée en principe, la réalité correspond davantage à un enchevêtrement.

3. Des compétences maîtrisées par le législateur

Le Parlement dispose d'un pouvoir d'appréciation étendu pour décider quelles sont les compétences à confier aux collectivités territoriales, mais aussi pour leur retirer une compétence qui leur aurait été confiée par une loi antérieure. En effet, ce qu'une loi a fait, une autre peut le défaire, sous réserve de ne pas priver les collectivités territoriales de compétences effectives (voir par ex. la décision du Conseil constitutionnel du 7 déc. 2000, n° 2000-436 DC, loi relative à la solidarité et au renouvellement urbains, *Rec.* p. 176).

Il s'agit là d'un pouvoir important qui est source de contraintes à l'égard des collectivités territoriales : l'exercice de ces compétences d'attribution est obligatoire, ce qui implique des dépenses obligatoires à la charge des collectivités, dépenses qui sont toutefois assorties d'une compensation financière versée par l'État.

4. Des compétences donnant lieu à une compensation

En vertu de l'article 72-2 alinéa 4 de la Constitution, tout transfert de compétence au profit des collectivités territoriales doit donner lieu à une compensation financière afin de leur donner les moyens de gérer les compétences décentralisées.

Mais la compensation peut également se traduire par des transferts de personnel de l'État vers les collectivités territoriales : les agents affectés à l'exercice de la compétence décentralisée pourront aussi être transférés aux collectivités territoriales.

Par ailleurs, le transfert de compétence peut s'accompagner du transfert des biens nécessaires à l'exercice de celle-ci.

C – Compétences locales et démocratie participative

La lecture de l'article 72-1 de la Constitution démontre que le champ des compétences confiées aux collectivités détermine également les domaines dans lesquels peuvent s'exercer le droit de pétition et le référendum local.

L'alinéa 1er de l'article 72-1 : « La loi fixe les conditions dans lesquelles les électeurs de chaque collectivité territoriale peuvent, par l'exercice du droit de pétition, demander l'inscription à l'ordre du jour de l'assemblée délibérante de cette collectivité d'une question relevant de sa compétence. » Et selon l'alinéa 2 du même article, « Dans les conditions prévues par la loi organique, les projets de délibération ou d'acte relevant de la compétence d'une collectivité territoriale peuvent, à son initiative, être soumis, par la voie du référendum, à la décision des électeurs de cette collectivité ».

Ainsi, la définition des compétences dévolues aux collectivités conditionne les domaines dans lesquels la démocratie participative peut se développer par la voie du droit de pétition et du référendum local. Les régimes juridiques de ces notions seront envisagés par la suite, mais il convenait dès à présent de souligner que la détermination des compétences des collectivités territoriales n'engendre pas seulement des conséquences à l'égard de l'assemblée délibérante et de l'exécutif local, elle produit également des effets à l'égard des citoyens locaux puisqu'elle circonscrit le périmètre du droit d'expression qui leur est reconnu.

II – Les modalités de la répartition des compétences

Puisque la logique des blocs de compétences s'est soldée par un échec, d'autres principes ont été consacrés afin de parfaire la méthode retenue pour répartir les compétences. Ces principes ont été intégrés à la Constitution par la révision du 28 mars 2003, il s'agit du principe de subsidiarité, de la notion de collectivité chef de file et de l'expérimentation.

A – Le principe de subsidiarité

Définition : Il ne figure pas explicitement au sein même de la Constitution mais on peut déduire son existence de l'article 72 alinéa 2 : « Les collectivités territoriales ont vocation à prendre les décisions pour l'ensemble des compétences qui peuvent le mieux être mises en œuvre à leur échelon. »

Ce principe est inspiré du droit de l'Union européenne, il suppose de rechercher le niveau adéquat pour l'exercice d'une compétence, c'est-à-dire le niveau adapté pour satisfaire au mieux les besoins de la population sans perdre de vue l'impératif d'efficacité financière.

Portée : La portée du principe de subsidiarité demeure limitée, elle se révèle peu contraignante car ce principe doit être analysé comme une simple règle de bonne conduite (J.-F. Brisson, « Les nouvelles clés constitutionnelles de répartition matérielle des compétences entre l'État et les collectivités locales », *AJDA* 2003. 529).

La jurisprudence du Conseil constitutionnel confirme cette lecture puisqu'il apparaît que le juge exerce un contrôle restreint sur le respect du principe énoncé à l'article 72 alinéa 2. Dans sa décision du 7 juillet 2005 (n° 2005-216 DC, loi de programme fixant les orientations des politiques énergétiques, *Rec.* p. 102), il considère qu'« il résulte de la généralité des termes retenus par le constituant que le choix du législateur d'attribuer une compétence à l'État plutôt qu'à une collectivité territoriale ne pourrait être remis en cause sur le fondement de cette disposition, que s'il était manifeste qu'eu égard à ses caractéristiques et aux intérêts concernés, cette compétence pouvait être mieux exercée par une collectivité territoriale ».

Le Conseil constitutionnel se refuse ainsi à s'immiscer au sein de considérations relevant des choix d'opportunité du législateur. L'hypothèse de l'erreur manifeste d'appréciation paraît en la matière incertaine en raison de l'importante marge d'appréciation dont dispose le législateur.

Dès lors, on peut douter de l'efficacité du principe de subsidiarité pour remédier à l'enchevêtrement des compétences qui découle, en grande partie, des lois de décentralisation. Il fait simplement figure d'objectif, incitant le législateur à retenir une répartition efficace des compétences, mais il ne permet pas véritablement de battre en brèche les choix d'opportunité dont la cohérence n'apparaît pas toujours. En définitive, le rôle et la portée de ce principe restent encore à démontrer.

B – La désignation d'un chef de file

1. Chef de file et interdiction de toute tutelle d'une collectivité sur une autre

L'article 72 alinéa 5 de la Constitution énonce : « Aucune collectivité territoriale ne peut exercer une tutelle sur une autre. Cependant, lorsque l'exercice d'une compétence nécessite le concours de plusieurs collectivités territoriales, la loi peut autoriser l'une d'entre elles ou un de leurs groupements à organiser les modalités de leur action commune. »

La notion de collectivité chef de file est intimement liée au principe visant à proscrire toute tutelle d'une collectivité sur une autre. Ainsi que l'a rappelé le Conseil constitutionnel dans sa décision du 24 juillet 2008 (déc. n° 2008-567 DC, loi relative aux contrats de partenariat, *Rec.* p. 341), une collectivité chef de file ne peut se voir confier un pouvoir de décision en lieu et place d'autres collectivités. Confier un tel pouvoir au chef de file pour déterminer les modalités de l'action commune porte atteinte au principe de libre administration.

2. Rôle du chef de file

Lorsqu'un chef de file est désigné dans un secteur d'intervention, cela signifie qu'il est appelé à jouer un rôle dominant par rapport aux interventions des autres catégories de collectivités dans le domaine concerné. La désignation d'un chef de file est particulièrement utile lorsqu'une compétence est enchevêtrée entre plusieurs niveaux d'administration ; cela permet d'affirmer la vocation prioritaire d'un niveau de collectivité afin de coordonner l'action locale.

La consécration de la notion de chef de file illustre l'échec de la logique des blocs de compétences car c'est de cet échec que naît la nécessité d'avoir recours à un coordonnateur dans certaines hypothèses. Pour autant, l'article 72 alinéa 5 est dénué de toute portée juridiquement contraignante, il n'impose pas au législateur d'avoir recours à un chef de file dans les domaines caractérisés par un enchevêtrement des compétences, il ne s'agit que d'une faculté.

Cette possibilité a toutefois été largement mise en œuvre par la loi du 27 janvier 2014 de modernisation de l'action publique territoriale et d'affirmation des métropoles (loi n° 2014-58). Ce texte a tenté de rationaliser l'exercice des compétences enchevêtrées en faisant davantage appel à la notion de chef de file (si certaines collectivités territoriales avaient déjà un rôle de chef de file en certaines matières, la loi du 27 janv. 2014 a étendu le champ des compétences concernées).

Il convient néanmoins de préciser que la loi du 7 août 2015 portant nouvelle organisation territoriale de la République a réduit les hypothèses dans lesquelles la région est formellement désignée chef de file, notamment concernant le développement économique. Cela s'explique par le fait que le texte a renforcé le rôle de la région en la matière : le nouvel article L. 4251-12 du CGCT affirme ainsi que la région est « responsable, sur son territoire, de la définition des orientations en matière de développement économique ». La prééminence dévolue à cette catégorie de collectivité a probablement incité le législateur à considérer que sa désignation en tant que chef de file faisait office de doublon.

Collectivité chef de file	Compétences
Région	– Aménagement et développement durable du territoire – Protection de la biodiversité – Climat, qualité de l'air, énergie – Politique de la jeunesse – Mobilité (notamment intermodalité) et complémentarité entre les modes de transports – Soutien à l'enseignement supérieur et à la recherche
Département	– Action sociale, développement social et contribution à la résorption de la précarité énergétique – Autonomie des personnes – Solidarité des territoires
Communes et établissements publics de coopération intercommunale à fiscalité propre	– Mobilité durable – Organisation des services publics de proximité – Aménagement de l'espace – Développement local

3. La conférence territoriale de l'action publique

C'est une innovation de la loi de modernisation de l'action publique territoriale et d'affirmation des métropoles, son objectif étant de faciliter l'exercice du rôle de chef de file.

Cette instance, présente dans chaque région, a pour rôle de « favoriser un exercice concerté des compétences des collectivités territoriales, de leurs groupements et de leurs établissements publics » (art. L. 1111-9-1 CGCT). Sa mission consiste ainsi à coordonner les interventions des différentes collectivités, les doublons devant être évités dans un souci d'efficacité.

Font partie de cette conférence :

- le président du conseil régional qui est chargé de la présider ;
- les présidents des conseils départementaux ou un représentant de l'autorité exécutive des collectivités territoriales exerçant les compétences des départements sur le territoire de la région ;
- les présidents des établissements publics de coopération intercommunale à fiscalité propre de plus de 30 000 habitants ;
- un représentant des autres établissements publics de coopération intercommunale à fiscalité propre ;

– un représentant des communes de plus de 30 000 habitants de chaque département ;
– un représentant des communes comprenant entre 3 500 et 30 000 habitants de chaque département ;
– un représentant des communes de moins de 3 500 habitants de chaque département ;
– le cas échéant, un représentant des collectivités territoriales de montagne et groupements de collectivités des territoires de montagne.

Cette conférence assure notamment la mise en œuvre des dispositions qui assignent, à chaque niveau de collectivité territoriale, le rôle de chef de file dans les différents domaines évoqués précédemment. Pour cela, elle débat des projets de conventions visant à coordonner l'action des différentes catégories de collectivités territoriales, ces projets étant présentés par le chef de file.

Plus précisément, dans chaque domaine de compétence, un projet de convention territoriale d'exercice concerté est élaboré par la collectivité chef de file afin de rationaliser l'action commune des différents échelons locaux. Les projets de convention prévoient, par exemple, la mise en place de services mutualisés, ou encore, les conditions d'intervention financière des différents niveaux de collectivités dans le but d'éviter les doublons en matière de dépenses. Après examen de ce projet par la conférence de l'action publique territoriale, il est transmis au préfet, ainsi qu'aux collectivités et établissements publics concernés. Les organes délibérants ont alors trois mois pour approuver le projet de convention.

Si ces conférences étaient initialement conçues comme des instruments de coordination prometteurs, la pratique a au contraire mis en lumière leurs difficultés de fonctionnement, ce qui ne leur permet pas nécessairement de répondre à l'objectif qui leur était fixé (pour plus de détails, voir le rapport de l'Inspection générale de l'administration du 8 septembre 2017, n° 16119R).

C – L'expérimentation

L'expérimentation peut être utile pour déterminer quel est le niveau d'administration apte à gérer une compétence. Au même titre que le principe de subsidiarité ou la désignation d'une collectivité chef de file, l'expérimentation peut être un instrument de la répartition des compétences.

Deux dispositions introduites par la révision constitutionnelle du 28 mars 2003 font référence à l'expérimentation : l'article 37-1 et l'article 72 alinéa 4.

L'article 37-1 de la Constitution : « La loi et le règlement peuvent comporter, pour un objet et une durée limités, des dispositions à caractère expérimental. »

Des expérimentations avaient déjà été mises en œuvre avant la révision constitutionnelle par le législateur, mais elles s'étaient heurtées à de vives réticences de la part du Conseil constitutionnel (déc. n° 2001-454 DC du 17 janv. 2002, loi relative à la Corse, *Rec.* p. 70). C'est donc pour vaincre ces réticences que le constituant a introduit cette nouvelle disposition dans la Loi fondamentale. Cela permet au législateur de déroger temporairement, et pour un objet suffisamment précis, au principe d'égalité devant la loi en autorisant une collectivité territoriale à procéder à une expérimentation dans un domaine relevant de la loi.

L'expérimentation de la gestion des fonds européens

La loi du 13 août 2004 relative aux libertés et responsabilités locales a autorisé plusieurs expérimentations. Elle a notamment permis aux régions d'exercer la fonction d'autorité de gestion et de paiement des programmes relevant de la politique de cohésion sociale européenne. En d'autres termes, cette expérimentation permettait aux collectivités désignées de gérer les fonds européens en lieu et place des services de l'État pendant une durée limitée. Le dispositif a ensuite été étendu à l'ensemble des collectivités territoriales par la loi du 27 janvier 2014.

Plus récemment, l'article 37-1 de la Constitution a servi de fondement à l'édiction du décret du 29 décembre 2017 autorisant les préfets à déroger, à titre expérimental, aux normes réglementaires dans certains domaines (décret n° 2017-1845). Cette expérimentation s'inscrit dans la volonté de mieux adapter les normes aux réalités locales, ce qui implique d'admettre davantage la différenciation territoriale. Ce dispositif a *in fine* été généralisé par le décret du 8 avril 2020 relatif au droit de dérogation reconnu au préfet (décret n° 2020-412). Le représentant de l'État peut désormais déroger, sous certaines conditions et dans certaines matières, à des normes arrêtées par l'administration étatique pour l'édiction de décisions individuelles. Cela concerne, par exemple, les décisions prises en matière d'aménagement du territoire, d'emploi ou d'environnement, autant de décisions qui peuvent concerner directement les collectivités territoriales. Pour cela, il faut cependant respecter les conditions posées par le décret : il convient notamment de justifier d'un motif d'intérêt général et de circonstances locales, mais aussi de poursuivre un objectif de réduction des démarches administratives ou de réduction des délais de procédure. Au regard des termes du décret du 8 avril 2020, le droit de dérogation au profit des préfets fait ainsi l'objet d'une reconnaissance qui demeure particulièrement prudente.

L'article 72 alinéa 4 de la Constitution . « Dans les conditions prévues par la loi organique, et sauf lorsque sont en cause les conditions essentielles d'exercice d'une liberté publique ou d'un droit constitutionnellement garanti, les collectivités territoriales ou leurs groupements peuvent, lorsque, selon le cas, la loi ou le règlement l'a prévu, déroger, à titre expérimental et pour un objet et une durée limités, aux dispositions législatives ou réglementaires qui régissent l'exercice de leurs compétences. »

Cet article a été précisé par la loi organique du 1er août 2003 (n° 2003-704) modifiée par la loi organique du 19 avril 2021 de simplification des expérimentations (loi n° 2021-467).

Son champ d'application est plus restreint que celui de l'article 37-1 dans la mesure où l'expérimentation ne concerne que les dispositions législatives et réglementaires régissant l'exercice des compétences des collectivités territoriales, alors que l'article 37-1 ne se limite pas à ces seuls domaines.

Pour mettre en œuvre une telle expérimentation, il faut que les dispositions auxquelles il sera dérogé portent sur les compétences des collectivités territoriales, mais il faut aussi que le législateur définisse avec suffisamment de précision l'objet, les conditions, et la durée de l'expérimentation qui ne peut excéder 5 ans. De plus, toute expérimentation est exclue lorsqu'est en cause une liberté publique ou un droit constitutionnellement garanti.

La procédure d'expérimentation est maîtrisée par le législateur, il ne s'agit nullement d'un droit reconnu aux collectivités territoriales, mais la loi organique du 19 avril 2021 a tenté de la rendre plus attractive. L'un des principaux apports de ce texte est de rompre avec les deux seules options qui étaient offertes à l'issue de l'expérimentation : l'abandon ou la généralisation de la mesure expérimentée. Désormais, la mesure expérimentée peut être pérennisée dans certaines collectivités seulement, avec toutefois la nécessité de respecter un garde-fou posé par le Conseil constitutionnel au nom du principe d'égalité : « le législateur ne saurait maintenir à titre pérenne des mesures prises à titre expérimental dans les seules collectivités territoriales ayant participé à l'expérimentation sans les étendre aux autres collectivités présentant les mêmes caractéristiques justifiant qu'il soit dérogé au droit commun » (décis. n° 2021-816 DC du 15 avr. 2021). Le Conseil constitutionnel tente ainsi de concilier différenciation et égalité.

L'expérimentation du Revenu de solidarité active (RSA)

Il constitue un exemple d'expérimentation menée sur le fondement de l'article 72 alinéa 4 : certains départements ont ainsi été amenés à tester ce nouveau dispositif visant à remplacer le revenu minimum d'insertion, compétence qui leur incombait déjà. Cette expérimentation a été mise en œuvre par la loi du 21 août 2007 en faveur du travail, de l'emploi et du pouvoir d'achat (loi n° 2007-1223), puis le revenu de solidarité active a été généralisé par la loi du 1er décembre 2008 (loi n° 2008-1249).

§ 2 – Les principes régissant les moyens confiés aux collectivités territoriales

I – Le cadre constitutionnel applicable aux moyens financiers des collectivités territoriales

Ne seront examinées ici que les questions ayant trait aux liens entre le principe de libre administration et les moyens financiers. La question des relations financières entre l'État et les collectivités territoriales sera en effet abordée dans le chapitre 2 de cette première partie.

A – Le cadre constitutionnel antérieur à la révision du 28 mars 2003

Avant cette révision, aucun principe de valeur constitutionnelle ne protégeait explicitement l'autonomie financière des collectivités territoriales, il fallait donc s'en remettre à l'interprétation que le Conseil constitutionnel retenait du principe de libre administration.

Dans sa décision du 29 mai 1990 (n° 90-274 DC, loi visant à la mise en œuvre du droit au logement, *Rec.* p. 61), le Conseil considère que le législateur doit définir précisément l'objet et la portée des obligations financières à la charge des collectivités territoriales. De même, ces dépenses obligatoires ne doivent pas « entraver leur libre administration ».

Dans sa décision du 7 décembre 2000 (n° 2000-436 DC, loi relative à la solidarité et au renouvellement urbain, *Rec.* p. 176), le Conseil constitutionnel ajoute que les dépenses obligatoires des collectivités territoriales doivent répondre à des exigences constitutionnelles ou concourir à des fins d'intérêt général. En d'autres termes, le législateur doit justifier la création de nouvelles charges en direction des collectivités, il ne peut s'agir de pures questions d'opportunité.

Mais cette jurisprudence, si elle se voulait protectrice, n'a pas véritablement permis de mettre l'autonomie locale à l'abri des choix stratégiques du législateur, les déclarations d'inconstitutionnalité restaient rares sans pour autant être inexistantes : dans sa décision du 7 décembre 2000, le Conseil a en effet condamné l'automaticité de la sanction financière infligée aux communes qui ne respectaient pas leurs obligations en matière de construction de logements sociaux.

B – Les évolutions introduites par la révision constitutionnelle du 28 mars 2003

Le constituant a décidé d'introduire un nouvel article 72-2 au sein de la Constitution, l'autonomie financière étant jugée indispensable à l'exercice du principe de libre administration :

> « Les collectivités territoriales bénéficient de ressources dont elles peuvent disposer librement dans les conditions fixées par la loi.
> Elles peuvent recevoir tout ou partie du produit des impositions de toutes natures. La loi peut les autoriser à en fixer l'assiette et le taux dans les limites qu'elle détermine.
> Les recettes fiscales et les autres ressources propres des collectivités territoriales représentent, pour chaque catégorie de collectivités, une part déterminante de l'ensemble de leurs ressources. La loi organique fixe les conditions dans lesquelles cette règle est mise en œuvre.
> Tout transfert de compétences entre l'État et les collectivités territoriales s'accompagne de l'attribution de ressources équivalentes à celles qui étaient consacrées à leur exercice. Toute création ou extension de compétences ayant pour conséquence d'augmenter les dépenses des collectivités territoriales est accompagnée de ressources déterminées par la loi.
> La loi prévoit des dispositifs de péréquation destinés à favoriser l'égalité entre les collectivités territoriales. »

Cet article consacre 5 principes :

- la liberté d'utilisation des ressources locales (dans les conditions fixées par la loi) ;
- la possibilité de percevoir des impositions de toutes natures ;
- les ressources propres des collectivités territoriales doivent représenter une part déterminante de leurs ressources ;
- le principe de la compensation financière des compétences que l'État transfère aux collectivités territoriales ;
- la possibilité pour le législateur de créer des mécanismes de péréquation afin de réduire les inégalités entre collectivités territoriales.

L'article 72-2 de la Constitution a été précisé par la loi organique du 29 juillet 2004 (loi n° 2004-758).

Si cet article sert de fondement à l'autonomie financière des collectivités, le Conseil constitutionnel a néanmoins eu l'occasion de préciser qu'il ne consacrait pas un principe d'autonomie fiscale (déc. n° 2009-599 DC du 29 déc. 2009, loi de finances pour 2010, *Rec.* p. 218). Mais il n'en demeure pas moins que les collectivités territoriales bénéficient, en vertu de l'article 72-2, d'une compétence fiscale puisqu'elles peuvent fixer le taux et l'assiette de certaines impositions dès lors que la loi les y autorise. Et c'est précisément ce dernier élément qui s'oppose à la reconnaissance d'une autonomie fiscale : dans la mesure où le législateur dispose, là encore, d'un pouvoir de décision, on ne peut parler d'autonomie en faveur des collectivités territoriales.

En dépit de cet élément, il convient de souligner l'apport de l'article 72-2 de la Constitution et de la loi organique du 29 juillet 2004 qui tentent de définir avec plus de précision le seuil incompressible d'autonomie financière, seuil en deçà duquel le législateur méconnaît le principe de libre administration.

Certes, la lecture que le Conseil constitutionnel retient des dispositions précitées ne satisfait pas toujours les espoirs que cette nouvelle disposition avait fait naître, mais il n'en reste pas moins qu'elle a permis d'instituer un garde-fou empêchant l'État de remplacer progressivement les impositions par des dotations sur lesquelles les collectivités n'ont aucune maîtrise (sur cette question, voir H. Hertzog, « L'ambiguë constitutionnalisation des finances locales », *AJDA* 2003. 548).

II – Les moyens juridiques

Si le principe de libre administration suppose que les collectivités territoriales disposent des moyens financiers d'exercer leurs compétences, il implique également la reconnaissance à leur profit de certains droits et libertés.

A – Le pouvoir de prendre des décisions administratives

Champ d'application : Le principe de libre administration s'exerce par des conseils élus qui doivent disposer de compétences effectives et, incidemment, d'un pouvoir de décision dans le champ de leurs compétences. Ce pouvoir doit s'inscrire dans le respect des lois et règlements en vigueur, c'est pour cette raison que le champ dévolu au pouvoir réglementaire local autonome demeure particulièrement réduit.

Pour autant, les autorités locales sont nécessairement amenées à prendre des actes administratifs dans le cadre de leurs attributions. Ces actes peuvent relever de la compétence de l'assemblée délibérante locale ou de l'exécutif local. Un conseil municipal peut ainsi adopter une délibération visant à créer un nouveau service public local ; un maire peut, par exemple, prendre une décision visant à accorder ou à refuser un permis de construire sur le territoire de la commune.

Le caractère exécutoire des actes des collectivités territoriales : Ces actes obéissent à certaines règles : l'article L. 2131-1 du CGCT prévoit que « les actes pris par les autorités communales sont exécutoires de plein droit dès qu'il a été procédé à leur publication ou affichage ou à leur notification aux intéressés ainsi qu'à leur transmission au représentant de l'État dans le département ou à son délégué dans l'arrondissement. Pour les décisions individuelles, cette transmission intervient dans un délai de 15 jours à compter de leur signature ». Des dispositions analogues sont prévues pour les départements et les régions, respectivement aux articles L. 3131-1 et L. 4141-1 du Code.

Il apparaît ainsi que les actes des collectivités territoriales n'acquièrent un caractère exécutoire qu'à la condition d'avoir respecté les obligations de publicité et de transmission au préfet. Il convient toutefois de préciser que cette dernière obligation ne s'impose pas à toutes les catégories d'actes, cela ne concerne que les actes les plus importants, tels les délibérations des assemblées locales ou les contrats conclus par les collectivités par exemple. Lorsque l'acte est soumis à une obligation de transmission, il ne devient exécutoire qu'à compter de cette transmission au représentant de l'État.

Il n'en demeure pas moins que toute collectivité doit disposer d'un pouvoir de décision ainsi que l'a implicitement rappelé le Conseil constitutionnel dans sa décision du 8 juillet 2011 (déc. n° 2011-146 QPC, *Département des Landes*, *Rec.* p. 341).

B – La liberté d'organisation

1. L'organisation des services

Les collectivités territoriales ne disposent pas de la compétence de leurs compétences puisque leur champ d'intervention est en grande partie défini par le législateur ; elles ne disposent pas non plus d'un pouvoir d'auto-organisation puisqu'il appartient au législateur de fixer le statut et les règles applicables à chaque catégorie de collectivités territoriales.

Pour autant, les collectivités bénéficient d'une certaine liberté d'organisation en vertu de la jurisprudence *Jamart* (CE 7 févr. 1936, *Rec.* p. 172). Cet arrêt reconnaît à tous les chefs de service un pouvoir réglementaire pour prendre « les mesures nécessaires au bon fonctionnement de l'administration placée sous leur autorité ». Sur le fondement de cette jurisprudence, les collectivités territoriales disposent donc de la faculté de fixer les modalités d'organisation et de fonctionnement des services, avec cependant une réserve car certains services sont imposés par la loi. C'est ainsi, par exemple, que l'article L. 123-2 du Code de l'action sociale et des familles oblige les départements à faire fonctionner un service départemental d'action sociale. Cependant, au-delà des obligations légales, les collectivités territoriales disposent d'une certaine liberté pour organiser leurs services.

2. Les règlements intérieurs des assemblées locales

Les assemblées délibérantes doivent adopter des règlements intérieurs dans le cadre desquels elles bénéficient d'une liberté d'organisation protégée au titre du principe de libre administration, comme l'a rappelé le Conseil constitutionnel dans sa décision du 14 janvier 1999 (déc. n° 98-407 DC, loi relative au mode d'élection des conseillers régionaux et des conseillers à l'assemblée de Corse et au fonctionnement des conseils régionaux, *Rec.* p. 21). Le texte soumis au contrôle du juge constitutionnel visait notamment à imposer la publicité des séances des commissions permanentes des conseils régionaux. Pour le Conseil constitutionnel, il convenait de laisser le soin aux règlements intérieurs des conseils régionaux de prévoir une telle règle de fonctionnement ; le législateur a donc porté atteinte au principe de libre administration.

L'adoption d'un règlement intérieur est obligatoire pour les départements et les régions, et pour les communes de 1 000 habitants et plus.

C – La liberté contractuelle

Elle a tout d'abord été consacrée par le Conseil d'État qui l'a érigée au rang de principe général du droit (CE 7 févr. 1986, *Association FO consommateurs et autres*, *Rec.* p. 31), avant d'être analysée comme une déclinaison du principe de libre administration par le Conseil constitutionnel (déc. n° 2006-543, 30 nov. 2006, loi sur l'énergie, *Rec.* p. 120). Il découle néanmoins de cette décision que seules les atteintes disproportionnées à cette liberté, qui ne pourraient être justifiées par aucune nécessité d'intérêt général, seront sanctionnées.

Le législateur peut ainsi obliger les collectivités territoriales à contracter : dans la décision du 30 novembre 2006, le Conseil constitutionnel considère que la loi peut imposer aux collectivités territoriales de renouveler les contrats de concession qu'elles avaient conclus avec Gaz de France. Cette obligation était, en effet, justifiée par la nécessité d'assurer « la cohérence du réseau » et de « maintenir la péréquation des tarifs d'utilisation des réseaux publics de distribution ».

Par ailleurs, nombre de textes nationaux ou d'origine européenne tendent à subordonner les personnes publiques, et notamment les collectivités territoriales, au respect de règles de publicité et de transparence afin de garantir la libre concurrence. La liberté contractuelle des collectivités territoriales est ainsi encadrée par le législateur mais aussi par le droit de la concurrence.

D – Les droits subjectifs des collectivités territoriales

À l'instar des administrés qui bénéficient, dans la période contemporaine, d'une évolution favorable à la protection de leurs droits subjectifs dans leurs relations avec l'administration, les personnes publiques tendent, elles aussi, à se voir reconnaître des droits subjectifs par la jurisprudence (P. Yolka, « Pour une théorie des droits subjectifs des personnes publiques », *AJDA* 2013. 313).

Ces droits sont intimement liés à la personnalité morale des collectivités territoriales, mais ce n'est que récemment qu'ils ont fait l'objet de revendications et de contentieux. On peut alors affirmer que les collectivités sont effectivement titulaires de droits, au nombre desquels figurent le droit au respect des biens et le droit à un recours juridictionnel. Les collectivités territoriales n'échappent pas au mouvement de subjectivisation qui traverse le droit public dans la période contemporaine.

1. Le droit au respect des biens

a. Le patrimoine des collectivités territoriales

Pour exercer leurs compétences, les collectivités territoriales disposent d'un patrimoine qui se compose de biens appartenant à leur domaine public ou à leur domaine privé.

En vertu de l'article L. 2111-1 du Code général de la propriété des personnes publiques, le domaine public d'une personne publique « est constitué des biens lui appartenant qui sont soit affectés à l'usage direct du public, soit affectés à un service public pourvu qu'en ce cas ils fassent l'objet d'un aménagement indispensable à l'exécution des missions de ce service public ».

Cela vise par exemple les routes, les plages, ou encore les équipements sportifs d'une collectivité.

Les biens qui ne répondent pas à la définition précitée font partie du domaine privé des collectivités territoriales : il comprend, par exemple, les forêts ou les immeubles de bureau des collectivités territoriales.

Le domaine public bénéficie d'un régime de protection renforcé dans la mesure où les biens sont inaliénables, insaisissables et imprescriptibles ; les biens du domaine privé sont, quant à eux, simplement insaisissables.

Au même titre que les personnes privées, les collectivités territoriales bénéficient donc du droit de propriété ; le Conseil constitutionnel a d'ailleurs rappelé dans sa décision « Privatisations » que ce droit ne concerne pas les seules personnes privées (déc.

n° 86-207 DC des 25 et 26 juin 1986, *Rec.* p. 61). Plus récemment, le Conseil d'État a indiqué que le droit de propriétés des personnes publiques (au nombre desquelles figurent les collectivités territoriales) a le caractère d'une liberté fondamentale au sens de l'article L. 521-2 du Code de la justice administrative relatif au référé-liberté (CE, ord., 9 oct. 2015, n° 393895, *Commune de Chambourcy*, *AJDA* 2015. 2388, note N. Foulquier).

b. La protection des biens des collectivités territoriales

Selon l'article 1er du Protocole n° 1 à la Convention européenne des droits de l'Homme : « toute personne physique ou morale a droit au respect de ses biens ».

Le juge administratif a eu l'occasion d'admettre l'invocabilité de cette disposition dans le cadre d'un contentieux visant à contester la légalité d'un décret : CE 29 juin 2005, *Commune de Puteaux* (n° 264714, inédit au *Lebon*). Le décret litigieux avait pour objet de prononcer le déclassement et le transfert au profit de l'État de portions de rue appartenant à des communes. Dans la mesure où ce décret a été pris pour réaliser des travaux présentant un intérêt général, le juge administratif considère que l'article 1er du Protocole n° 1 n'est pas méconnu. Cette disposition prévoit, en effet, que « nul ne peut être privé de sa propriété que pour cause d'utilité publique et dans les conditions prévues par la loi et les principes généraux du droit international ». Or, en l'espèce, la privation de propriété était bien justifiée par des fins d'intérêt général.

Par ailleurs, il convient d'indiquer que le droit au respect des biens est matériellement limité car il n'inclut pas les ressources des collectivités territoriales. L'article 1er du Protocole n° 1 ne peut donc être invoqué dans le cadre d'un contentieux financier opposant une collectivité territoriale à l'État (CE 29 janv. 2003, *Commune d'Annecy* et CE 29 janv. 2003, *Commune de Champagne-sur-Seine*, *AJDA* 2003. 613, concl. L. Vallée). Dans ce cas de figure, si une collectivité estime que l'État a méconnu ses obligations, elle peut invoquer le principe d'autonomie financière énoncé à l'article 72-2 de la Constitution devant le juge administratif, ou devant le Conseil constitutionnel par la voie d'une question prioritaire de constitutionnalité si c'est une disposition législative qui est contestée (voir par ex. déc. n° 2011-142/145 QPC du 30 juin 2011, *Département de la Seine-Saint-Denis et autres*, *Rec.* p. 323).

2. Le droit à un recours juridictionnel

a. L'accès aux juges nationaux

C'est essentiellement le juge administratif qui est compétent pour connaître des recours formés par les collectivités territoriales afin de protéger leur autonomie locale.

Toutefois, deux limites s'opposent aux recours formés par les collectivités devant les juridictions administratives :

• D'une part, en vertu de la jurisprudence *Préfet de l'Eure*, une personne publique ne peut saisir le juge administratif pour lui demander de prendre une mesure qu'elle a le pouvoir d'adopter elle-même (CE 30 mai 1913, *Rec.* p. 583 ; sur cette question, voir E. Muller, « L'accès au juge de l'administration. Faut-il en finir avec la jurisprudence Préfet de l'Eure ? », in *L'accès au juge. Recherche sur l'effectivité d'un droit*, V. Donier et B. Lapérou-Scheneider [dir.], Bruylant, 2013, p. 351).

• D'autre part, les collectivités territoriales peuvent se heurter à la théorie de la loi-écran : un acte réglementaire ne pourra être contesté à l'aune du principe constitutionnel de libre administration dès lors qu'il est adopté sur le fondement d'une loi (CE, sect., 2 oct. 1996, *Communes de Bourg-Charente, Mainxe et Gondeville*, *Rec.* p. 361).

1) La question prioritaire de constitutionnalité

La théorie de la loi-écran peut être battue en brèche en ayant recours à la question prioritaire de constitutionnalité : par cette procédure, et sous réserve que le Conseil d'État accepte de renvoyer la question de constitutionnalité au Conseil constitutionnel, les collectivités territoriales ont la possibilité de contester une disposition législative qui méconnaîtrait le principe de libre administration (pour un exemple ayant abouti à une déclaration d'inconstitutionnalité sur le fondement du principe de libre administration, on peut se reporter à la décision n° 2011-146 QPC, *Département des Landes*, *Rec.* p. 341). Pour user de cette procédure, la disposition législative contestée ne doit pas avoir été soumise au contrôle *a priori* du juge constitutionnel. Si tel est le cas, la collectivité requérante peut cependant démontrer qu'existe un changement de circonstances de droit ou de fait justifiant que la disposition litigieuse soit à nouveau examinée par le juge constitutionnel. Cette notion de changement de circonstances est néanmoins interprétée de manière très restrictive par le Conseil constitutionnel qui a eu l'occasion d'indiquer qu'une augmentation des dépenses liées à la gestion d'une compétence décentralisée n'était pas constitutive d'un tel changement (déc. n° 2011-142/145 QPC, *Département de Seine-Saint-Denis et autres*, *Rec.* p. 323).

2) Le référé-liberté

Il convient, par ailleurs, de rappeler que les collectivités territoriales peuvent aussi avoir recours au référé-liberté puisque le principe de libre administration a été érigé au rang de liberté fondamentale au sens de l'article L. 521-2 du Code de la justice administrative (CE, sect., 18 janv. 2001, *Commune de Venelles et Morbelli*, *Rec.* p. 18).

3) La portée du droit à un recours effectif devant les juges nationaux

Le droit à un recours effectif reconnu aux collectivités territoriales ne vise pas seulement à protéger le principe de libre administration. Dans une décision du 23 octobre 2013 (QPC n° 2013-350, *Commune du Pré-Saint-Gervais*), le Conseil constitutionnel a jugé que ce droit devait également permettre aux collectivités d'agir lorsqu'elles sont victimes d'une diffamation ou d'une injure. La loi du 29 juillet 1881 sur la liberté de la presse définit la diffamation comme « toute allégation ou imputation d'un fait qui porte atteinte à l'honneur ou à la considération » ; quant à l'injure, il s'agit de « toute expression outrageante, termes de mépris, ou invective qui ne renferme l'imputation d'aucun fait ». Selon le juge constitutionnel, le droit à un recours effectif suppose que les collectivités puissent agir directement devant le juge judiciaire afin de faire sanctionner l'injure ou la diffamation dont elles seraient victimes, et obtenir réparation. Par conséquent, le droit à un recours effectif, qui trouve son fondement dans l'article 16 de la Déclaration des droits de l'Homme et du citoyen de 1789, n'a pas pour seule vocation de sanctionner la méconnaissance du principe de libre administration, son champ couvre l'ensemble des droits reconnus aux collectivités territoriales.

b. L'accès aux juges européens

1) La Cour de justice de l'Union européenne (CJUE)

Devant la CJUE, les collectivités ne possèdent pas le statut de requérant privilégié, ce qui signifie qu'elles sont assimilées à des particuliers.

À ce titre, elles disposent de la possibilité de former un recours en annulation dirigé contre un acte d'une institution de l'Union européenne. Une collectivité peut ainsi contester devant la CJUE un acte dont elle est destinataire ou une décision qui s'adresse à une autre personne, mais qui la concerne directement et individuellement (CJUE 10 avr. 2003, *Commission c/ Nederlandse Antillen*, C-142/00, *Rec.* p. I-3483 ; CJUE 10 sept. 2009, *Commission c/ Ente per le Ville vesuviane* et *Ente per le Ville vesuviane c/ Commission*, C-445/07 P et C/455/07, *Rec.* p. I-7993).

Cependant, les collectivités ne peuvent former un recours en constatation de manquement contre l'État membre qui n'aurait pas respecté le droit de l'Union (sur ces questions, voir M. Houser, « Le statut contentieux des collectivités territoriales devant le juge de l'Union européenne : entre unité et débordement », in *L'accès au juge. Recherche sur l'effectivité d'un droit*, *op. cit.* p. 365).

2) La Cour européenne des droits de l'Homme (CEDH)

S'agissant à présent de l'accès à la Cour européenne des droits de l'Homme, l'article 33 de la Convention énonce que « toute haute partie contractante peut saisir la Cour de tout manquement aux dispositions de la Convention et des protocoles (...) ». Cet article ne vise que les États, les collectivités territoriales n'entrent pas dans le champ de cette disposition.

Quant à l'article 34 qui porte sur les requêtes individuelles, il fait référence aux personnes physiques, ce qui exclut nécessairement les collectivités territoriales. Il mentionne également les organisations non gouvernementales, mais une collectivité ne saurait être assimilée à une telle organisation.

Paradoxalement, les collectivités peuvent bénéficier des droits reconnus par la Convention et ses protocoles (par exemple le droit au respect des biens), sans pour autant se voir reconnaître la possibilité de saisir la CEDH.

III – Les moyens humains

A – Présentation de la fonction publique territoriale

1. Naissance de la fonction publique territoriale

La décentralisation opérée au début des années 1980 s'est conjuguée avec la création de la fonction publique territoriale dotée d'un statut identique pour toutes les catégories de collectivités. La décentralisation ne pouvait, en effet, se concevoir sans l'existence d'une fonction publique territoriale.

- Deux textes importants ont été adoptés : **la loi n° 83-634 du 13 juillet 1983** relative aux droits et obligations des fonctionnaires et **la loi n° 86-53 du 26 janvier 1984** portant dispositions statutaires relatives à la fonction publique territoriale.
- Par la suite, d'autres textes importants ont également été votés : **la loi n° 2007-209 du 19 février 2007** relative à la fonction publique territoriale, **la loi n° 2009-**

972 du 3 août 2009 relative à la mobilité et aux parcours professionnels dans la fonction publique, **la loi n° 2012-347 du 12 mars 2012** relative à l'accès à l'emploi titulaire et à l'amélioration des conditions d'emploi des agents contractuels dans la fonction publique et, plus récemment, la loi n° 2019-828 du 6 août 2019 de transformation de la fonction publique.

2. Les effectifs

La fonction publique territoriale représentait, au 31 décembre 2019, plus de 1,9 million d'agents fonctionnaires et contractuels qui se répartissent entre les trois catégories A, B et C de la manière suivante :

Catégorie A	12, 3 % des agents
Catégorie B	11, 8 % des agents
Catégorie C	72 % des agents

Source : Bulletin d'information statistique de la DGCL, n° 148, décembre 2020, https://www.cohesion-territoires.gouv.fr/sites/default/files/2021-01/BIS_148.pdf

B – L'accès à la fonction publique territoriale

Le recrutement se fait en principe par la voie du concours (CE, ass., 28 mai 1954, *Barel*, *Rec.* p. 308). Les personnes reçues au concours sont inscrites sur une liste d'aptitude qui leur permet ensuite de postuler sur les emplois correspondant au concours obtenu dans les différentes collectivités territoriales.

Il existe toutefois des exceptions au principe du concours, exceptions qui visent, par exemple, les emplois réservés aux personnes handicapées ou les emplois fonctionnels qui concernent les fonctions de direction.

Cependant, tous les agents ne sont pas des fonctionnaires, les collectivités peuvent également avoir recours à des contractuels, par exemple pour procéder au remplacement d'un titulaire qui est temporairement absent ou pour satisfaire un besoin saisonnier. Dans ce cas de figure, il s'agit de contrats de courte durée. Existent également des contrats de longue durée de trois ans maximum renouvelables, voire des contrats à durée indéterminée. Dans sa décision n° 2019-790 DC du 1er août 2019, le Conseil constitutionnel a clairement indiqué que le recours aux contractuels ne porte pas atteinte au principe d'égal accès aux emplois publics dès lors que l'autorité compétente assure la publicité du recrutement et fonde sa décision sur les capacités de l'intéressé à exercer les missions pour lesquelles il postule. Cela a donc autorisé le législateur à accroître les possibilités de recours aux contractuels (voir en ce sens la loi n° 2019-828 de transformation de la fonction publique, *JO* 7 août 2019), possibilités que les collectivités n'ont pas manqué d'utiliser puisque le recours aux contractuels a augmenté de 4,2 % en 2019.

Il convient également de préciser que des agents de l'État peuvent être amenés à exercer leurs fonctions au sein d'une collectivité territoriale, notamment à la suite d'un transfert de compétence. Lorsque l'État décentralise une compétence, cette décentralisation peut s'accompagner du transfert des agents de l'État affectés à l'exercice de ladite compétence.

Dans un premier temps, l'agent de l'État est mis à disposition de la collectivité. Et à l'issue de cette période (qui est de deux ans selon les termes de la loi n° 2004-809 du 13 août 2004 relative aux libertés et responsabilités locales), l'agent bénéficie d'un droit d'option lui permettant de choisir entre l'intégration dans la fonction publique territoriale ou le maintien dans la fonction publique d'État. Dans ce second cas, l'agent est placé en détachement sans limitation de durée auprès de la collectivité.

C – Les règles applicables à la fonction publique territoriale

1. La carrière

Durant sa carrière, le fonctionnaire peut occuper plusieurs positions :

- la position d'activité qui est sa position normale ;
- la mise à disposition (au profit d'une organisation syndicale par ex.) ;
- le détachement (dans une administration d'État notamment) ;
- la disponibilité (si l'agent souhaite par exemple créer une entreprise) ;
- la position hors-cadre qui peut faire suite à un détachement lorsque l'agent souhaite continuer à servir dans l'administration ou l'entreprise dans laquelle il est détaché. Cette dernière position a néanmoins été supprimée par la loi du 20 avril 2016 relative à la déontologie et aux droits et obligations des fonctionnaires (loi n° 2016-483), étant précisé que les agents placés en position hors-cadre lors de l'entrée en vigueur de la loi sont tout de même maintenus dans cette position.

Durant sa carrière, l'agent peut prétendre à un avancement tenant compte de l'ancienneté, mais aussi, dans certains cas, des qualités professionnelles de celui-ci.

2. Les droits et les obligations des agents

L'agent doit se soumettre à certaines obligations, telle l'interdiction de cumuler son emploi avec une activité privée ou avec un autre emploi public, interdiction qui admet toutefois des dérogations dans les conditions fixées par la loi précitée du 6 août 2019.

Les agents territoriaux sont, par ailleurs, soumis à l'obligation d'obéissance hiérarchique, excepté lorsque l'ordre qui leur est donné est manifestement illégal. En contrepartie de ces obligations, les fonctionnaires sont protégés par la liberté d'opinion même si leur droit d'expression est parfois restreint, notamment lorsque l'agent occupe un emploi fonctionnel.

Les agents disposent également du droit syndical, du droit de grève, d'un droit à la formation professionnelle ou encore du droit à la protection fonctionnelle en cas de violence, menace, injure ou diffamation subies dans le cadre de leurs fonctions.

D – Les organismes de gestion

1. Le Conseil national de la fonction publique territoriale (CNFPT)

C'est un établissement public administratif qui est chargé de la formation et la gestion du personnel. Au titre de ses missions de formation, il assure notamment des préparations aux concours, mais aussi des actions de formation en direction des nouveaux agents. Au titre de ses activités de gestion, il a notamment la responsabilité de l'organisation des concours des agents de catégorie A +, tels les administrateurs territoriaux.

2. Les centres de gestion de la fonction publique territoriale

Ce sont des établissements publics administratifs présents à l'échelle départementale administrés par un conseil composé d'élus locaux.

Leurs missions consistent notamment à diffuser les listes d'aptitude sur lesquelles figurent les candidats ayant réussi un concours, et à assurer la publicité des créations et vacances d'emplois. Leurs compétences concernent les agents des catégories A, B et C.

3. Le conseil supérieur de la fonction publique territoriale

C'est une instance nationale dans laquelle siègent le ministre chargé de la fonction publique, le ministre chargé des collectivités territoriales, des représentants des collectivités territoriales et des représentants des organisations syndicales des agents territoriaux. Sa fonction est essentiellement consultative, il est ainsi consulté sur tous les projets de lois ou de décrets relatifs à la fonction publique territoriale.

Chapitre 2
Les relations entre l'État et les collectivités territoriales

L'essentiel

Dans la mesure où la décentralisation est mise en œuvre dans le cadre d'un État unitaire, les collectivités territoriales sont nécessairement soumises au contrôle exercé par l'État et ses représentants, qu'il s'agisse d'un contrôle administratif ou budgétaire. Par ailleurs, les relations financières que ces différents acteurs entretiennent tendent à placer les collectivités territoriales sous la domination de l'État, et ce, en dépit de la consécration constitutionnelle du principe d'autonomie financière. Au plan institutionnel, l'État et les collectivités territoriales entretiennent également des relations étroites dans la mesure où ils sont amenés à siéger au sein d'instances de concertation afin notamment de mieux coordonner leurs actions respectives.

Section 1 – Les contrôles exercés par l'État sur les collectivités territoriales

L'article 72, alinéa 6 de la Constitution : « Dans les collectivités territoriales de la République, le représentant de l'État, représentant de chacun des membres du gouvernement, a la charge des intérêts nationaux, du contrôle administratif et du respect des lois. »

À cette première forme de contrôle s'ajoutent également des contrôles en matière financière et budgétaire qui font intervenir le représentant de l'État, mais aussi les Chambres régionales des comptes.

§ 1 – Le contrôle administratif de l'État sur les collectivités territoriales

Ce contrôle peut s'exercer sur les actes, mais aussi dans certains cas, sur les élus locaux.

I – Le contrôle sur les actes des collectivités territoriales

A – La rupture engendrée par la loi du 2 mars 1982

Avant l'entrée en vigueur de cette loi relative aux droits et libertés des communes, départements et régions, le représentant de l'État exerçait un contrôle *a priori* sur les actes des collectivités territoriales, contrôle qui visait tant la légalité que l'opportunité de l'acte.

Avec l'application de cette loi, les prérogatives du représentant de l'État ont été réduites, seul le juge administratif peut désormais annuler un acte d'une collectivité territoriale sur le fondement du principe de légalité.

Toutefois, le préfet doit disposer de la possibilité de saisir le juge administratif, notamment pour demander la suspension d'un acte qui serait illégal avant qu'il ne prenne effet ; c'est ce qu'a rappelé le Conseil constitutionnel dans sa décision du 25 février 1982 (n° 82-137 DC, loi relative aux libertés des communes, des départements et des régions, *Rec.* p. 38).

B – Les modalités de mise en œuvre du contrôle

1. La transmission des actes des collectivités territoriales au représentant de l'État

Champ d'application : Certains actes des collectivités territoriales sont soumis à une obligation de transmission au représentant de l'État. La liste des actes concernés a été quelque peu réduite, au fil du temps, par le législateur dans un souci de simplification. Par ailleurs, dans le même objectif de simplification, la loi du 13 août 2004 relative aux libertés et responsabilités locales a prévu que cette transmission pouvait être effectuée par la voie électronique (les conditions de mise en œuvre ont été précisées par le décret n° 2005-324 du 7 avril 2005).

La liste des actes soumis à l'obligation de transmission figure aux articles L. 2131-2 (s'agissant des communes), L. 3131-2 (concernant les départements) et L. 4141-2 du CGCT (pour les régions). Les actes des établissements publics de coopération intercommunale obéissent aux mêmes règles que celles applicables aux communes.

Les actes soumis à l'obligation de transmission

Sans pouvoir prétendre à l'exhaustivité, on peut toutefois dresser une liste des principaux actes soumis à cette obligation :

Les délibérations des assemblées locales :

– **Principe :** elles doivent être transmises au représentant de l'État.

– **Exceptions :** s'agissant par exemple des communes, sont exclues les délibérations fixant les tarifs de stationnement. Et, pour les trois catégories de collectivités, sont exclues les délibérations relatives aux taux de promotion pour l'avancement de grade des fonctionnaires.

La plupart des décisions individuelles et réglementaires prises par le maire et le président du conseil départemental dans l'exercice de leur pouvoir de police.

Les décisions relatives aux emprunts et aux marchés, sauf s'ils sont inférieurs à un montant fixé par décret.

Les décisions individuelles relatives aux agents locaux (décisions de nomination ou de révocation par exemple).

Cette liste illustrative démontre que les actes soumis à une obligation de transmission concernent les actes jugés importants, qu'il s'agisse d'actes administratifs unilatéraux (individuels ou réglementaires) ou de contrats.

Effets : En cas d'absence de transmission d'un acte figurant aux articles L. 2131-2, L. 3131-2 et L. 4141-2 du CGCT, celui-ci ne peut acquérir force exécutoire.

En matière contractuelle, il convient néanmoins de mettre en lumière une évolution : le Conseil d'État considérait traditionnellement que le défaut de transmission de la délibération d'une assemblée locale autorisant l'exécutif à conclure un contrat entraînait l'illégalité de celui-ci, étant précisé que cette transmission devait intervenir préalablement à la signature du contrat (CE, avis, 10 juin 1996, *Préfet de la Côte-d'Or*, *Rec.* p. 198 ; CE, sect., 20 oct. 2000, *Société Citécable Est*, *Rec.* p. 457).

Cette solution a été remise en cause par le Conseil d'État dans un arrêt d'assemblée en date du 28 décembre 2009, *Commune de Béziers* (*AJDA* 2010. 142, chron. Lieber et Botteghi). Le juge indique en premier lieu que ce défaut de transmission constitue un vice qui affecte les conditions de formation du contrat. Cependant, compte tenu de « l'exigence de loyauté des relations contractuelles, ce seul vice ne saurait être regardé comme d'une gravité telle que le juge doive écarter le contrat ». En d'autres termes, l'absence de transmission ne produit plus ici de conséquence sur le caractère exécutoire du contrat.

2. L'autorité compétente pour exercer le contrôle administratif

a. Compétence du représentant de l'État

Les actes des communes et des départements visés par l'obligation de transmission doivent être adressés au préfet de département, qui est ainsi l'autorité compétente pour exercer le contrôle administratif. Concernant les régions, en revanche, les actes doivent être transmis au préfet de région.

b. Les deux phases du contrôle

La compétence du représentant de l'État est entendue de manière extensive : ses prérogatives ne consistent pas uniquement dans la possibilité de saisir le juge administratif par la voie du déféré préfectoral lorsqu'il estime qu'un acte qui lui a été transmis est entaché d'illégalité. Le contrôle comprend également une phase essentiellement administrative au cours de laquelle un dialogue s'engage entre les services de la préfecture et la collectivité afin de lui permettre de corriger l'illégalité. Le contrôle se divise donc en deux phases :

- la première phase est administrative ;
- la seconde est composée d'un accès particulier au juge administratif par le biais du déféré préfectoral.

c. Les actes concernés par le contrôle

La compétence du représentant de l'État ne se limite pas aux seuls actes soumis à l'obligation de transmission, tous les actes administratifs des collectivités territoriales sont concernés (CE 28 févr. 1997, *Commune du Port*, *Rec.* p. 61), y compris les actes préparatoires qui sont pourtant traditionnellement considérés par le juge administratif comme étant des actes ne faisant pas grief (CE, ass., 15 avr. 1996, *Syndicat des hospitaliers de Bédarieux*, *Rec.* p. 130 ; voir également CE 5 avr. 2019, n° 418906, *Préfet du Var*).

Sont cependant exclus du contrôle administratif, les actes pris par les collectivités territoriales pour la gestion de leur domaine privé, et plus largement, tous les actes de droit privé. Le contrôle exercé par le préfet ne concerne que les seuls actes administratifs. Par ailleurs, lorsque la collectivité agit au nom de l'État, l'acte n'entre pas dans le champ du déféré préfectoral. Tel est le cas, par exemple, d'un permis de construire qui serait accordé par le maire au nom de l'État, hypothèse qui est prévue par le Code de l'urbanisme (CE 30 juill. 2003, *Ministre de l'Équipement c/ Mme Thénault*, *Rec. T.* p. 223).

3. Le déféré préfectoral

a. Le régime juridique du déféré préfectoral

1) Les conditions d'exercice du déféré préfectoral

Lorsque le représentant de l'État estime qu'un acte d'une collectivité territoriale est illégal, et si cette dernière n'a pas consenti à corriger l'illégalité, il le défère au tribunal administratif territorialement compétent.

Le déféré préfectoral doit s'exercer dans les mêmes délais que le recours pour excès de pouvoir, soit dans les deux mois à compter de la réception de l'acte par le préfet s'il est soumis à l'obligation de transmission. Si l'acte n'est pas assujetti à cette obligation, le délai court à compter du lendemain de sa publicité.

L'exercice du déféré préfectoral est une faculté pour le représentant de l'État. Ainsi, seule une faute lourde est susceptible d'engager la responsabilité de l'État en cas de manquement dans l'exercice de son contrôle.

CE 6 octobre 2000, *Ministre de l'Intérieur contre Commune de Saint-Florent*, *Rec.* p. 395

Dans cette espèce, la faute lourde est retenue en raison du refus répété du préfet de déférer des délibérations locales dont l'illégalité était manifeste.

2) Le déféré assorti d'une demande de suspension

Le déféré peut, par ailleurs, être assorti d'une telle demande afin de suspendre les effets de l'acte jusqu'au jugement. Cette possibilité est prévue par les articles L. 2131-6, L. 3132-1 et L. 4142-1 du CGCT.

Elle s'assimile au référé-suspension de droit commun, à ceci près, et la différence est significative, que le préfet n'a pas à démontrer l'urgence de sa demande. L'acte sera suspendu si l'un des « moyens invoqués paraît propre, en l'état de l'instruction, à créer un doute sérieux quant à la légalité de l'acte » selon les termes du CGCT.

Cette procédure de suspension permet d'éviter que l'acte ne soit appliqué s'il apparaît comme étant illégal.

Le juge administratif statuera dans un délai d'un mois sur cette demande de suspension.

b. Le régime juridique du déféré sur demande

Si l'opportunité d'exercer le déféré préfectoral reste une faculté, existe également une procédure de déféré sur demande qui peut être formulée par toute personne physique ou morale qui a été lésée par un acte d'une collectivité territoriale. Certes, en pareil cas, cette personne qui justifie d'un intérêt à agir a la possibilité de former un recours direct devant le juge administratif ; mais elle peut également, ou en remplacement de ce recours direct, demander au préfet d'exercer son déféré. La demande doit alors être faite dans les deux mois qui suivent la publication de la décision.

Toutefois, le champ d'application *ratione materiae* de la procédure de déféré sur demande est envisagé de manière restrictive car il se limite aux seuls actes attaquables par la voie du recours pour excès de pouvoir. Cela exclut les contrats, sous réserve néanmoins des actes détachables, mais aussi les mesures préparatoires.

L'intérêt de cette procédure de déféré sur demande est double : elle permet d'une part, aux administrés d'informer le préfet de l'existence d'une éventuelle illégalité, et d'autre part, de faire supporter au représentant de l'État le coût du recours juridictionnel s'il met effectivement en œuvre le déféré préfectoral.

4. Le rescrit préfectoral

La loi du 27 décembre 2019 (loi n° 2019-1461 complétée par le décret n° 2020-634 du 25 mai 2020) a introduit, au sein de l'article L 1116-1 du CGCT, une nouvelle procédure permettant à une collectivité territoriale de solliciter un rescrit de la part du préfet. Cela lui permet d'avoir la certitude que l'acte administratif qu'elle envisage de prendre est bien conforme au principe de légalité. Il s'agit donc de solliciter un contrôle *a priori* dont les effets sont les suivants :

• si le préfet indique que l'acte envisagé est conforme au droit, cela le prive de la possibilité d'avoir recours au déféré préfectoral sur la question posée ;

• si le préfet donne une réponse négative, ou s'il s'abstient de répondre, il préserve la possibilité de former un déféré préfectoral contre l'acte qui sera adopté.

Cette nouvelle procédure a pour objet d'améliorer les relations entre l'État et les collectivités territoriales et de sécuriser l'action de ces dernières (sur ce sujet, voir L. Janicot, « L'extension du rescrit au profit des collectivités territoriales », *RFDA* 2020. 254).

C – Étendue et limite des pouvoirs du représentant de l'État

1. L'exclusion de tout pouvoir d'annulation des actes des collectivités territoriales

Si le préfet a la faculté de saisir le juge administratif afin de contester la légalité d'un acte d'une collectivité territoriale, il n'a pas la possibilité de l'annuler lui-même. Seul le juge administratif, juge de la légalité, dispose de ce pouvoir. Le contrôle qu'exerce le préfet se limite donc à un premier examen de la légalité de l'acte en vue, le cas échéant, de demander à la collectivité de corriger les illégalités dont l'acte pourrait être affecté. Si la collectivité se refuse à opérer cette correction, le préfet pourra user du déféré préfectoral qui marque le passage à la phase juridictionnelle. Il appartiendra au juge administratif de prononcer la suspension de l'acte s'il existe un doute sérieux sur la légalité, puis de statuer, au fond, sur la légalité de celui-ci.

2. Le pouvoir de substitution du préfet

Ce pouvoir se manifeste essentiellement en matière de police : le maire dispose de compétences de police administrative importantes, or, une carence dans l'exercice de ce pouvoir pourrait engendrer des conséquences négatives. Pour tenter de pallier cette éventualité, le législateur a maintenu, au profit du préfet, un pouvoir de substitution.

En vertu de l'article L. 2215-1 du CGCT qui énonce que la police municipale est assurée par le maire, « le représentant de l'État dans le département peut prendre, pour toutes les communes du département ou plusieurs d'entre elles, et dans tous les cas où il n'y aurait pas été pourvu par les autorités municipales, toutes mesures relatives au maintien de la salubrité, de la sûreté et de la tranquillité publiques ».

Lorsque le pouvoir de substitution ne s'exerce qu'à l'égard d'une seule commune, l'article précité prévoit qu'une mise en demeure est adressée au maire.

CE 31 janvier 1997, *SARL Camping « Les clos »*

Face à la carence d'un maire, le préfet avait adressé à celui-ci une mise en demeure afin d'interdire l'installation de tentes et caravanes dans une zone inondable d'un camping. Cette mise en demeure étant restée sans effet, le juge administratif a admis que le préfet avait légalement pu mettre en œuvre son pouvoir de substitution, et prendre ladite interdiction en lieu et place du maire.

Dans la mesure où le président du conseil départemental est lui aussi titulaire de pouvoirs de police, le pouvoir de substitution du préfet peut également s'exercer sur cet exécutif local en vertu de l'article L. 3221-5 du CGCT.

II – Le contrôle exercé par l'État sur les élus

Ce contrôle, qui s'assimile à une mise en cause de la responsabilité, peut viser un élu précisément, l'exécutif d'une collectivité territoriale, ou encore l'assemblée délibérante de celle-ci.

A – Les contrôles visant un conseiller

Le CGCT prévoit que lorsqu'un membre d'une assemblée délibérante refuse d'accomplir l'une des fonctions qui lui est dévolue par la loi, il est déclaré démissionnaire. Cela s'applique aux conseillers municipaux (art. L. 2121-5 CGCT), aux conseillers départementaux (art. L. 3121-4 CGCT) et aux conseillers régionaux (art. L. 4132-2-1 CGCT). C'est le tribunal administratif qui est compétent pour prononcer la démission d'office des conseillers municipaux et des conseillers départementaux, les conseillers régionaux relèvent quant à eux du Conseil d'État.

Les obligations sanctionnées par la démission d'office

Le refus opposé par un conseiller municipal de tenir un bureau de vote sans excuse valable, alors même qu'il s'agit d'une obligation dévolue par la loi, entraîne sa démission d'office (CE 20 févr. 1985, *Behuret*, *Rec.* p. 311). Inversement, l'absence aux séances de l'assemblée délibérante ne peut être regardée comme un cas de démission d'office (CE 6 nov. 1985, *Maire de Viry-Châtillon*, *Rec.* p. 520).

À cela s'ajoute également une procédure de démission d'office en cas d'inéligibilité ou d'incompatibilité survenue pendant le mandat. Ces hypothèses sont prévues par le Code électoral.

Les cas d'inéligibilité visent par exemple un conseiller régional qui se serait rendu coupable de violences sur une autre élue n'appartenant pas au même courant politique, et condamné pour ces faits par le juge pénal (CE 26 mars 2000, *Le Pen, Rec.* p. 1010).

L'hypothèse d'incompatibilité concerne, quant à elle, l'accès à une fonction qui interfère, pour différentes raisons, avec l'exercice du mandat local. Ainsi, un mandat de conseiller municipal est incompatible avec les fonctions de préfet ; si l'élu accède à cette fonction pendant son mandat, il sera déclaré démissionnaire d'office.

B – Les contrôles visant l'exécutif local

Ces contrôles ne concernent en réalité que les maires et leurs adjoints qui, dans certaines circonstances, agissent en tant qu'agents de l'État.

L'article L. 2122-16 du CGCT prévoit cette possibilité : la suspension suppose un arrêté ministériel pris après une procédure contradictoire, elle est prononcée pour un mois maximum. Quant à la révocation, elle doit être prise par décret en Conseil des Ministres, et dans ce cas, le maire ou l'adjoint est déclaré inéligible pendant un an.

La possibilité de révoquer un maire a fait l'objet d'une question prioritaire de constitutionnalité, mais le Conseil constitutionnel a jugé cette procédure conforme à la Constitution, et notamment au principe de libre administration (déc. n° 2011-210 QPC du 13 janv. 2012, *M. Ahmed S.*, *Rec.* p. 78).

Les raisons qui justifient une telle sanction peuvent être liées aux fonctions ou être étrangères à celles-ci dès lors qu'elles présentent un degré de gravité important.

CE 14 janvier 1916, *Camino*, *Rec.* p. 15

L'une des illustrations les plus célèbres est l'arrêt *Camino* rendu par le Conseil d'État le 14 janvier 1916 : dans cette espèce était contestée la révocation d'un maire motivée par le fait que ce dernier n'avait pas veillé à la décence d'un convoi funèbre auquel il assistait.

Pour un exemple plus contemporain, on peut considérer qu'un maire pourrait être suspendu s'il se refusait à marier deux personnes du même sexe alors que le législateur a ouvert ce droit aux personnes homosexuelles (loi n° 2013-404 du 17 mai 2013). En 2004, un maire avait été suspendu pour avoir marié deux personnes du même sexe alors que la loi ne le permettait pas encore. L'analogie avec cet exemple est donc permise.

C – Le contrôle exercé sur les assemblées délibérantes

C'est une procédure qui demeure rare en raison de sa gravité car elle se traduit par la dissolution de l'assemblée. Cette procédure est régie par les articles L. 2121-6 du CGCT pour les conseils municipaux, L. 3121-5 pour les conseils départementaux, et L. 4132-3 pour les conseils régionaux.

La dissolution suppose un décret pris en Conseil des ministres et, si elle concerne un conseil général ou un conseil régional, le Parlement doit en être informé.

La dissolution est généralement prononcée lorsque le fonctionnement de l'assemblée délibérante est paralysé, rendant ainsi difficile, voire impossible, l'administration de la collectivité. L'impossibilité d'élire le maire et les adjoints a, par exemple, été considérée comme un motif justifiant la dissolution (CE 1er juill. 1936, *Berthon*, *Rec.* p. 713).

La dissolution met fin aux mandats des élus et de l'exécutif local, s'il a pu être désigné, et de ce fait, de nouvelles élections doivent être organisées.

§ 2 – Les contrôles de l'État en matière financière

I – Les acteurs du contrôle

Le représentant de l'État occupe un rôle particulier s'agissant du contrôle budgétaire car il dispose en la matière d'un pouvoir de substitution en cas de carence des autorités locales. Le pouvoir de substitution du préfet n'est donc pas spécifique au champ de la police administrative, il s'exerce également en matière financière.

Le contrôle juridictionnel des comptes revient, quant à lui, à la chambre régionale et territoriale des comptes qui est une juridiction financière créée par la loi du

2 mars 1982. Elle a pour mission de juger les comptes des comptables publics, d'examiner la gestion des collectivités territoriales et de contrôler leurs actes budgétaires. Les jugements que rend la chambre régionale des comptes peuvent faire l'objet d'un appel devant la Cour des comptes.

Il apparaît ainsi qu'en matière de contrôle financier comme en matière de contrôle sur les actes, le représentant de l'État n'est pas le seul acteur.

II – Les différents contrôles mis en œuvre

A – Le contrôle budgétaire

1. Le contrôle sur l'adoption du budget

a. Les délais d'adoption du budget primitif

Définition : Le budget primitif est le document qui ouvre l'année budgétaire et qui évalue les recettes et les dépenses de l'année. Il sera suivi, en cours d'exercice, par le budget supplémentaire et, en fin d'année, par le compte administratif qui dresse un bilan des recettes et des dépenses pour l'année écoulée.

Principe : Le budget primitif doit être adopté, en principe, avant le 31 mars de l'année d'exécution, ou avant le 15 avril, s'il s'agit d'une année d'élection visant à renouveler l'assemblée locale.

Sanction du principe : L'article L. 1612-2 du CGCT prévoit que si le budget n'est pas adopté dans ce délai, le préfet de département doit saisir la chambre régionale des comptes qui formule, dans le délai d'un mois suivant sa saisine, des propositions pour le règlement du budget. La collectivité est alors dépossédée de son pouvoir d'adopter le budget car l'article précité énonce que le préfet règle le budget et le rend exécutoire.

Cette procédure n'est cependant pas applicable « quand le défaut d'adoption résulte de l'absence de communication avant le 15 mars à l'organe délibérant d'informations indispensables à l'établissement du budget ». Tel est le cas, par exemple, si l'État n'a pas transmis à l'assemblée locale les informations relatives au montant des dotations qu'il versera à la collectivité.

b. Le respect du principe d'équilibre budgétaire

Principe : Le budget des collectivités territoriales doit être voté en équilibre.

Article L. 1612-4 du CGCT :

> « Le budget de la collectivité territoriale est en équilibre réel lorsque la section de fonctionnement et la section d'investissement sont respectivement votées en équilibre, les recettes et les dépenses ayant été évaluées de façon sincère, et lorsque les prélèvements sur les recettes de la section de fonctionnement au profit de la section d'investissement, ajouté aux recettes propres de cette section, à l'exception du produit des emprunts, et éventuellement aux dotations des comptes d'amortissement et de provisions, fournit des ressources suffisantes pour couvrir le remboursement en capital des annuités d'emprunt à échoir au cours de l'exercice. »

Pour formuler les choses plus simplement, l'équilibre suppose d'une part, l'équilibre entre les deux sections du budget (la section de fonctionnement et la section d'investissement), et il faut d'autre part, que le remboursement des emprunts d'une collectivité soit couvert par des recettes propres.

Sanction du principe d'équilibre budgétaire : Si le principe de l'équilibre réel n'est pas respecté, le préfet saisit la chambre régionale des comptes dans un délai de 30 jours à compter de la transmission du budget aux services de la préfecture (il convient, en effet, de préciser que le budget fait partie des actes qui sont soumis à l'obligation de transmission).

Si la chambre constate un déséquilibre, elle propose à la collectivité des mesures afin de rétablir l'équilibre budgétaire. La collectivité dispose alors d'un délai d'un mois pour opérer les corrections nécessaires, sinon le budget sera réglé et rendu exécutoire par le préfet. Dans l'hypothèse où le préfet se serait abstenu de saisir la chambre régionale et territoriale des comptes, un administré justifiant d'un intérêt à agir peut former un recours pour excès de pouvoir devant le juge administratif (CE, sect., 23 déc. 1988, *Département du Tarn contre Barbut, Rec.* p. 466).

c. Le contrôle sur l'inscription des dépenses obligatoires

Principe : Certaines dépenses doivent obligatoirement figurer au budget de la collectivité territoriale : il s'agit des dépenses imposées par un texte, notamment les dépenses liées à l'exercice de compétences obligatoires confiées par le législateur aux collectivités par le biais de lois de décentralisation. Il s'agit également des dépenses nécessaires à l'acquittement de la dette.

Sanction du principe : Si le préfet constate qu'une dépense obligatoire ne figure pas au budget de la collectivité, il saisit la chambre régionale des comptes. Il convient, par ailleurs, de préciser que le comptable public (qui relève de la direction générale des finances publiques, c'est-à-dire de l'État), ou toute personne intéressée peut saisir la chambre. Lorsque cette dernière constate une carence, elle ordonne à la collectivité de prendre les mesures nécessaires pour remédier à ce manquement. Si la collectivité ne s'exécute pas dans le délai d'un mois, le préfet pourra inscrire d'office la dépense au budget de la collectivité en vertu de l'article L. 1612-15 du CGCT.

2. Le contrôle sur l'exécution du budget

a. Le contrôle sur l'exécution des dépenses obligatoires

Pour être exécutée, une dépense obligatoire ne doit pas seulement être inscrite au budget local, elle doit encore faire l'objet d'un mandatement.

L'article L. 1612-16 du CGCT prévoit qu'« à défaut de mandatement d'une dépense obligatoire par le maire, le président du conseil départemental ou le président du conseil régional suivant le cas, dans le mois suivant la mise en demeure qui lui en a été faite par le représentant de l'État dans le département, celui-ci y procède d'office ».

La procédure se déroule donc en deux phases : en premier lieu, une mise en demeure est adressée à l'exécutif local, et en second lieu, un mandatement d'office est pris par le préfet si la mise en demeure est restée sans effet.

Le juge administratif a considéré que le préfet pouvait même « procéder à la vente de biens appartenant à la collectivité dès lors que ceux-ci ne sont pas indispensables au bon fonctionnement des services publics dont elle a la charge », et ce, pour assurer le paiement d'une dépense obligatoire : CE, sect., 18 nov. 2005, *Société fermière de Campoloro, Rec.* p. 515.

b. Le contrôle exercé sur le respect du principe d'équilibre budgétaire

Ce contrôle est effectué sur la base du compte administratif qui est un document budgétaire faisant état de l'ensemble des ressources perçues par la collectivité et de l'ensemble des dépenses réalisées pour une année. Le compte administratif donne la situation exacte des finances de la collectivité sur une année.

S'il s'avère que le compte administratif présente un déficit « égal au supérieur à 10 % des recettes de la section de fonctionnement s'il s'agit d'une commune de moins de 20 000 habitants et 5 % dans les autres cas », le préfet doit saisir la chambre régionale des comptes afin qu'elle propose à la collectivité les mesures nécessaires au rétablissement de l'équilibre. Ces mesures doivent être prises en compte lors de l'élaboration du budget primitif de l'année suivante. C'est donc un plan de redressement qui est défini par la chambre et qui doit être respecté par la collectivité lors de l'exercice suivant.

c. Le principe de séparation des ordonnateurs et des comptables

Principe : Ce principe, qui concerne l'exécution des budgets locaux, vise à interdire aux exécutifs locaux (les ordonnateurs) de manier des deniers publics. Seuls les comptables sont habilités à le faire et à exécuter les opérations de recettes et de dépenses. En d'autres termes, le comptable est chargé d'exécuter une dépense ou de recouvrer une recette sur la base des ordres donnés par l'exécutif local, c'est-à-dire par l'ordonnateur. Il existe ainsi une séparation entre l'autorité qui ordonne une dépense ou émet un titre de recette et l'autorité chargée de manier les deniers publics pour exécuter l'opération.

Sanction du principe : Lorsqu'une autorité manie des deniers publics sans y être habilitée, elle se rend coupable de gestion de fait.

Ainsi, une autorité exécutive locale ne peut encaisser elle-même les recettes provenant d'une manifestation que la collectivité a organisée. Elle se rendrait coupable de gestion de fait. Seul le comptable public, qui relève des services de l'État, est habilité à encaisser ces recettes pour le compte de la collectivité.

Le contrôle du respect du principe de séparation des ordonnateurs et des comptables incombe aux chambres régionales des comptes. Le comptable de fait encourt alors une amende, voire des poursuites pénales en cas d'usurpation de fonction.

B – Le contrôle de gestion

Il est exercé par la chambre régionale des comptes afin essentiellement d'informer les élus locaux sur l'efficacité de leur gestion financière ; ce n'est pas un contrôle juridictionnel, mais un contrôle visant à évaluer la gestion des deniers publics par l'assemblée et l'exécutif de la collectivité.

Le contrôle de gestion se déroule en deux phases :

• Dans un premier temps, l'ordonnateur de la collectivité est informé de la mise en œuvre d'un contrôle de gestion par la chambre qui, après enquête, formule des observations provisoires. La procédure étant contradictoire, toute personne concernée par ces observations peut y répondre.

• Dans un second temps, après avoir pris connaissance des différentes réponses, la chambre formule des observations définitives si elle estime que cela est opportun, c'est-à-dire, si les réponses apportées aux observations provisoires ne sont pas satisfaisantes. Les observations définitives sont notifiées à l'ordonnateur et communiquées à l'assemblée locale, elles donnent lieu à un débat. Ces observations visent à inciter les élus locaux à gérer plus efficacement les deniers publics, mais elles peuvent également constituer un préalable à l'ouverture d'une action pénale si le contrôle de gestion a mis en lumière des faits répréhensibles.

Section 2 – Les relations financières entre l'État et les collectivités territoriales

Analyser les relations financières qu'entretiennent ces différents acteurs suppose en premier lieu de détailler les ressources et les dépenses des collectivités territoriales, l'impact de l'État sur les collectivités territoriales apparaîtra alors de manière significative.

Cette analyse est, par ailleurs, confirmée par l'étude des principes applicables aux ressources et aux dépenses des collectivités ; là encore, en effet, le rôle de l'État est manifeste.

§ 1 – Les différentes catégories de ressources et de dépenses

I – Les ressources

A – Les ressources issues de l'impôt

1. La taxe foncière sur les propriétés bâties

Elle est due par tous les propriétaires fonciers et elle est calculée en fonction de la valeur locative de la propriété.

Elle alimente les ressources des communes et/ou des établissements de coopération intercommunale, ainsi que les ressources des départements, la part régionale ayant été remise en cause par la loi de finances pour 2011 (loi n° 2010-1657 du 29 déc. 2010).

2. La taxe foncière sur les propriétés non bâties

Elle est due par tout propriétaire d'un terrain nu, c'est-à-dire d'un terrain dénué de construction. Elle est calculée en fonction de la valeur locative du terrain et n'est perçue que par les communes et/ou par les établissements de coopération intercommunale.

3. La taxe d'habitation : une suppression programmée

Elle est due par tout propriétaire ou locataire d'une habitation meublée. Elle est calculée en fonction de la valeur locative cadastrale des bâtiments et de leurs dépendances.

La taxe d'habitation est perçue par les communes et/ou par les établissements publics de coopération intercommunale.

La loi de finances pour 2018 (n° 2017-1837) a prévu une suppression de cette taxe pour les ménages les plus modestes, sa suppression progressive pour tous les contribuables a par ailleurs été programmée pour 2023.

Cette perte de recettes pour les collectivités sera compensée, notamment dans les conditions définies par la loi de finances pour 2021 (loi n° 2020-1721), par l'affectation de la part départementale de la taxe foncière sur les propriétés bâties aux communes, et par l'affectation d'une fraction de la TVA aux EPCI et aux départements.

4. La contribution économique territoriale

Créée par la loi de finances pour 2010 (loi n° 2009-1673 du 29 déc. 2009), elle a vocation à se substituer à la taxe professionnelle.

Elle est en réalité composée de deux éléments :

• **La contribution foncière des entreprises** qui est calculée en fonction de la valeur locative des immeubles et des terrains. Cette contribution profite aux communes et/ou aux établissements publics de coopération intercommunale.

• **La contribution sur la valeur ajoutée des entreprises** qui est calculée en fonction de la valeur ajoutée produite par l'entreprise. Elle alimente les ressources des communes et/ou des établissements publics de coopération intercommunale, ainsi que les ressources des départements et des régions.

5. Les autres impôts

Sans prétendre ici à l'exhaustivité, il convient de préciser qu'à la liste précédemment établie s'ajoutent la redevance d'enlèvement des ordures ménagères, les droits de mutation dus par tout acquéreur à titre onéreux d'immeubles, ou encore les taxes d'urbanisme à l'instar de la taxe locale d'équipement perçue sur les constructeurs dans certaines communes.

B – Les ressources provenant de l'État

Ne seront présentées ici que les principales dotations.

1. Les dotations

a. La dotation globale de fonctionnement

Elle est versée aux trois catégories de collectivités territoriales et aux établissements publics. Elle est composée d'une dotation forfaitaire et d'une dotation de péréquation afin de réduire les écarts de richesse entre les collectivités territoriales.

b. La dotation globale d'équipement

Cette dotation vise à financer des investissements réalisés par les collectivités territoriales, notamment pour la réalisation de travaux.

c. Le Fonds de compensation de la TVA (FCTVA)

Il s'agit, là encore, d'une dotation d'investissement qui est calculée en fonction des frais de TVA acquittés par les collectivités dans le cadre de leurs dépenses d'investissement. Ce fonds est donc une rétrocession par l'État de la TVA payée par les collectivités territoriales.

2. Les autres ressources provenant de l'État

Pour assurer le financement de compétences transférées aux collectivités territoriales, l'État leur a parfois transféré une partie du produit de certains impôts, qui demeurent cependant des impôts d'État. Tel est le cas de la taxe spéciale sur les contrats d'assurance et de la taxe intérieure sur les produits pétroliers. Leur transfert partiel aux collectivités est la conséquence des nouvelles compétences confiées aux collectivités territoriales par la loi du 13 août 2004 relative aux libertés et responsabilités locales.

C - Les ressources issues de l'emprunt

Le recours à l'emprunt doit uniquement permettre le financement de nouveaux équipements.

Les contrats d'emprunt que concluent les collectivités territoriales sont des contrats de droit privé, ce qui implique la compétence du juge judiciaire en cas de litige (CE 6 déc. 1989, *Caisse fédérale de crédit mutuel d'Île-de-France c/ commune de Torcy, Rec.* p. 520).

Le recours à l'emprunt doit être autorisé par l'assemblée délibérante de la collectivité.

II - Les dépenses des collectivités territoriales

Ces dépenses peuvent être de fonctionnement ou d'investissement : les premières concernent, par exemple, les dépenses de personnel, tandis que les secondes visent, notamment, la réalisation de travaux.

Il faut aussi établir une distinction entre les dépenses obligatoires qui découlent d'une obligation que l'État met à la charge des collectivités territoriales, et les dépenses facultatives pour lesquelles la collectivité bénéficie d'un large pouvoir d'appréciation.

• Le législateur peut, en effet, par le biais des lois de décentralisation, mettre à la charge des collectivités territoriales des dépenses obligatoires qui doivent permettre le financement de certains services publics locaux obligatoires (le service public des transports scolaires illustre cette hypothèse). Font également partie des dépenses obligatoires, les dépenses de personnel, ou encore les dépenses nécessaires à l'entretien des bâtiments de la collectivité.

• Sont des dépenses facultatives toutes les dépenses décidées librement par les collectivités pour assurer le fonctionnement de services publics qui ne sont pas imposés par la loi (une école de musique par ex.) ou visant à accorder une subvention à une association, sous réserve que cette dépense présente un intérêt public local.

Enfin, il convient de rappeler que certaines dépenses sont interdites dès lors qu'elles portent atteinte au principe de neutralité : cela concerne les dépenses relatives à l'exercice des cultes, ou encore les dépenses qui s'assimilent à un soutien politique (CE 11 oct. 1989, *Commune de Gardannes, Rec.* p. 118).

§ 2 - Les règles applicables aux ressources des collectivités territoriales

Ces règles sont énoncées par l'article 72-2 de la Constitution précisé par la loi organique du 29 juillet 2004 (loi n° 2004-758).

I - Le principe de libre utilisation des ressources locales

L'article 72-2 alinéa 1 énonce ce principe qui correspond en réalité davantage à une liberté encadrée puisqu'elle s'exerce « dans les conditions définies par la loi ». Dans la mesure où le législateur peut imposer des dépenses obligatoires à la charge des collectivités territoriales, la libre utilisation des ressources locales mérite ainsi d'être nuancée.

Certes, le législateur doit respecter certaines conditions pour mettre à la charge des collectivités des dépenses obligatoires : comme l'a rappelé le Conseil constitutionnel dans sa décision du 7 décembre 2000 (déc. n° 2000-436 DC, loi relative à la solidarité et au renouvellement urbains, *Rec.* p. 176), ces dépenses doivent être définies avec précision et répondre à des exigences constitutionnelles ou concourir à des fins d'intérêt général. Il n'en demeure pas moins que la compétence du législateur restreint la portée de la liberté reconnue aux collectivités territoriales, liberté qui ne s'exerce véritablement qu'au-delà du champ des dépenses obligatoires.

II – Une maîtrise relative de la fiscalité locale par les collectivités territoriales

L'article 72-2 de la Constitution autorise les collectivités territoriales à « recevoir tout ou partie des impositions de toutes natures ». Elles peuvent, par ailleurs, être autorisées par la loi à en fixer l'assiette et le taux.

Là encore, le rôle du législateur est manifeste, les collectivités territoriales ne peuvent créer de nouveaux impôts, cela relève uniquement du Parlement. Selon l'article 34 de la Constitution, « la loi fixe les règles relatives à l'assiette, aux taux et aux modalités de recouvrement des impositions de toutes natures ». Les collectivités peuvent uniquement fixer le taux des taxes locales mais en respectant un cadre, c'est-à-dire une fourchette, définie par la loi.

III – Le maintien d'un niveau de ressources propres

L'article 72-2 alinéa 3 de la Constitution impose le maintien d'une part déterminante des ressources propres. Cette disposition est restée relativement elliptique, elle a donc été précisée par la loi organique du 29 juillet 2004 qui a défini, pour chaque catégorie de collectivités territoriales, la part déterminante.

L'article 3 définit en premier lieu la notion de ressources propres qui inclut les impositions de toutes natures, les redevances pour service rendu (telle la redevance d'enlèvement des ordures ménagères), les participations d'urbanisme, les produits financiers, les dons et legs. Quant à l'article 4 de la loi, il énonce que la part de ces ressources dans l'ensemble des ressources des collectivités territoriales ne peut descendre en deçà d'un certain seuil. Le ratio de base est celui de l'année 2003 puisque l'article précité prévoit que la part des ressources propres ne peut être inférieure au niveau constaté en 2003.

Pour les communes, le ratio est ainsi de 60,8 %, ce qui signifie que la part des ressources propres dans le budget d'une commune ne peut être inférieure à ce chiffre. S'agissant des départements, le ratio est de 58,6 % et pour les régions, il est de 41,7 %.

S'il s'avère, pour une catégorie de collectivités territoriales, que la part des ressources propres est inférieure aux chiffres précités, l'article 5 de la loi organique impose au législateur de prendre des mesures de correction en loi de finances.

IV – La péréquation financière

L'article 72-2 alinéa 5 permet au législateur de prévoir des dispositifs de péréquation visant à favoriser l'égalité entre les territoires, mais il ne s'agit que d'une simple faculté.

Les dispositifs mis en place peuvent s'inscrire dans les techniques de péréquation horizontales, c'est-à-dire entre collectivités d'une même catégorie, ou dans les techniques de péréquation verticale, de l'État vers les collectivités.

La péréquation verticale est mise en œuvre par l'intermédiaire des dotations de l'État, le montant de celles-ci pouvant varier selon la richesse de la collectivité. Tel est le cas de la dotation de solidarité rurale par exemple.

S'agissant de la péréquation horizontale, on peut citer, à titre d'illustration, le fonds de péréquation des ressources intercommunales et communales. Les structures intercommunales et les communes isolées les plus favorisées alimentent ce fonds qui sera ensuite versé aux intercommunalités et aux communes isolées les moins favorisées. Il existe ainsi une solidarité entre les collectivités d'une même catégorie.

§ 3 – Le principe de compensation financière

I – Définition du principe

Le principe de compensation avait déjà été posé par le législateur (voir en ce sens la loi du n° 82-213 du 2 mars 1982 relative aux droits et libertés des communes, des départements et des régions, et la loi n° 83-8 du 7 janv. 1983 relative à la répartition de compétences entre les communes, les départements, les régions et l'État). Avec la révision du 28 mars 2003, il a fait son entrée au sein de l'article 72-2 alinéa 4 de la Constitution. Cependant, il ne s'agit pas de la seule innovation : le principe de compensation financière doit également être lu en lien avec l'article 72-2 alinéa 3 qui énonce que les collectivités doivent disposer d'une part déterminante de ressources propres. Avant l'introduction de cette nouvelle obligation au sein de la Constitution, la compensation financière des charges imposées aux collectivités territoriales pouvait se faire par le biais de transferts d'impôts ou par des dotations. Désormais, lorsque l'État attribue de nouvelles ressources aux collectivités pour compenser de nouvelles charges, il doit respecter le seuil de ressources propres fixé par la loi organique du 29 juillet 2004. L'article 72-2 alinéa 4 doit donc être combiné avec les dispositions de l'alinéa précédent qui restreignent quelque peu la marge de manœuvre du législateur dans la définition des modalités de la compensation.

Le calcul du montant de la compensation due est effectué en fonction des dépenses que l'État consacrait à l'exercice de la compétence concernée avant de la confier aux collectivités territoriales. S'agissant de compétences nouvelles, liées par exemple à la création d'une prestation, l'État devra procéder à une évaluation de la compensation à transférer aux collectivités.

Le montant des sommes transférées est placé sous le contrôle de la commission consultative de l'évaluation des charges.

D'après l'article L. 1614-1 du CGCT issu de la loi du 13 août 2004 relative aux libertés et responsabilités locales (loi n° 2004-809), la compensation financière est intégrale en ce qu'elle correspond à la totalité des dépenses réalisées par l'État pour l'exercice des compétences transférées.

II – Portée du principe

A – Un champ d'application limité

Le champ d'application de ce principe concerne les seules compétences obligatoires, c'est-à-dire les compétences que l'État confie aux collectivités territoriales par l'entremise des lois de décentralisation. Par ailleurs, il peut s'agir de la création d'une nouvelle compétence, ou encore de l'extension d'une compétence déjà exercée par les collectivités territoriales.

Un droit à compensation limité aux compétences obligatoires

Pour que s'applique le droit à compensation, il doit s'agir d'une compétence obligatoire et non d'une simple faculté. C'est ce qu'a rappelé le Conseil constitutionnel dans sa décision du 13 janvier 2005 (déc. n° 2004-509 DC, loi de programmation pour la cohésion sociale, *Rec.* p. 33). Cette décision précise également qu'une simple adaptation d'un dispositif existant, qui n'aurait pas d'incidence sur le périmètre de la compétence obligatoire, ne pourrait donner lieu à une compensation financière. Le Conseil constitutionnel consacre donc une interprétation restrictive de la notion d'extension de compétence, ce qui tend à limiter la portée du principe de compensation financière.

Le Conseil d'État a eu l'occasion de faire application de ce raisonnement en indiquant que « ne sont pas concernées par une telle compensation les charges nouvelles résultant notamment de la modification de règle de portée générale ayant une incidence financière sur l'exercice par les collectivités territoriales de leurs compétences ». En d'autres termes, la légalité d'un décret augmentant le montant d'une prestation sociale versée par les départements ne peut être contestée sur le terrain du principe de compensation financière. L'existence d'une telle compensation n'est pas une condition de légalité de l'acte réglementaire en question selon le Conseil d'État (CE 21 févr. 2018, *Département du Calvados et autres*, n° 409286, *AJDA* 2018. 845).

B – Les controverses liées au montant de la compensation

D'après l'article L. 1614-1 du CGCT, le montant de la compensation est intégral mais ce terme n'est pas dénué d'ambiguïtés. Certes, la compensation est intégrale au regard des dépenses que l'État réalisait pour l'exercice d'une compétence avant son transfert aux collectivités territoriales. Cependant, le Conseil constitutionnel n'impose pas au législateur la mise en œuvre d'une compensation glissante visant à prendre en compte l'évolution des dépenses que pourraient avoir à subir les collectivités (voir en ce sens : Cons. const. 18 déc. 2003, n° 2003-487 DC, loi relative à la décentralisation du revenu minimum d'insertion, *Rec.* p. 473 ; voir également déc. n° 2011-142/145 QPC, 30 juin 2011, *Département de Seine-Saint-Denis et autres, Rec.* p. 323).

La seule véritable obligation incombant au législateur consiste à garantir la pérennité des sommes transférées (déc. n° 2003-489 DC du 29 déc. 2003, loi de finances pour 2004, *Rec.* p. 487 ; déc. n° 2004-511 DC du 29 déc. 2004, loi de finances pour 2005, *Rec.* p. 236).

L'interprétation retenue du montant du droit à compensation est donc particulièrement stricte puisque ce montant n'a pas à être évolutif. Or, en dépit de la consécration constitutionnelle du principe de compensation financière, les charges pesant sur les collectivités territoriales en raison de l'exercice de compétences obligatoires se sont accrues. L'un des exemples les plus remarquables étant celui de l'aide sociale gérée par les départements : les dépenses afférentes au Revenu de solidarité active par exemple, qui remplace le Revenu minimum d'insertion, ont connu une évolution significative depuis la décentralisation du RMI en 2003.

L'augmentation des dépenses incombant aux collectivités territoriales pour la gestion des compétences décentralisées peut s'expliquer par la volonté politique de la collectivité de faire davantage que l'État. Cela peut notamment se traduire par le recrutement d'agents supplémentaires en plus des agents de l'État transférés aux collectivités territoriales. Les collectivités peuvent, en effet, décider d'allouer des moyens supplémentaires à l'exercice d'une compétence, dépassant ainsi les moyens mis en œuvre par l'État. Cela découle d'un choix politique que la collectivité doit assumer.

Toutefois, l'augmentation des charges pesant sur les collectivités territoriales peut aussi être due à des facteurs extérieurs sur lesquels la collectivité n'a aucune emprise : les départements ne peuvent pas, par exemple, maîtriser l'augmentation du nombre de bénéficiaires des aides sociales. Cela est lié à l'évolution de la conjoncture ou encore à l'évolution démographique. À cet égard, le principe de compensation se révèle relativement imparfait en ce qu'il fait indirectement peser sur les collectivités territoriales le coût de certaines évolutions économiques et sociales.

Section 3 – Les instances de concertation entre l'État et les collectivités territoriales

Plusieurs instances permettent de réunir des représentants de l'État et des représentants des collectivités territoriales en matière financière, mais aussi pour évaluer les conséquences des normes adoptées.

§ 1 – Le comité des finances locales

Cette instance a été créée par la loi du 3 janvier 1979 (loi n° 79-15 instituant une dotation globale de fonctionnement versée par l'État aux collectivités locales et à certains de leurs groupements et aménageant le régime des impôts directs locaux pour 1979) dans le dessein d'harmoniser les positions des collectivités territoriales et celles de l'État en matière de finances locales.

Composition : Elle est fixée par l'article L. 1211-1 du CGCT : il comprend des membres des assemblées parlementaires et des représentants élus des régions, des départements, des communes et de leurs groupements, mais aussi des représentants de l'administration étatique.

Missions : Le comité des finances locales est chargé de contrôler la répartition de la dotation globale de fonctionnement versée par l'État aux collectivités territoriales (art. L. 1211 3 CGCT). Il donne son avis sur le projet de dotation tel qu'il est inscrit en loi de finances.

Il peut, par ailleurs, être consulté par le gouvernement sur tout projet de loi ou de règlement à caractère financier concernant les collectivités territoriales. Cette consultation s'impose pour les décrets qui créent ou modifient une norme obligatoire, le comité étant notamment consulté sur l'impact financier de la norme.

Au sein du comité figurent plusieurs instances : l'observatoire des finances locales et la commission consultative d'évaluation des charges. La commission consultative d'évaluation des normes qui, initialement, faisait partie du comité des finances locales, a été remplacée par le conseil national d'évaluation des normes doté d'une existence autonome.

I – L'observatoire des finances locales

Le comité des finances locales a un devoir d'information : en vertu de l'article L. 1211-4 du CGCT, il a pour mission de fournir au gouvernement et au Parlement les analyses nécessaires à l'élaboration des dispositions du projet de loi de finances intéressant les collectivités territoriales. Il doit, en outre, établir chaque année un rapport sur l'état des finances locales. Ces missions sont exercées par l'observatoire des finances locales.

II – La commission consultative d'évaluation des charges

Il s'agit d'une formation du comité des finances locales qui est consultée sur les modalités d'évaluation et sur le montant de la compensation des transferts de compétences, qu'il s'agisse de compétences nouvelles ou d'extension de compétences déjà confiées aux collectivités territoriales.

III – La commission consultative d'évaluation des normes

Sa création par la loi de finances pour 2007 (loi n° 2006-1666 du 21 déc. 2006) s'inscrivait dans un contexte de lutte contre l'inflation normative, source de complexité et d'insécurité juridique.

Avec l'adoption de la loi du 17 octobre 2013 portant création d'un conseil national d'évaluation des normes applicables aux collectivités territoriales et à leurs établissements publics (loi n° 2013-921), la commission consultative d'évaluation des normes est supprimée. Aux côtés du comité des finances locales, est donc créé le nouveau conseil national d'évaluation des normes.

La commission était obligatoirement consultée sur l'impact financier des textes réglementaires applicables aux collectivités, mais aussi sur l'impact des textes européens. Le gouvernement pouvait également la consulter sur tout projet de loi qui produisait des conséquences sur les collectivités territoriales.

Cette commission avait ainsi pour objet de réaliser des études d'impact des textes précités avant leur adoption définitive ; le nouveau conseil se voit attribuer des compétences plus étendues et son rôle paraît renforcé.

§ 2 – Le conseil national d'évaluation des normes

La loi du 17 octobre 2013 l'a créé en remplacement de la commission consultative d'évaluation des normes.

Ce nouveau conseil dispose d'une existence autonome puisqu'il n'est pas rattaché au comité des finances locales. Il est composé de parlementaires, de représentants des élus locaux, et de représentants de l'État, les membres étant renouvelés tous les trois ans.

Missions : Elles consistent en l'évaluation de l'impact technique et financier de certains projets de textes, mais également en l'évaluation des textes en vigueur.

• **S'agissant des projets de textes,** il est consulté par le gouvernement sur les projets de règlement ou de loi. Il peut en outre, à la demande du gouvernement, émettre un avis sur les projets d'actes de l'Union européenne. Le conseil peut aussi être consulté par le président d'une assemblée parlementaire afin qu'il émette un avis sur les conséquences d'une proposition de loi pour les collectivités territoriales et leurs établissements publics. Le conseil peut ainsi être sollicité **sur tous les projets de texte ayant un impact technique et financier sur les collectivités territoriales,** cette consultation étant obligatoire s'agissant des projets de loi et de règlement. Dans cette seconde hypothèse, si l'avis rendu par le conseil sur un projet de règlement est défavorable, la loi prévoit que le gouvernement doit lui soumettre un second projet en vue d'un nouvel examen. Le rôle du conseil national d'évaluation des normes à l'égard des projets d'actes réglementaires semble donc particulièrement important.

• **Concernant les normes entrées en vigueur,** le conseil peut être amené à apprécier leur impact à la demande du gouvernement ou des commissions permanentes du Sénat ou de l'Assemblée nationale, mais il peut aussi se saisir lui-même ou être saisi par une collectivité territoriale dans les conditions fixées par le décret n° 2016-19 du 14 janvier 2016. Ce travail d'évaluation lui permet de formuler des observations et de suggérer des dispositifs de simplification de la législation et réglementation en vigueur.

§ 3 – L'agence nationale de cohésion des territoires

Afin de simplifier l'écosystème des organismes étatiques intervenant en faveur des territoires, la loi du 22 juillet 2019 (n° 2019-753) a créé cette nouvelle agence qui fusionne plusieurs services de l'administration centrale de l'État (le commissariat général à l'égalité des territoires, l'agence du numérique et l'établissement public d'aménagement et de restructuration des espaces commerciaux et artisanaux).

Mission principale : apporter un soutien humain et matériel aux projets développés par les collectivités territoriales en faveur de l'accès aux services publics, du logement, des mobilités, du développement économique, du développement de l'usage du numérique, ou encore en faveur des zones et des quartiers en difficulté.

L'agence est administrée par un conseil composé notamment de représentants de l'État, de la Caisse des dépôts et consignation, de parlementaires, et de représentants des collectivités territoriales et de leurs groupements.

Au niveau local, l'agence dispose d'un délégué territorial en la personne du préfet de département qui est chargé de réunir le comité local de cohésion territoriale.

Pour aller plus loin

Bibliographie

- H. Alcaraz, « Le principe de libre administration des collectivités territoriales dans la jurisprudence constitutionnelle après la révision constitutionnelle du 28 mars 2003 », *RFDA* 2009. 497.
- J.-B. Auby, J.-M. Auby, D. Jean-Pierre, A. Taillefait, *Droit de la fonction publique*, Dalloz, coll. « Précis », 2018, 932 p.
- A. Baudu, « La réforme fiscale locale : une autonomie au point mort ? », *RFDA* 2020. 999.
- M. Bouvier, *Les finances locales*, LGDJ, 2020, 288 p.
- X. Cabannes, « L'autonomie financière des collectivités territoriales après les récentes lois financières. Une adolescence difficile ou déjà une vieille lune ? », *AJDA* 2018. 720.
- M. Conan, R. Muzellec, *Les finances locales*, Dalloz, coll. « Mémentos », 2018, 258 p.
- B. Faure, « L'épisode constitutionnel de la réforme des collectivités territoriales (2014-2015) », *RDP* 2015. 1173.
- B. Faure, « Différenciation des normes : jeu de dupes », *RFDA* 2021. 313.
- J.-M. Pontier, « *Semper Manet*. Sur une clause générale de compétence », *RDP* 1984. 1443.
- J.-M. Pontier et D. Guignard (dir.), *Constitution et collectivités territoriales*, LexisNexis, 2019, 238 p.
- B. Thomas-Tual, *Droit de la fonction publique*, Bruylant, coll. « Paradigme », 2021, 350 p.

Sujets

- Unité et diversité du droit des collectivités territoriales
- Le rôle du représentant de l'État dans le contrôle exercé sur les collectivités territoriales

Deuxième partie

Les acteurs locaux

Cette partie est consacrée aux aspects institutionnels du droit des collectivités territoriales, elle vise à étudier successivement les différents acteurs de la démocratie locale. Cela suppose, en premier lieu, de s'intéresser aux organes des collectivités territoriales, composés de l'assemblée locale et de l'exécutif local, avant d'envisager, en second lieu, l'émergence de nouveaux acteurs, au travers notamment des établissements publics de coopération intercommunale dont l'existence se justifie par la volonté de remédier à l'émiettement communal.
Cependant, la démocratie locale n'est pas uniquement une démocratie représentative, la place dévolue à la démocratie participative tend, en effet, à s'accroître grâce à l'introduction du référendum local et du droit de pétition dans la Constitution à la suite de la révision constitutionnelle du 28 mars 2003.

Chapitre 1
Les collectivités territoriales

L'essentiel

Toute collectivité territoriale, qu'il s'agisse d'une collectivité de droit commun ou d'une collectivité à statut spécifique, dispose d'une assemblée locale compétente pour adopter notamment le budget de la collectivité. L'assemblée bénéficie, plus largement, d'un pouvoir de décision se traduisant par l'adoption de délibérations locales dont l'exécutif assure la mise en œuvre. Il apparaîtra également, qu'indépendamment du niveau de collectivités considéré, les élus locaux sont soumis à des droits et à des obligations similaires.

Il existe aussi des différences entre les niveaux de collectivités : les règles de désignation et de fonctionnement des différentes assemblées locales sont, en effet, amenées à varier selon la catégorie de collectivités concernée.

Section 1 – Les différentes catégories de collectivités territoriales

L'article 72 de la Constitution : il s'agit des communes, des départements et des régions qui forment les collectivités de droit commun. À cela s'ajoutent les collectivités à statut particulier et les collectivités d'outre-mer régies par l'article 74 de la Constitution. Le législateur peut, par ailleurs, créer de nouvelles catégories de collectivités « en lieu et place d'une ou de plusieurs collectivités mentionnées par la Constitution ».

§ 1 – Les collectivités de droit commun

I – La commune

Définition : Créées en 1789, les communes constituent l'échelon de base de la démocratie locale. Pour autant, s'il s'agit d'une catégorie juridique uniforme, les communes françaises sont caractérisées par une grande hétérogénéité, tant au regard de la taille de leur territoire, que du nombre de leur population (en 2013, la France comptait 36 681 communes).

Sous l'impact de la loi n° 2015-292 du 16 mars 2015 relative à l'amélioration du régime de la commune nouvelle, pour des communes fortes et vivantes (modifiée par la loi n° 2016-1500 du 8 nov. 2016), le nombre des communes françaises est toutefois passé sous le seuil symbolique des 36 000 (on dénombre aujourd'hui 34 968 communes).

A – Des fusions de communes à la « commune nouvelle »

Pour tenter de remédier à l'émiettement communal, plusieurs dispositifs ont été successivement adoptés, telle la loi Marcellin du 16 juillet 1971 sur les fusions de communes (loi n° 71-558) qui avait prévu un dispositif de fusion volontaire. Malheureusement, le succès de ce dispositif fut relatif, les fusions furent peu nombreuses, et certaines communes ont même choisi de revenir, par la suite, sur leur décision de fusionner. Cela tend à démontrer l'attachement des citoyens, mais aussi des élus, à l'échelon communal.

Pour faire face à l'échec de la loi de 1971, d'autres dispositifs ont été mis en place : le plus récent étant celui prévu par la loi du 16 décembre 2010 visant à créer des communes nouvelles (loi n° 2010-1563 de réforme des collectivités territoriales), renforcé par la loi n° 2015-292 du 16 mars 2015 et par celle du 8 novembre 2016. En vertu de l'article L. 2113-2 du CGCT, une commune nouvelle peut être créée « en lieu et place de communes contiguës », mais il ne s'agit nullement d'une procédure contraignante, à l'instar du dispositif prévu par la loi de 1971.

Si le représentant de l'État dans le département peut être à l'origine de la demande de création d'une commune nouvelle, la décision sera subordonnée à l'accord des électeurs selon les conditions suivantes (art. L. 2113-3 CGCT) :

- la participation au scrutin doit être supérieure à la moitié des électeurs inscrits ;
- le projet doit recueillir, dans chacune des communes concernées, l'accord de la majorité absolue des suffrages exprimés correspondant à un nombre de voix au moins égal au quart des électeurs inscrits.

Lorsque l'initiative visant à créer une commune nouvelle provient du préfet, la décision finale suppose ainsi d'organiser un référendum local, dont le résultat s'imposera au préfet.

Une commune nouvelle peut également être créée :

- à la demande des conseils municipaux des communes concernées ;
- à la demande des deux tiers au moins des conseils municipaux des communes membres d'un même établissement public de coopération intercommunale à fiscalité propre, représentant plus des deux tiers de la population de celles-ci ;
- à la demande de l'organe délibérant d'un établissement public de coopération intercommunale à fiscalité propre.

L'amélioration du régime de la commune nouvelle : des retouches successives

La loi du 16 mars 2015 (complétée par la loi n° 2016-1500 du 8 nov. 2016) a permis d'accroître le succès de la commune nouvelle grâce à des incitations financières renforcées et à l'amélioration des règles de fonctionnement : le texte prévoit, par exemple, que tous les conseillers municipaux des communes fusionnées peuvent siéger dans le conseil municipal de la commune nouvelle de façon transitoire, jusqu'aux prochaines élections municipales. Surtout, la loi du 16 mars 2015 indique qu'en lieu et place des anciennes communes, sont créées, de droit, des communes déléguées (réserve faite de l'hypothèse dans laquelle la création d'une commune nouvelle ressemble davantage à une fusion impliquant la disparition des communes fusionnées). Ces différentes dispositions doivent permettre de vaincre les réticences locales et de réduire le nombre des communes en France.

S'agissant des relations entre les communes nouvelles et les EPCI, la loi n° 2017-257 du 28 février 2017 et celle du 1er août 2019 (n° 2019-809) ont apporté des évolutions relatives aux règles de rattachement, une commune devant en principe appartenir à un EPCI. Toutefois, la loi du 1er août 2019 prévoit qu'une commune nouvelle, issue de la fusion de l'ensemble des communes membres d'un EPCI, peut déroger à cette règle. Dans ce cas, elle restera isolée, elle n'appartiendra à aucun EPCI et elle exercera à la fois les compétences de l'EPCI et celles de la commune.
Entre 2010 et 2021, plus de 2 500 communes se sont regroupées pour créer 778 communes nouvelles. (*Bulletin d'information statistique de la DGCT*, mars 2019).

Outre la création de communes nouvelles, l'intercommunalité a également été envisagée comme un remède à l'émiettement communal ; mais à la différence des fusions de communes ou des communes nouvelles, les structures intercommunales n'ont pas vocation à rassembler plusieurs communes en une seule. Il s'agit d'un outil de regroupement et de coopération entre les communes, se traduisant par la création d'un établissement public, et non d'un dispositif visant à créer une commune unique.

B – Feue l'agglomération nouvelle

La fusion entre communes pouvait également être mise en œuvre par le biais de ce dispositif qui permettait de substituer aux communes existantes une commune unique et nouvelle, ainsi que le prévoyait l'article L. 5321-1 du CGCT ; mais les communes pouvaient aussi se prononcer non pas en faveur de la création d'une nouvelle commune en remplacement des communes existantes, mais pour la création d'un établissement public.

Les dispositions relatives aux agglomérations nouvelles ont toutefois été abrogées par la loi du 16 décembre 2010 de réforme des collectivités territoriales, puisque ce texte prescrit la transformation des établissements publics d'agglomération nouvelle en communauté d'agglomération.

II – Le département

Avec l'accession de Mayotte au rang de département, la France compte 101 départements. Leur création date de l'époque révolutionnaire ; ils ont alors été organisés autour d'un chef-lieu auquel les habitants du département devaient pouvoir accéder au maximum en une journée de cheval, et ce, quel que soit leur lieu de résidence dans le département.

Il convient par ailleurs de préciser qu'il ne s'agit pas seulement d'une collectivité territoriale, le département étant également une circonscription administrative de l'État dotée de services déconcentrés. Sur un même territoire coexistent donc une collectivité territoriale, dotée d'un conseil élu, et une circonscription administrative avec un préfet de département.

L'avenir des départements

Si l'existence des départements est ancienne, la question de l'articulation de leur action avec celle des régions a donné lieu à plusieurs rapports ayant pour objet de réfléchir aux solutions pour remédier à la sédimentation territoriale (voir en ce sens le rapport Warsmann, « La clarification des compétences territoriales », Assemblée nationale, n° 1153, 8 oct. 2008 ; rapport du comité Balladur pour la réforme des collectivités territoriales, 5 mars 2009).

Cette réflexion a abouti à la création du conseiller territorial par la loi du 16 décembre 2010 afin de mieux coordonner l'action des départements et celle de la région, le conseiller territorial étant appelé à siéger au sein du conseil général et du conseil régional. Cet élu, qui ne verra finalement jamais le jour puisque la disposition a été abrogée par la loi du 17 mai 2013 (loi n° 2013-403), a parfois été analysé comme étant une menace pour l'existence et l'avenir des départements. La disposition créant le conseiller territorial pouvait en effet aboutir à placer le département sous la dépendance de la région et ainsi, amoindrir le rôle de cette catégorie de collectivités (d'autres analyses ont parfois soutenu le point de vue contraire, à savoir que la région pouvait se trouver placée sous la domination de certains départements la composant).

Dans la mesure où la création du conseiller territorial a été abrogée par la loi précitée du 17 mai 2013, l'existence des départements ne paraît plus menacée, même s'il n'en demeure pas moins que cette catégorie de collectivités a été au cœur de réflexions sur la réduction des échelons territoriaux. Sans porter atteinte à l'existence des départements, la loi NOTRe du 7 août 2015 a par ailleurs réduit leur capacité d'initiative en leur retirant la clause générale de compétence et en procédant à une spécialisation plus marquée des compétences départementales. Même si l'avenir des départements ne semblait plus menacé avant la survenance de la crise sanitaire liée à la covid-19, cet événement a indéniablement conforté leur rôle, en raison notamment de leurs compétences dans le champ de l'action sociale et dans la prise en charge des personnes vulnérables.

III – La région

Il s'agit d'une collectivité territoriale créée dans la période contemporaine. Avant d'accéder à ce rang, la région était uniquement une circonscription administrative, c'est-à-dire un échelon déconcentré (décr. n° 60-516 du 2 juin 1960 portant harmonisation des circonscriptions administratives). Puis, la loi du 5 juillet 1972 a fait de la région un établissement public, mais il a fallu attendre la loi du 2 mars 1982 pour que la région accède au rang de collectivité territoriale, et enfin, par la révision constitutionnelle du 28 mars 2003, au rang de collectivité reconnue par la Constitution. La région est ainsi, à l'image du département, une circonscription administrative dans laquelle l'État a organisé des services déconcentrés avec un préfet de région, et une collectivité territoriale.

• Jusqu'à l'entrée en vigueur de la loi du 16 janvier 2015 (loi n° 2015-29 relative à la délimitation des régions), la France comptait 21 régions métropolitaines et deux régions d'outre-mer qui ont la particularité d'être des régions monodépartementales (Guadeloupe, Réunion). La Guyane et la Martinique ont opté pour la fusion entre le département et la région qui composent chacun de ces deux territoires. Elles sont donc dotées d'une assemblée délibérante unique, et forment des collectivités uniques régies par l'article 73 de la Constitution (loi organique n° 2001-883 du 27 juill. 2011, loi n° 2011-884 du 27 juill. 2011). Ces collectivités uniques exercent les compétences antérieurement dévolues aux départements et aux régions auxquels elles se substituent.

• Avec l'entrée en vigueur de la loi précitée du 16 janvier 2015, le nombre des régions métropolitaines a été réduit à douze, par le regroupement de certaines régions existantes, dans le dessein de renforcer leur compétitivité : Alsace, Champagne-Ardenne et Lorraine (nouvelle région Grand Est) ; Aquitaine, Limousin et Poitou-Charentes (région Nouvelle-Aquitaine) ; Auvergne et Rhône-Alpes ; Bourgogne et Franche-Comté ; Bretagne ; Centre ; Île-de-France ; Languedoc-Roussillon et Midi-Pyrénées (nouvelle région Occitanie) ; Nord-Pas-de-Calais et Picardie (nouvelle région Hauts-de-France) ; Basse-Normandie et Haute-Normandie (nouvelle région Normandie) ; Pays de la Loire ; Provence-Alpes-Côte d'Azur.

La Corse n'est plus, quant à elle, une région depuis la loi du 13 mai 1991 qui l'a dotée d'un statut particulier. La loi NOTRe du 7 août 2015 a par ailleurs fait de la Corse une collectivité unique regroupant la collectivité territoriale de Corse et les départements à compter du 1er janvier 2018.

§ 2 – Les collectivités territoriales dotées d'un statut dérogatoire

I – L'organisation de l'outre-mer

La révision constitutionnelle de 2003 a introduit la notion de collectivité d'outre-mer et a supprimé celle de territoire d'outre-mer, mais elle a maintenu les départements en accentuant cependant les particularités reconnues à cette catégorie.

A – Les départements et régions d'outre-mer

Il n'existe pas une véritable analogie entre les départements d'outre-mer et les départements métropolitains : si l'article 73 de la Constitution affirme que dans les départements et régions d'outre-mer, les lois et règlements sont applicables de plein droit, il énonce également que des adaptations peuvent être prévues par ces textes afin de tenir compte des spécificités de ces territoires. Surtout, l'alinéa 2 de l'article 73 prévoit que les départements et régions d'outre-mer peuvent être autorisés à fixer eux-mêmes les règles applicables sur leur territoire. Ces catégories de collectivités peuvent ainsi se voir reconnaître un pouvoir normatif étendu par la loi et le règlement.

B – Les collectivités territoriales uniques

L'article 73 de la Constitution permet de transformer les départements et régions d'outre-mer en collectivités uniques. Tel est le cas de la Guyane et de la Martinique qui sont toutes deux administrées par une assemblée unique exerçant les compétences dévolues aux départements et à la région. Par ailleurs, même si Mayotte a fait son entrée dans la catégorie des départements, elle est aussi une collectivité territoriale unique dans la mesure où il s'agit d'un département exerçant des compétences régionales.

Il apparaît ainsi que les collectivités visées par l'article 73 de la Constitution se caractérisent par une grande hétérogénéité, cette disposition visant à la fois les départements et les régions d'outre-mer, mais aussi les collectivités uniques.

C – Les collectivités d'outre-mer

Il s'agit de Saint-Pierre-et-Miquelon, des îles Wallis et Futuna, de la Polynésie française, et enfin, depuis 2011 de Saint-Martin et de Saint-Barthélemy.

Ces collectivités présentent, en réalité, une grande hétérogénéité qui découle de l'article 74 de la Constitution selon lequel « les collectivités d'outre-mer régies par le présent article ont un statut qui tient compte des intérêts propres de chacune d'elles au sein de la République ». Le statut de chaque collectivité d'outre-mer est défini par une loi organique.

Cependant, au-delà de cette grande hétérogénéité, figurent des points communs : les institutions de la collectivité doivent ainsi être consultées sur les projets et propositions de loi et les projets d'ordonnance ou de décret qui comportent des dispositions relatives à la collectivité. Par ailleurs, l'assemblée délibérante peut se voir reconnaître des compétences dans le domaine de la loi, réserve faite des compétences régaliennes (tels que de la nationalité, les droits civiques, l'organisation de la justice, etc.).

Le statut des collectivités d'outre-mer a été précisé par la loi organique du 21 février 2007 (n° 2007-223 portant dispositions statutaires et institutionnelles relatives à l'outre-mer) qui a notamment déterminé le régime d'application des lois et des règlements dans ces territoires, et par conséquent, le champ de compétences reconnu à chacune de ces collectivités dans le domaine de la loi.

Parmi les collectivités d'outre-mer, il convient enfin d'indiquer que la Polynésie française bénéficie d'un statut d'autonomie renforcée (voir en ce sens les lois organiques n° 2004-192 du 27 févr. 2004 et n° 2011-918 du 1er août 2011) : elle peut adopter des « lois de pays » dans certains domaines tels que la santé publique, l'enseignement ou encore le droit du travail. Ces « lois » sont soumises au contrôle du Conseil d'État qui exercera un contrôle analogue à celui qu'exerce le Conseil constitutionnel sur les lois. Les institutions de cette collectivité présentent aussi des spécificités : la Polynésie est dotée d'une assemblée qui peut mettre en jeu la responsabilité du gouvernement polynésien par le biais d'une motion de censure (voir en ce sens la loi organique n° 2007-1719 et la loi ordinaire n° 2007-1720 du 7 déc. 2007 tendant à renforcer la stabilité des institutions et la transparence de la vie politique en Polynésie française).

D – La Nouvelle-Calédonie

Elle est régie par le titre XIII de la Constitution (et non par le titre XII) et bénéficie d'une autonomie particulière : l'assemblée de Nouvelle-Calédonie (dénommée le Congrès) peut adopter des « lois de pays » qui, à la différence des « lois de pays » de Polynésie française, ne sont pas des actes administratifs, elles sont donc soumises au contrôle du Conseil constitutionnel.

Outre le Congrès, la Nouvelle-Calédonie dispose d'un exécutif collégial qualifié de gouvernement et un sénat coutumier qui est consulté sur les projets relatifs à l'identité kanake. La Nouvelle-Calédonie bénéficie de compétences étendues, y compris dans les domaines régaliens, à tel point qu'elle n'entre pas dans la catégorie des collectivités territoriales, elle semble disposer d'un statut à mi-chemin entre celui d'État et celui de collectivité. Un référendum sur l'accès à l'indépendance a été organisé le 4 novembre 2018 en vertu de la loi organique du 19 avril 2018 relative à l'organisation de la consultation sur l'accession à la pleine souveraineté de la Nouvelle-Calédonie ; le non l'a emporté à 56,4 %. Un second référendum a été organisé le 4 octobre 2020 accordant également la majorité au refus de l'indépendance à 53,26 %, ce qui implique que la Nouvelle-Calédonie conserve son statut au sein de la République française. Un troisième référendum devrait intervenir au mois de décembre 2021.

II – Les autres collectivités dotées d'un statut dérogatoire

A – Les collectivités à statut particulier

1. La Corse

La loi du 13 mai 1991 (n° 91-428) a doté la Corse d'un statut particulier face aux revendications politiques, mais aussi pour tenir compte du contexte spécifique que connaît ce territoire en matière de développement économique. Cette collectivité à statut particulier dispose d'une assemblée et d'un exécutif collégial qui est responsable devant elle : l'assemblée peut mettre en jeu la responsabilité de l'exécutif en adoptant une motion de défiance, ce qui est une réelle spécificité (art. L. 4422-31 CGCT).

Si la Corse était initialement divisée en deux départements, le statut de cette collectivité a évolué à compter du 1er janvier 2018, la loi NOTRe ayant prévu la constitution d'une collectivité à statut particulier se substituant aux deux départements et à la collectivité territoriale de Corse. Cette nouvelle collectivité unique exerce les missions qui étaient auparavant dévolues aux différents échelons fusionnés.

S'agissant des compétences, la loi du 22 janvier 2002 (n° 2002-92), adoptée à la suite des accords de Matignon, a reconnu une autonomie plus importante à la Corse par rapport aux régions : elle dispose ainsi de compétences particulières pour promouvoir la diffusion de la culture corse, ou pour favoriser le développement économique de l'île, ou encore en matière environnementale. L'assemblée qui administre la collectivité de Corse exerce ces compétences, en plus de celles qui étaient confiées aux deux anciens départements corses.

2. La métropole de Lyon

Si la commune de Lyon dispose d'une organisation particulière, comme nous le verrons ci-dessous, la métropole de Lyon présente elle aussi des spécificités : il s'agit d'une collectivité territoriale à statut particulier créée par la loi du 27 janvier 2014 de modernisation de l'action publique territoriale et d'affirmation des métropoles (loi n° 2014-58). La métropole de Lyon se substitue à la communauté urbaine de Lyon, qui était un établissement public englobant la ville de Lyon et les communes avoisinantes. L'une des particularités de cette métropole est qu'elle exerce de plein droit les compétences du département du Rhône, étant précisé que le périmètre de la première ne peut excéder les limites territoriales du second. La loi du 27 janvier 2014 a ainsi créé une nouvelle collectivité à statut particulier aux côtés de la Corse et l'a dotée de la clause générale de compétence.

3. La ville de Paris

La ville de Paris repose sur une organisation spécifique dérogeant aux règles applicables aux autres communes. Avant l'entrée en vigueur de la loi du 28 février 2017 relative au statut de Paris et à l'aménagement métropolitain (n° 2017-257), le territoire de la ville recouvrait deux collectivités : une commune et un département. Ces deux collectivités étaient cependant administrées par une même assemblée, le conseil de Paris, présidé par le maire de Paris. Ce dernier était donc à la fois un exécutif communal et un exécutif départemental, étant précisé que l'existence d'un préfet de police restreint les compétences du maire en matière de police administrative.

La loi précitée a voulu remédier à la superposition de deux collectivités sur un même territoire et a fait de Paris une collectivité à statut particulier prenant la forme d'une collectivité unique dotée de la clause générale de compétence. La loi maintient le conseil de Paris, ainsi que le maire, mais le conseil n'a plus désormais à distinguer les affaires communales et les affaires départementales car le texte prévoit que la ville de Paris « exerce de plein droit sur son territoire les compétences attribuées par la loi à la commune et au département ». Le texte de 2017 a donc mis fin à la dualité qui caractérisait l'organisation de Paris jusqu'ici.

Il convient par ailleurs de préciser que la loi n'a pas remis en cause la division de Paris en arrondissements, chacun étant doté d'un conseil d'arrondissement et d'un maire d'arrondissement. Le conseil est élu au suffrage universel direct, mais il ne bénéficie que d'un rôle consultatif auprès du conseil municipal.

Le projet de Grand Paris et la métropole du Grand Paris

La loi du 3 juin 2010 a créé le Grand Paris (loi n° 2010-597) qui correspond à un « projet urbain, social et économique d'intérêt national qui unit les grands territoires stratégiques de la région d'Île-de-France, au premier rang desquels Paris et l'agglomération parisienne ». Ce projet vise essentiellement à assurer le développement des équipements communs sur le territoire de l'agglomération, en matière de transport notamment.

Il convient également de préciser que la loi du 27 janvier 2014 de modernisation de l'action publique territoriale et d'affirmation des métropoles a créé la métropole du Grand Paris qui sera présentée plus en détail dans les développements consacrés aux établissements publics de coopération intercommunale (loi n° 2014-58 modifiée par la loi NOTRe du 7 août 2015). Contrairement à la métropole de Lyon, la métropole du Grand Paris est un établissement public et non une collectivité à statut particulier.

4. La collectivité européenne d'Alsace

Pour faire suite aux demandes des deux départements alsaciens (Bas-Rhin et Haut-Rhin), la loi du 2 août 2019 (n° 2019-816) crée, à compter du 1er janvier 2021, la « collectivité européenne d'Alsace ». Il s'agit donc d'une collectivité issue de la fusion de deux départements dotée de compétences renforcées, notamment en matière d'action extérieure, ou encore dans le domaine de la politique du bilinguisme et du plurilinguisme.

Si la loi n'emploie pas explicitement les termes de « collectivité à statut particulier » comme elle le fait pour la Corse ou la ville de Paris, il n'en demeure pas moins que le caractère *sui generis* de cette nouvelle collectivité autorise à la ranger dans la catégorie des collectivités à statut particulier.

Le fonctionnement de cette collectivité a été précisé par deux ordonnances en date du 28 octobre 2020 (n° 2020-1304 et 2020-1305).

B – Le statut de Lyon et de Marseille

À l'instar de Paris, Lyon et Marseille constituent elles aussi deux villes de tailles importantes justifiant qu'elles soient découpées en arrondissements, disposant chacun d'un conseil d'arrondissement et d'un maire d'arrondissement. Il s'avère ainsi que l'organisation des trois plus grandes villes françaises repose sur des modalités similaires, même si la ville de Paris est devenue une collectivité à statut particulier. L'élection du conseil d'arrondissement a lieu au suffrage universel direct, à l'image de Paris. Pour autant, là encore, les attributions de ce conseil demeurent essentiellement consultatives, Lyon et Marseille étant toutes deux dotées d'un conseil municipal et d'un maire.

Section 2 – Le fonctionnement institutionnel des collectivités territoriales

Toute collectivité territoriale est composée d'une assemblée locale dont les règles de désignation et de fonctionnement ne sont pas nécessairement identiques d'une collectivité à l'autre. Il en est de même s'agissant de l'exécutif local dans la mesure où ses conditions de désignation peuvent varier selon la catégorie de collectivités concernée.

Au-delà de ces différences, les élus locaux bénéficient tous des mêmes droits et sont astreints à des obligations relativement identiques.

§ 1 – L'assemblée locale

L'assemblée délibérante est le cœur de l'exercice de la démocratie locale ; élue au suffrage universel direct, elle dispose de compétences étendues pour administrer la collectivité.

I – La désignation de l'assemblée délibérante

A – Les règles d'éligibilité et d'incompatibilité

Pour être candidat à une élection locale, il faut remplir plusieurs conditions relatives à l'éligibilité, mais aussi à la compatibilité entre le mandat local et l'exercice de certaines professions.

1. La distinction entre inéligibilité et incompatibilité

Lorsqu'un candidat est déclaré inéligible, cela signifie qu'il ne peut être élu. En revanche, les hypothèses d'incompatibilités n'engendrent pas de telles conséquences, elles supposent simplement de devoir effectuer un choix entre une fonction, par exemple, et un mandat. Dans ce cas de figure, l'intéressé devra choisir, s'il est élu, entre l'exercice de ses fonctions (ou profession) antérieures et l'exercice de son mandat.

L'inéligibilité interdit donc l'élection tandis que l'incompatibilité autorise l'élection tout en imposant un choix à l'issue de celle-ci.

2. Les règles d'éligibilité

a. La capacité des candidats

Il faut être âgé de 18 ans au moins et ne pas être frappé par une mesure d'incapacité (tutelle ou curatelle).

b. La nationalité

Il faut être de nationalité française ou, pour les élections municipales, être ressortissant de l'un des États membres de l'Union européenne, sous réserve de résider en France. Cela est prévu par l'article 88-3 de la Constitution précisé par la loi organique du 25 mai 1998 (n° 98-404).

Pour autant, si les ressortissants des pays de l'Union européenne peuvent voter et se faire élire aux élections municipales, ils ne peuvent être élus maire ou adjoint, et ils ne peuvent prendre part à l'élection des sénateurs.

c. La résidence

Pour être éligible, il faut résider sur le territoire de la collectivité, ou tout du moins, être assujetti à l'un des impôts directs, telle la taxe foncière par exemple.

d. L'absence de condamnation

Les personnes qui ont fait l'objet de condamnations pour certains crimes et délits sont inéligibles. En vertu de l'article L. 6 du Code électoral, « ne doivent pas être inscrits sur la liste électorale pendant le délai fixé par le jugement, ceux auxquels les tribunaux ont interdit le droit de vote et d'élection, par application des lois qui autorisent cette élection ». Tel peut être le cas d'un élu condamné pour favoritisme et prise illégale d'intérêts dans le cadre de l'attribution d'un marché public par exemple.

Les cas spécifiques d'inéligibilité

À ces différentes règles, s'ajoute, par ailleurs, l'inéligibilité des préfets et des sous-préfets exerçant leurs fonctions sur le territoire de la collectivité. Sans prétendre à l'exhaustivité, il convient d'indiquer qu'il en est de même des magistrats judiciaires, administratifs et financiers exerçant leurs fonctions sur le territoire de la collectivité, mais aussi des entrepreneurs qui entretiennent des relations commerciales avec la collectivité. Ces hypothèses d'inéligibilité sont très proches des incompatibilités puisqu'il s'agit d'éviter les situations de conflit d'intérêts.

3. Les règles d'incompatibilité

Les hypothèses d'incompatibilité concernent, comme l'inéligibilité, les préfets et sous-préfets, les magistrats, ou encore les chefs d'entreprise ayant des relations commerciales avec la collectivité. Si l'élu accède à ces fonctions ou emplois pendant la durée de son mandat, il devra choisir entre celui-ci et ses fonctions ou emplois.

Par ailleurs, un élu ne peut être conseiller municipal dans plusieurs communes (art. L. 238 Code électoral), ou conseiller départemental dans plusieurs départements (art. L. 208 Code électoral), ou encore conseiller régional dans plusieurs régions (art. L. 345 du même code).

B – Le cumul des mandats

1. Le régime antérieur à la loi organique du 14 février 2014

Le cumul des mandats fait partie des maux qui tendent à discréditer l'exercice d'une fonction élective, tel est en tout cas le constat qui a motivé l'adoption de différents textes visant à lutter contre cette pratique.

Outre les dispositions précitées du Code électoral prévoyant qu'un élu ne peut être membre de plusieurs conseils d'un même niveau, la loi organique du 5 avril 2000 (n° 2000-294) et la loi ordinaire du même jour (n° 2000-595) ont réduit les hypothèses de cumul sans pour autant les interdire.

La loi organique ne proscrit pas, en effet, le cumul entre un mandat local et un mandat national, ni même le cumul entre deux mandats locaux dans des collectivités de niveaux différents (par ex., le cumul entre un mandat de conseiller départemental et de conseiller municipal). Toutefois, la loi organique a modifié l'article LO 141 du Code électoral qui prévoit désormais que « le mandat de député est incompatible avec l'exercice de plus d'un des mandats énumérés ci-après : conseiller régional, conseiller à l'Assemblée de Corse, conseiller général, conseiller de Paris, conseiller municipal d'une commune d'au moins 3 500 habitants ». L'entrée en vigueur de la loi organique n° 2013-402 du 17 mai 2013 relative à l'élection des conseillers municipaux, des conseillers départementaux et des conseillers communautaires a fait passer ce seuil à 1 000 habitants. L'article LO 141 ne concerne donc pas les communes de moins de 1 000 habitants ce qui signifie qu'un député peut avoir un mandat dans une commune de cette taille, mais aussi un mandat de conseiller départemental.

S'agissant des fonctions exécutives locales, le cumul de celles-ci est interdit (un maire ne peut pas être président d'un conseil départemental par exemple).

2. Les apports de la loi organique du 14 février 2014

Ce texte vise à interdire le cumul de fonctions exécutives locales avec le mandat de député ou de sénateur (loi n° 2014-125).

Les fonctions concernées par le non-cumul

Type de collectivités	Ne peuvent être député ou sénateur
Commune	maire
	maire d'arrondissement
	maire de secteur
	maire délégué
	adjoint au maire
EPCI	président
	vice-président
Conseil départemental	président
	vice-président
Conseil régional	président
	vice-président
Syndicat mixte	président
	vice-président
Corse	président du conseil exécutif
	membre du conseil exécutif
	président de l'assemblée
	vice-président de l'assemblée
Guyane	président de l'assemblée
	vice-président de l'assemblée
Martinique	président de l'assemblée
	vice-président de l'assemblée
	président du conseil exécutif
	membre du conseil exécutif

Nouvelle-Calédonie	président du gouvernement
	vice-président du gouvernement
	membre du gouvernement
	président du Congrès
	vice-président du Congrès
	président des assemblées de province
	vice-président des assemblées de province
Polynésie française	président du gouvernement
	vice-président du gouvernement
	membre du gouvernement
	président de l'assemblée
	vice-président de l'assemblée
Îles Wallis et Futuna	président de l'assemblée territoriale
	vice-président de l'assemblée territoriale
Saint-Barthélemy, Saint-Martin, Saint-Pierre-et-Miquelon	président des conseils territoriaux
	vice-président des conseils territoriaux
	président des conseils exécutifs
	membre des conseils exécutifs

S'agissant de la Corse, il convient d'indiquer que le Conseil constitutionnel a émis une réserve d'interprétation dans sa décision du 13 février 2014 (n° 2014-689 DC) : il a estimé qu'il convenait d'ajouter à la liste fixée par le législateur, les fonctions de vice-président élu par l'Assemblée corse. L'interdiction du cumul entre ce mandat et celui de député ou de sénateur est donc le fait du Conseil constitutionnel.

Plus largement, la loi organique vise à créer de nouvelles situations d'incompatibilité supposant la démission de l'un des mandats détenus, étant précisé que l'entrée en vigueur de ce texte n'a pas été immédiate, mais a été fixée à l'année 2017.

Une loi ordinaire du 14 février 2014 tend, en outre, à proscrire le cumul entre le mandat de député européen et les fonctions exécutives locales (loi n° 2014-126).

C – L'effectif des assemblées locales

1. Les conseils municipaux

Dans les communes, le nombre de membres du conseil municipal varie selon le nombre d'habitants en vertu de l'article L. 2121-2 du CGCT reproduit ci-dessous.

Communes	Nombre des membres du conseil municipal
De moins de 100 habitants	7
De 100 à 499 habitants	11
De 500 à 1 499 habitants	15
De 1 500 à 2 499 habitants	19
De 2 500 à 3 499 habitants	23
De 3 500 à 4 999 habitants	27

De 5 000 à 9 999 habitants	29
De 10 000 à 19 999 habitants	33
De 20 000 à 29 999 habitants	35
De 30 000 à 39 999 habitants	39
De 40 000 à 49 999 habitants	43
De 50 000 à 59 999 habitants	45
De 60 000 à 79 999 habitants	49
De 80 000 à 99 999 habitants	53
De 100 000 à 149 999 habitants	55
De 150 000 à 199 999 habitants	59
De 200 000 à 249 999 habitants	61
De 250 000 à 299 999 habitants	65
Et de 300 000 et au-dessus	69

La loi organique du 17 mai 2013 (n° 2013-402) relative à l'élection des conseillers départementaux, des conseillers municipaux et des conseillers communautaires a réduit le nombre de conseillers municipaux dans les communes de moins de 100 habitants afin de faciliter la constitution d'une assemblée locale. Ce nombre est passé de 9 à 7 à compter des élections municipales de 2014.

2. Les conseils départementaux

Les modalités de désignation des conseillers départementaux (anciennement dénommés conseillers généraux) ont évolué avec l'entrée en vigueur de la loi organique et de la loi ordinaire du 17 mai 2013 (respectivement, lois n°s 2013-402 et 2013-403).

Auparavant, les conseils généraux disposaient d'autant de conseillers qu'il y avait de cantons dans le département. L'article L. 191 du Code électoral prévoyait, en effet, que chaque canton du département élisait un membre du conseil général.

Désormais, la rédaction de l'article L. 191 est la suivante :

> « Les électeurs de chaque canton du département élisent au conseil départemental deux membres de sexe différent, qui se présenteront en binôme de candidats dont les noms sont ordonnés dans l'ordre alphabétique sur tout bulletin de vote imprimé à l'occasion des élections. »

Ainsi, depuis 2015, chaque canton désigne deux membres du conseil départemental et non plus un seul.

Dès lors, pour ne pas multiplier par deux le nombre d'élus départementaux, le législateur a procédé à un nouveau découpage des cantons afin de diviser leur nombre par moitié. Il existe toutefois un seuil-plancher, la nouvelle rédaction de l'article L. 191-1 du Code électoral prévoit que :

- le nombre de cantons dans les départements ayant plus de 500 000 habitants ne peut être inférieur à 17 ;
- dans les départements ayant entre 150 000 et 500 000 habitants, le nombre de cantons ne peut être inférieur à 13.

Le redécoupage des cantons a été défini sur des bases essentiellement démographiques, conformément à ce qu'exige la jurisprudence du Conseil constitutionnel (voir en ce sens la décision n° 85-196 DC du 8 août 1985, loi sur l'évolution de la Nouvelle-

Calédonie, *Rec.* p. 63). Il convient cependant de préciser que la loi de 2013 a introduit des tempéraments à ce principe : chaque canton doit avoir un territoire continu et toute commune de moins de 3 500 habitants doit être comprise dans le même canton ; ces règles peuvent introduire quelques entorses au principe précédemment évoqué, mais le Conseil constitutionnel ne les a pas déclarées contraires à la Constitution (déc. n° 2013-667 DC du 16 mai 2013, loi relative à l'élection des conseillers départementaux, des conseillers municipaux et des conseillers communautaires, *JO* 18 mai 2013, p. 8258).

Le nombre des cantons est ainsi passé de 4 035 à 2 054, les effectifs des conseils départementaux varient actuellement entre 15 pour le Territoire de Belfort et 79 pour le département du Nord.

3. Les conseils régionaux

L'effectif de chaque conseil régional est fixé par un tableau annexé à l'article L. 337 du Code électoral, étant précisé que les sièges sont répartis par section départementale (excepté pour les régions monodépartementales comme la Réunion). Cet effectif a évolué sous l'impact de la loi du 16 janvier 2015 qui a procédé à la fusion des régions.

Répartition des sièges par section départementale

Région	Effectif du conseil régional	Département	Nombre de candidats par section départementale
Alsace, Champagne-Ardenne et Lorraine	169	Ardennes	11
		Aube	11
		Marne	19
		Haute-Marne	8
		Meurthe-et-Moselle	24
		Meuse	8
		Moselle	34
		Bas-Rhin	35
		Haut-Rhin	25
		Vosges	14
Aquitaine, Limousin et Poitou-Charentes	183	Charente	13
		Charente-Maritime	22
		Corrèze	10
		Creuse	6
		Dordogne	15
		Gironde	48
		Landes	14
		Lot-et-Garonne	12
		Pyrénées-Atlantiques	23
		Deux-Sèvres	14
		Vienne	16
		Haute-Vienne	14

Auvergne et Rhône-Alpes	204	Ain	18
		Allier	11
		Ardèche	11
		Cantal	6
		Drôme	15
		Isère	34
		Loire	22
		Haute-Loire	8
		Métropole de Lyon	37
		Puy-de-Dôme	19
		Rhône	14
		Savoie	13
		Haute-Savoie	22
Bourgogne et Franche-Comté	100	Côte-d'Or	21
		Doubs	21
		Jura	11
		Nièvre	10
		Haute-Saône	10
		Saône-et-Loire	22
		Yonne	14
		Territoire de Belfort	7
Bretagne	83	Côtes-d'Armor	17
		Finistère	25
		Ille-et-Vilaine	28
		Morbihan	21
Centre	77	Cher	11
		Eure-et-Loir	15
		Indre	9
		Indre-et-Loire	20
		Loir-et-Cher	12
		Loiret	22
Guadeloupe	41	Guadeloupe	43
Île-de-France	209	Paris	42
		Seine-et-Marne	25
		Yvelines	27
		Essonne	24
		Hauts-de-Seine	30
		Seine-Saint-Denis	29
		Val-de-Marne	25
		Val-d'Oise	23

Languedoc-Roussillon et Midi-Pyrénées	158	Ariège	6
		Aude	12
		Aveyron	10
		Gard	22
		Haute-Garonne	38
		Gers	7
		Hérault	32
		Lot	7
		Lozère	4
		Hautes-Pyrénées	9
		Pyrénées-Orientales	15
		Tarn	13
		Tarn-et-Garonne	9
Nord-Pas-de-Calais et Picardie	170	Aisne	17
		Nord	76
		Oise	25
		Pas-de-Calais	44
		Somme	18
Basse-Normandie et Haute-Normandie	102	Calvados	23
		Eure	20
		Manche	17
		Orne	11
		Seine-Maritime	41
Pays de la Loire	93	Loire-Atlantique	35
		Maine-et-Loire	22
		Mayenne	10
		Sarthe	17
		Vendée	19
Provence-Alpes-Côte d'Azur	123	Alpes-de-Haute-Provence	6
		Hautes-Alpes	6
		Alpes-Maritimes	29
		Bouches-du-Rhône	51
		Var	27
		Vaucluse	16
La Réunion	45	La Réunion	47

D – Les différents régimes électoraux

1. Les communes

a. Durée du mandat

Les conseillers municipaux sont élus pour 6 ans, le renouvellement du conseil municipal a lieu en une seule fois.

Les électeurs sont les citoyens inscrits sur les listes électorales, y compris les ressortissants des États de l'Union européenne.

b. Les dispositifs antérieurs aux lois du 17 mai 2013

Avant l'adoption de ces deux textes (loi organique n° 2013-402 et loi ordinaire n° 2013-403 relatives toutes deux à l'élection des conseillers départementaux, des conseillers municipaux et communautaires), le régime électoral distinguait d'une part, les communes de moins de 3 500 habitants, et d'autre part, les communes de 3 500 habitants et plus.

1) Dans les communes de moins de 3 500 habitants

Les élections avaient lieu sur la base d'un scrutin majoritaire à deux tours avec, toutefois, une distinction selon que la commune avait moins de 2 500 habitants ou 2 500 habitants et plus.

• **Dans les communes de moins de 2 500 habitants.** Les candidatures pouvaient être présentées de manière isolée et, si des listes étaient constituées, elles pouvaient être incomplètes (elles pouvaient ainsi contenir moins de noms qu'il n'y avait de sièges à pourvoir). Par ailleurs, une règle originale était appliquée à ces communes : l'acte de candidature n'était pas obligatoire, ce qui signifie qu'un électeur pouvait être élu sans avoir exprimé sa volonté d'être candidat.

Il convient également de préciser que le panachage entre les listes était possible, sous réserve que des listes soient constituées.

Les communes de moins de 2 500 habitants se voyaient donc appliquer un scrutin plurinominal.

• **Dans les communes de 2 500 à 3 499 habitants.** Les conseils municipaux étaient élus selon un mode de scrutin identique, mais les candidatures individuelles n'étaient pas admises, ce qui supposait de constituer des listes même incomplètes, étant précisé que le panachage était autorisé.

2) Dans les communes de 3 500 habitants et plus

Les conseillers municipaux étaient désignés sur la base d'un scrutin proportionnel de liste avec prime majoritaire. La liste qui obtenait la majorité absolue des suffrages au premier tour remportait la moitié des sièges à pourvoir. L'autre partie des sièges était répartie à la représentation proportionnelle à la plus forte moyenne entre les listes ayant obtenu au moins 5 % des suffrages exprimés, étant précisé que ce partage concernait aussi la liste ayant obtenu la majorité absolue.

Si un second tour devait être organisé, seules les listes ayant obtenu au moins 10 % des suffrages exprimés pouvaient se maintenir. La liste qui obtenait la majorité relative au second tour se voyait attribuer la moitié des sièges. L'autre moitié était ensuite répartie entre toutes les listes ayant obtenu au moins 5 % des suffrages exprimés (y compris la liste arrivée en tête), à la représentation proportionnelle à la plus forte moyenne.

c. Les apports des lois du 17 mai 2013

Les textes du 17 mai 2013 ne bouleversent pas fondamentalement le régime électoral qui vient d'être décrit, mais ils font évoluer le seuil de population, passant de 3 500 à 1 000 habitants. En d'autres termes, le régime électoral applicable aux communes qui comptent entre 1 000 et 3 500 habitants est désormais celui qui était applicable aux communes de 3 500 habitants et plus. Toutes les communes de 1 000 habitants et plus sont soumises à un scrutin proportionnel de liste avec prime majoritaire. Cela permet d'assujettir toutes les communes de 1 000 habitants et plus à l'obligation de parité, c'est-à-dire à l'obligation d'alterner, sur les listes, des candidats des deux sexes.

La loi du 6 juin 2000 (loi n° 2000-493 tendant à favoriser l'égal accès des femmes et des hommes aux mandats électoraux et aux fonctions électives) avait déjà introduit une obligation de parité s'imposant aux communes de 3 500 habitants et plus, chaque liste devant proposer un nombre égal de candidats de chaque sexe. Cette obligation de parité avait été étendue aux exécutifs des communes de 3 500 habitants et plus par la loi du 31 janvier 2007 (n° 2007-128 tendant à promouvoir l'égal accès des femmes et des hommes aux mandats électoraux et fonctions électives). Désormais, cette obligation de parité s'applique aux communes de 1 000 habitants et plus.

Cette évolution trouve son fondement dans un constat : si la parité était globalement assurée dans les conseils municipaux des communes de 3 500 habitants et plus, grâce à l'impact de la loi du 31 janvier 2007, elle peinait à se réaliser dans les communes plus petites où les femmes ne représentaient qu'un tiers des élus.

L'évolution du seuil de population engendre, par ailleurs, d'autres conséquences car les communes de plus de 1 000 habitants sont soumises à l'obligation de déclaration de candidature, il est donc dorénavant impossible de voter pour un citoyen qui ne serait pas candidat.

Les communes de moins de 1 000 habitants restent quant à elles soumises à un scrutin majoritaire plurinominal. Toutefois, la loi du 17 mai 2013 rend la déclaration de candidature obligatoire (art. L. 255-4 Code électoral).

2. Les départements

a. Le régime juridique antérieur aux lois du 17 mai 2013

Les conseillers généraux étaient élus au scrutin uninominal à deux tours dans le cadre du canton. À l'instar des conseillers municipaux, le mandat était de 6 ans. Pour être élu au premier tour, il y avait une double condition (qui est toujours en vigueur même après la réforme du 17 mai 2013) : il fallait avoir obtenu la majorité absolue des suffrages exprimés représentant au moins le quart des inscrits. Si un second tour devait être organisé, seuls les candidats ayant obtenu au moins 12,5 % des voix des électeurs inscrits pouvaient y participer. Dans ce cas, la majorité relative suffisait pour être élu.

b. L'apport des lois du 17 mai 2013

L'évolution induite par cette loi a également été motivée par la volonté d'introduire plus de parité au sein des conseils généraux, qui changent de dénomination pour devenir des conseils départementaux. Cette loi institue un scrutin binominal paritaire et le nombre de cantons a été réduit par deux afin de ne pas multiplier le nombre d'élus. Dans chaque canton, l'électeur vote pour un binôme composé d'un homme et d'une femme, ce qui implique qu'il vote pour élire deux conseillers départementaux. Ce binôme de titulaires est par ailleurs doublé par un binôme de suppléants en cas de vacance d'un siège. Les conditions pour être élu sont les mêmes que celles applicables aux conseillers généraux, tant pour le premier tour que pour le second, et la durée du mandat reste inchangée (6 ans).

3. La région

Les conseillers régionaux sont élus pour 6 ans.

Le régime électoral qui leur est applicable a connu des évolutions successives au fil de la législation afin de permettre l'établissement de majorités stables au sein des conseils régionaux ; sans cela, la région pourrait être difficile à administrer.

L'une des dernières lois adoptées en la matière, si l'on excepte les textes relatifs aux conseillers territoriaux qui ne seront jamais appliqués, est la loi du 11 avril 2003 (loi n° 2003-327). Le mode de scrutin s'inspire de celui qui était applicable aux communes de plus de 3 500 habitants : les conseillers régionaux sont élus par un scrutin de listes à deux tours, à la représentation proportionnelle à la plus forte moyenne. Il existe, par ailleurs, une prime majoritaire. Une obligation de parité s'applique également aux élections régionales.

• **Si une liste obtient, au premier tour, la majorité absolue des suffrages exprimés,** elle se verra attribuer le quart des sièges. Les sièges restant sont ensuite répartis entre toutes les listes ayant obtenu au moins 5 % des suffrages exprimés, cette répartition étant réalisée à la représentation proportionnelle à la plus forte moyenne.

• **Si un second tour doit être organisé,** dans l'hypothèse où aucune liste n'aurait atteint la majorité absolue, seules les listes qui ont obtenu au moins 10 % des suffrages exprimés peuvent se maintenir. La liste qui arrive en tête au second tour recueillera le quart des sièges, étant précisé qu'au second tour, la majorité relative suffit. Les sièges restant à pourvoir seront ensuite répartis selon les mêmes règles que celles applicables au premier tour.

S'agissant de l'obligation de parité, il convient de préciser que les listes doivent alterner des candidats de chaque sexe.

E – Les campagnes électorales

Les élections locales sont des élections politiques à l'instar des élections nationales (voir en ce sens : Cons. const. 19 nov. 1982, n° 82-146 DC, *Quotas par sexe, Rec.* p. 66).

1. Le financement des campagnes

L'article L. 52-4 du Code électoral prévoit que tout candidat à une élection doit avoir un mandataire qui peut être une association de financement électoral, ou une personne physique désignée comme « mandataire financier ». Sa tâche consiste à recueillir, pendant les six mois précédant le jour du premier mois de l'élection et, jusqu'à la date du dépôt du compte de campagne du candidat, les fonds destinés au financement de la campagne sur un compte bancaire unique (avant l'entrée en vigueur de la loi n° 2016-508 du 25 avril 2016 de modernisation des diverses règles applicables aux élections, le délai étant d'un an et non de six mois).

Cette obligation n'est cependant pas applicable pour l'élection des conseillers municipaux dans les communes de moins de 9 000 habitants. En revanche, depuis l'entrée en vigueur de la loi du 17 mai 2013 (n° 2013-403), cette obligation s'applique à l'élection des conseils départementaux (la rédaction antérieure de l'article L. 52-4 du Code électoral excluait les élections cantonales dans les cantons de moins de 9 000 habitants, mais la loi du 17 mai 2013, qui est entrée en vigueur le 1er avril 2014, a supprimé cette exception pour l'élection de l'assemblée départementale).

Il convient de préciser que le compte du mandataire est différent du compte de campagne : le premier ne retrace pas les dépenses qui ont été réglées par un parti politique alors que le compte de campagne intègre cet élément.

Le contrôle de la régularité des comptes est soumis à la commission nationale des comptes de campagne et des financements politiques. Elle a le pouvoir de saisir le juge de l'élection, dans l'hypothèse, par exemple, où elle constaterait un dépassement du plafond des dépenses de campagne (il existe en effet un plafond de dépenses dont le montant varie selon les collectivités concernées et le nombre d'habitants).

2. L'organisation de la campagne

Il existe une commission de propagande dont la tâche consiste à envoyer les documents de propagande avant chaque tour du scrutin.

De plus, l'article L. 51 du Code électoral prévoit que, dans chaque commune, des emplacements spéciaux sont réservés pour apposer des affiches électorales. Une surface d'affichage égale doit être attribuée à chaque candidat, ou à chaque binôme de candidats pour les élections des conseils départementaux.

La communication de la collectivité territoriale, et plus précisément de l'assemblée en place, est par ailleurs limitée en vertu de l'article L. 52-1 du Code électoral afin de ne pas accorder aux élus en place un avantage par rapport aux autres candidats : « À compter du premier jour du 6e mois précédant le mois au cours duquel il doit être procédé à des élections générales, aucune campagne de promotion publicitaire des réalisations ou de la gestion d'une collectivité ne peut être organisée sur le territoire des collectivités intéressées par le scrutin. »

3. Le contentieux électoral

Lorsque le recours vise à contester le résultat du scrutin, il conviendra de s'adresser au juge administratif territorialement compétent s'agissant de l'élection municipale ou départementale. Si le recours concerne l'élection d'un conseiller régional, il relèvera de la compétence du Conseil d'État.

Les délais de saisine du juge administratif dérogent au droit commun du contentieux administratif : le délai est de 5 jours pour une élection municipale (sauf si le recours est formé par le préfet, celui-ci dispose en effet de 15 jours). Le délai est en revanche de 10 jours pour les recours portant sur une élection régionale, et ce, quelle que soit la qualité du requérant. Le juge administratif peut prononcer l'inéligibilité d'un candidat, par exemple, si ce dernier a méconnu les règles relatives au financement des campagnes électorales. Il peut encore procéder à l'annulation de l'élection, de manière totale ou partielle, s'il constate des irrégularités.

II – Le fonctionnement de l'assemblée locale

A – Le règlement intérieur

1. Adoption

Les assemblées locales sont dans l'obligation d'élaborer un règlement intérieur dans les 6 mois qui suivent l'élection pour les communes de plus de 1 000 habitants et plus (art. L. 2121-8 CGCT).

S'agissant du conseil départemental, le règlement intérieur doit être élaboré dans les trois mois suivant le renouvellement de l'assemblée (art. L. 3121-8 CGCT dans sa nouvelle rédaction issue de la loi NOTRe du 7 août 2015) ; il en est de même concernant le conseil régional (art. L. 4132-6 CGCT dans sa nouvelle rédaction issue de la loi NOTRe du 7 août 2015).

2. Contenu

Le règlement intérieur a pour vocation de définir les règles de fonctionnement interne de l'assemblée locale. Il peut, par exemple, prévoir des règles relatives au temps de parole des élus, sous réserve de ne pas méconnaître leur liberté d'expression. Le règlement intérieur peut également prévoir des dispositions autorisant l'organisation d'un débat avec le public sur les affaires de la commune, étant précisé que ce débat ne peut se conclure par une prise de décision (TA Paris, 20 déc. 1996, *Mairie de Paris, Rec. tables* p. 766).

L'adoption d'un règlement intérieur est une illustration du pouvoir réglementaire dont disposent les collectivités territoriales, illustration dont la portée ne doit cependant pas être surévaluée. Les dispositions du règlement intérieur doivent, en effet, s'inscrire dans le respect des lois et règlements en vigueur (CE, ass., 30 mars 1966, *Élection d'un vice-président du conseil général du Loiret, Rec.* p. 248). Ainsi que cela sera développé ensuite, certaines règles de fonctionnement, liées par exemple à la fréquence des réunions de l'assemblée locale, sont prévues par la loi, et le règlement intérieur ne peut déroger à ces dispositions.

Par ailleurs, il est des éléments qui doivent obligatoirement figurer dans le règlement intérieur : tel est le cas des règles de présentation et d'examen des questions orales (art. L. 2121-19 CGCT pour les conseils municipaux, L. 3121-20 pour les conseils départementaux et L. 4132-20 pour les conseils régionaux). En outre, l'article L. 2121-27-1 énonce que les modalités d'application de la disposition selon laquelle les élus bénéficient d'un espace d'expression dans le bulletin de la commune doivent être prévues par le règlement intérieur. La même disposition s'applique aux conseils départementaux (art. L. 3121-24-1 CGCT) et aux conseils régionaux (art. L. 4132-21-1 CGCT). Ainsi, il convient de ne pas surestimer l'étendue du pouvoir d'appréciation confié aux collectivités territoriales dans l'adoption de leur règlement intérieur, nombre de dispositions étant, en effet, imposées par la loi.

3. Valeur juridique du règlement intérieur

Il peut être contesté devant le juge administratif : la délibération par laquelle est adopté le règlement intérieur est donc un acte administratif susceptible de faire l'objet d'un recours pour excès de pouvoir, que ce recours soit formé par les membres de l'assemblée, ou par un tiers (CE, sect., 10 févr. 1995, *Rielh, Rec.* p. 66).

Par ailleurs, une délibération adoptée en méconnaissance du règlement intérieur peut être annulée par le juge administratif dès lors que cette méconnaissance constitue un vice substantiel. Toutes les atteintes au règlement intérieur ne sont pas susceptibles de justifier l'annulation d'une délibération, tout est affaire de mesure, l'atteinte devant constituer un vice substantiel selon l'interprétation retenue par le juge (CE 31 juill. 1996, *Tête, Rec.* p. 325).

B – Les règles relatives aux réunions de l'assemblée

1. La convocation des réunions

a. La périodicité des réunions

Le CGCT prévoit au minimum une réunion par trimestre, qu'il s'agisse du conseil municipal (art. L. 2121-7), du conseil départemental (art. L. 3121-9) ou du conseil régional (art. L. 4132-7), mais l'exécutif local peut décider de convoquer l'assemblée locale plus d'une fois par trimestre.

Par ailleurs, l'assemblée locale peut être convoquée à la demande des élus : dans les communes, le tiers des conseillers peut demander une réunion du conseil municipal. Le préfet dispose également d'un tel pouvoir. Concernant les conseils départementaux ou régionaux, ils peuvent, eux aussi, être réunis à la demande d'un tiers des élus, ou à la demande de la commission permanente, qui est une formation restreinte du conseil départemental ou du conseil régional disposant de compétences dévolues par l'assemblée locale en dehors du champ budgétaire. De plus, les conseils départementaux et régionaux peuvent être réunis par la voie d'un décret si des circonstances exceptionnelles le justifient (art. L. 3121-10 et L. 4132-9 CGCT).

b. Les règles de convocation

Les règles de délais présentent une importance particulière en ce qu'elles assurent l'information des conseillers et leur permettent de se rendre disponibles pour la réunion de l'assemblée locale.

S'agissant des communes de 3 500 habitants et plus, le délai est de 5 jours francs ; pour les autres communes, il est de 3 jours francs, ce qui est relativement court. Concernant les conseils départementaux et régionaux, le délai est de 12 jours francs. Un délai franc se calcule de la manière suivante : il commence à courir le lendemain du jour où la convocation est envoyée, et il se termine le lendemain du jour où le délai a expiré.

En cas d'urgence, des délais plus brefs peuvent être appliqués. L'urgence doit néanmoins être reconnue par l'assemblée locale lors de la séance ; si elle ne paraît pas justifiée, l'examen des affaires mises à l'ordre du jour peut être repoussé à une prochaine séance.

La loi NOTRe a par ailleurs introduit la possibilité d'avoir recours à une convocation dématérialisée, sous réserve que les conseillers municipaux en fassent la demande (art. L. 2121-10 CGCT valant pour toutes les communes).

c. L'information des élus

La convocation des élus doit être accompagnée d'une note explicative de synthèse sur les affaires soumises à délibération. Cette obligation est applicable aux communes de 3 500 habitants et plus (art. L. 2121-12 CGCT), mais aussi aux conseils départementaux et régionaux (pour ces deux dernières catégories de collectivités territoriales, le CGCT emploie le terme de « rapport » et non les termes de « note explicative de synthèse » : art. L. 3121-19 pour les conseils départementaux, et art. L. 4132-18 pour les conseils régionaux).

Cette note explicative, ou ce rapport, constitue un élément essentiel du droit à l'information des élus, sans lequel ils ne pourraient véritablement remplir leur mandat

(CE 30 avr. 1997, *Commune de Sérignan, Rec. T.* p. 699). En outre, la note de synthèse (ou le rapport) doit être suffisamment précise pour permettre à l'élu de porter un jugement sur les conséquences de la délibération à adopter. C'est ainsi que le Conseil d'État a estimé qu'une note qui, s'agissant du budget primitif, ne comportait pas le détail des recettes et des dépenses, mais seulement leur montant total, était insuffisante (CE 12 juill. 1995, *Commune de Simiane-Collongue, Rec. T.* p. 680).

Concernant les communes de 3 500 habitants et plus, l'article L. 2121-12 du Code prévoit, dans son second alinéa, que si la délibération porte sur un contrat de délégation de service public, le projet doit pouvoir être consulté à la mairie par tous les conseillers municipaux, dans les conditions déterminées par le règlement intérieur de l'assemblée.

Pour les conseils régionaux, il existe également une spécificité puisque le second alinéa de l'article L. 4132-18 prévoit que les projets sur lesquels le conseil économique, social et environnemental régional (qui est une instance consultative) est obligatoirement et préalablement consulté sont adressés, en sus du rapport déjà mentionné, aux membres du conseil régional.

d. La fixation de l'ordre du jour

Il comporte la liste des affaires sur lesquelles l'assemblée locale sera amenée à prendre une délibération.

L'ordre du jour est, en principe, fixé par l'exécutif local, excepté lorsque l'assemblée est convoquée à la demande d'un tiers des conseillers ; dans cette hypothèse, ce sont eux qui fixent l'ordre du jour.

Celui-ci doit être adressé aux élus locaux dans les mêmes délais que la convocation.

Il s'agit d'un document contraignant qui circonscrit le champ des délibérations adoptées lors de la réunion de l'assemblée locale : aucune délibération ne peut ainsi être adoptée si le sujet n'est pas à l'ordre du jour. Si un élu souhaite une discussion sur un sujet nouveau qui n'est pas inscrit, il conviendra d'attendre la prochaine séance et de le faire figurer à l'ordre du jour de celle-ci.

S'agissant de l'inscription de questions à l'ordre du jour, il convient de relever que le projet de loi relatif à la différenciation, la décentralisation, la déconcentration et portant diverses mesures de simplification de l'action publique locale du 12 mai 2021 prévoit d'autoriser les citoyens d'une commune à faire inscrire une question à l'ordre du jour dès lors que la demande est signée par 1/10e des électeurs, ou, pour les autres catégories de collectivités territoriales, par 1/20e des électeurs.

2. Les règles applicables aux séances et délibérations

a. Le caractère public des réunions

En principe, les réunions des assemblées locales doivent être publiques (art. L. 2121-8 CGCT pour les conseils municipaux, L. 3121-11 pour les conseils départementaux et L. 4132-10 pour les conseils régionaux), cette règle permet à la population locale d'assister à une séance de l'assemblée sans avoir cependant le droit de prendre la parole.

Le CGCT prévoit toutefois la possibilité de tenir une réunion à huis clos, sans pour autant préciser les hypothèses visées, cela relève de la libre appréciation de l'assemblée locale (CE 19 juin 1959, *Binet, AJDA* 1959. 354).

b. Le quorum

Pour qu'une délibération soit valablement adoptée, il faut qu'un nombre minimum d'élus soit présent lors de la réunion de l'assemblée locale. En principe, il faut que la majorité de ses membres en exercice soit présente, ce qui signifie « plus de la moitié » au regard de la jurisprudence.

D'après le Conseil d'État, le quorum doit être atteint pour « la mise en discussion » de chaque affaire inscrite à l'ordre du jour, il doit donc être apprécié pour chaque délibération (CE, ass., 11 déc. 1987, *Élection du président du conseil régional de Haute-Normandie, Le Vern c/ Fossé*, *Rec.* p. 415).

Lorsque les règles de quorum ne sont pas satisfaites, le CGCT prévoit des alternatives variant selon la catégorie de collectivité concernée : l'article L. 2121-17 énonce ainsi que, si le quorum n'est pas atteint en dépit de la régularité de la convocation, le conseil municipal est à nouveau convoqué à trois jours au moins d'intervalle. Et dans ce cas, il délibère sans aucune condition de quorum.

Pour le conseil départemental, lorsque le quorum n'est pas atteint, l'article L. 3121-14 prévoit que la réunion se tient de plein droit trois jours plus tard, et les délibérations adoptées sont valables quel que soit le nombre des présents. La même règle est applicable aux conseils régionaux en vertu de l'article L. 4132-13.

c. Les conditions d'adoption d'une délibération

Les délibérations sont le fruit du processus de discussion, de vote, et finalement de décision, qui s'engage au sein de l'assemblée locale sur les différents points mis à l'ordre du jour.

Les délibérations sont prises à la majorité des suffrages exprimés, étant précisé que les délégations de vote sont envisageables : dans cette hypothèse, un conseiller élu délègue son droit de vote à un autre conseiller, sous réserve de lui avoir confié un pouvoir écrit comportant notamment l'indication de la réunion pour laquelle il donne délégation. Cette pratique doit toutefois demeurer résiduelle dans la mesure où les conseillers absents ne sont pas pris en compte dans le calcul du quorum, et ce, même s'ils ont confié une délégation de vote à un autre conseiller.

Le cas des conseillers intéressés par l'affaire mise à l'ordre du jour

Au-delà des questions relatives à la délégation, il convient également d'évoquer le cas des conseillers intéressés par l'affaire mise à l'ordre du jour. Sur ce point, l'article L. 2131-11 du CGCT énonce sans équivoque que « sont illégales les délibérations auxquelles ont pris part un ou plusieurs membres du conseil intéressés à l'affaire qui en fait l'objet (…) ». Cette règle vise à protéger l'impartialité des délibérations en évitant qu'un conseiller qui aurait un intérêt personnel, et donc un intérêt privé, à l'affaire ne puisse participer au vote. L'arrêt rendu par le Conseil d'État le 6 mai 1994, *Gindreau (Rec.* p. 826) illustre cette règle : par une délibération à laquelle le maire avait participé, un conseil municipal avait confié des travaux à l'entreprise du maire. Dans cette hypothèse, il était nécessairement intéressé à l'affaire. Si cette espèce ne soulève pas de difficulté, d'autres paraissent en revanche plus ambiguës : le juge administratif exige, en effet, que soit également prouvée l'influence effective des conseillers intéressés sur la délibération, notion dont l'appréciation demeure quelque peu subjective (CE 9 juill. 2003, *Caisse de crédit agricole mutuel de Champagne-Bourgogne*, *JCP A* 2003. 1926, note J. Moreau).

S'agissant des conditions d'adoption des délibérations, le vote est en principe public, mais la confidentialité doit être préservée lorsqu'il s'agit d'un vote sur des personnes. Par ailleurs, le vote peut être secret à la demande du tiers des membres présents du conseil municipal, ou à la demande du sixième des membres présents du conseil départemental, ou du conseil régional. Le secret du vote ne remet cependant pas en cause la tenue des débats avant l'adoption de la délibération.

d. Les conditions de forme applicables aux délibérations

S'agissant des communes, le second alinéa de l'article L. 2121-24 du CGCT prévoit que « dans les communes de 3 500 habitants et plus, le dispositif des délibérations à caractère réglementaire est publié dans un recueil des actes administratifs », ce recueil étant à la disposition du public à la mairie. La loi NOTRe du 7 août 2015 prévoit également la possibilité de recourir à une publication en ligne dans des conditions permettant de préserver l'authenticité des actes. À cela s'ajoute également l'affichage, sous huitaine, du compte-rendu de chaque séance du conseil municipal, étant précisé qu'il peut désormais être mis en ligne sur le site internet de la commune, conformément aux nouvelles dispositions de la loi précitée.

Des règles de publicité analogues s'appliquent également aux délibérations du conseil départemental en vertu de l'article L. 3131-3 CGCT, et aux conseils régionaux en vertu de l'article L. 4141-3 CGCT.

Par ailleurs, après chaque réunion de l'assemblée locale, un procès-verbal doit être établi faisant état des discussions et des décisions prises. Le contenu de ce procès-verbal est relativement libre s'agissant des communes puisqu'aucune mention n'est obligatoire. Pour les conseils départementaux et les conseils régionaux, les dispositions sont plus contraignantes car le procès-verbal doit contenir les rapports, les noms des membres qui ont pris part à la discussion, et l'analyse de leurs opinions (art. L. 3121-13 pour le conseil départemental et art. L. 4132-12 pour le conseil régional).

Les procès-verbaux font partie des documents communicables aux administrés, tout comme les comptes des collectivités territoriales.

3. Le bon déroulement des séances de l'assemblée locale

Le maire, le président du conseil départemental et le président du conseil régional assurent la police de leurs assemblées respectives. Ils ont ainsi le pouvoir de faire expulser tout individu qui troublerait l'ordre, y compris un élu.

Si le pouvoir de police de l'assemblée est confié au président de séance, il se détache quelque peu de ses fonctions de président. Dans ce dernier cas, en effet, il s'agit d'assurer le fonctionnement normal de l'assemblée et d'organiser les débats dans le respect du règlement intérieur. La police des réunions a, quant à elle, vocation à être mise en œuvre lorsque le fonctionnement normal n'est plus garanti. Il existe ainsi une distinction entre les pouvoirs traditionnels du président de séance et les pouvoirs de police dont l'exercice demeure exceptionnel. Ces deux catégories de pouvoir n'ont pas le même objet, ils ne sont pas mis en œuvre dans les mêmes circonstances.

Pour sanctionner les atteintes à la tranquillité des réunions, existent également des sanctions pénales : l'article 431-1 du Code pénal punit d'un an d'emprisonnement et de 15 000 euros d'amende le fait d'entraver « le déroulement des débats (...) d'un organe délibérant d'une collectivité territoriale ». Ce délit a été introduit dans le Code pénal par la loi du 14 mars 2011 d'orientation et de programmation pour la performance et la sécurité intérieure.

Crim. 11 juin 2013, n° 12-85.104, *AJCT* 2013. 411, obs. J. Lasserre-Capdeville

Pour que le délit d'entrave soit constitué, un simple trouble de quelques instants ne peut suffire, ainsi qu'en témoigne une décision de la chambre criminelle de la Cour de cassation, en date du 11 juin 2013. Dans cette espèce, des militants d'extrême droite avaient fait irruption, le visage masqué, lors d'une séance d'un conseil municipal afin de protester contre le projet de construction d'une mosquée. Selon la Cour de cassation, cette attitude avait simplement troublé pendant quelques minutes la séance, le délit d'entrave n'était pas constitué en l'espèce. Il n'en demeure pas moins que la création de ce délit contribue à préserver la tranquillité des réunions de l'assemblée locale.

C – La constitution de groupes d'élus au sein de l'assemblée locale

Cette possibilité est prévue par le CGCT, l'article L. 2121-28 applicable aux communes de plus de 100 000 habitants prévoit que les groupes d'élus sont constitués à la suite d'une déclaration remise au maire. Il en est de même pour les conseils départementaux et les conseils régionaux, les groupes d'élus étant constitués après une déclaration faite au président du conseil départemental ou au président du conseil régional (respectivement art. L. 3121-24 et L. 4132-23 CGCT).

L'assemblée locale peut leur affecter un local administratif, ainsi qu'un ou plusieurs agents de la collectivité, mais il ne peut leur attribuer des subventions (CE 16 janv. 1995, *Ville de Bourges*, n° 143931).

La constitution d'un groupe d'élus permet le bon fonctionnement de la démocratie locale en mettant en exergue l'existence d'une majorité et d'une opposition. La loi du 27 février 2002 relative à la démocratie de proximité a d'ailleurs prévu que dans les communes de 3 500 habitants et plus, dans les départements et les régions, un espace d'expression doit être réservé aux élus de l'opposition dans le bulletin d'information local, sous réserve que la collectivité dispose effectivement d'un tel moyen de communication (art. L. 2121-27-1, L. 3121-24-1, L. 4132-23-1 CGCT).

Même s'ils n'appartiennent à aucun groupe, les élus ont toutefois la possibilité de poser des questions orales en séance, la liberté d'expression n'étant nullement conditionnée à l'appartenance à un groupe d'élus.

D – Les commissions

Au sein des assemblées locales, existent des commissions internes qui soit disposent d'un pouvoir de décision dans certaines matières en raison d'une délégation émanant de l'assemblée locale, soit constituent un simple instrument d'information et d'aide à la prise de décision.

1. Les commissions permanentes

Chaque conseil départemental et chaque conseil régional disposent d'une commission permanente composée de conseillers élus parmi les membres de l'assemblée locale et présidée par le président de l'assemblée. La commission permanente est un organe délibérant qui statue sur les matières que l'assemblée locale lui a déléguées, réserve faite des compétences ayant trait au budget qui sont exclues du champ de la délégation.

Art. L. 3211-2 pour les conseils départementaux et L. 4221-5 pour les conseils régionaux.

Cette commission a pour tâche d'alléger le travail de l'assemblée locale dans des matières qui se présentent de manière récurrente devant elle. Telle est tout du moins sa vocation première mais son rôle peut aller au-delà, comme l'illustre un arrêt du Conseil d'État du 2 mars 2010, *Réseau ferré de France* (*RLCT* 2010. 54) : le juge administratif a considéré, qu'en dehors des matières qui ne peuvent faire l'objet d'une délégation, un conseil général peut déléguer l'ensemble de ses attributions à sa commission permanente.

La composition de cette commission peut, par ailleurs, être à l'origine d'une confusion avec l'assemblée délibérante : si elle doit en effet comprendre au minimum cinq membres, les textes ne fixent aucun plafond, de telle sorte que les membres de l'assemblée locale peuvent tous être membres de la commission permanente, hypothèse qui ne permet plus de distinguer l'une de l'autre même si elle reste rare en pratique.

2. Les commissions consultatives

a. Les commissions composées d'élus

Chaque assemblée délibérante a la possibilité de recourir, en son sein, à une commission consultative afin de préparer les délibérations à adopter, *a fortiori* s'il s'agit de questions présentant un certain degré de technicité. Ces commissions sont constituées sur un sujet en particulier, par exemple l'urbanisme, l'environnement, ou encore les finances de la collectivité.

Comme leur appellation l'indique, les membres de ces commissions n'ont pas vocation à prendre des décisions, ils n'ont qu'un rôle consultatif, la prise de décision appartenant toujours à l'organe délibérant.

S'agissant de leur composition, le CGCT veille à la préservation du pluralisme : pour les communes de 3 500 habitants et plus par exemple, l'article L. 2121-22 prévoit que la composition « doit respecter le principe de la représentation proportionnelle pour permettre l'expression pluraliste des élus ».

Outre ces commissions consultatives, le Code prévoit également la possibilité de créer une mission d'information et d'évaluation sur toute question relevant de la compétence de la collectivité.

Art. L. 2121-22-1 pour les communes, L. 3121-22-1 pour les départements, L. 4132-21-1 pour les régions.

Ces missions sont créées à l'initiative des membres de l'assemblée locale afin de mener des investigations sur une question précise source de désaccords, ou afin d'évaluer un service public. Pour être créée, la mission doit être demandée par 1/6e des élus du conseil municipal dans les communes de plus de 50 000 habitants, ou par 1/5e des conseillers départementaux ou régionaux. Cette mission doit remettre un rapport à l'assemblée locale aux termes de ses travaux, lequel rapport permettra d'éclairer l'ensemble des élus et le cas échéant, de prendre les décisions qui semblent s'imposer.

b. Les commissions composées d'élus et d'habitants

Certaines instances visent à associer des membres de l'assemblée locale et des habitants dans le dessein de développer la démocratie participative, mais les travaux de ces commissions peuvent également informer l'assemblée locale et constituer une aide à la prise de décision.

Parmi ces instances, figurent les commissions consultatives des services publics locaux créées par la loi du 27 février 2002 relative à la démocratie de proximité. Ces commissions existent obligatoirement dans les communes de 3 500 habitants et plus, les départements, les régions, mais aussi les établissements publics de coopération intercommunale de plus de 50 000 habitants et les syndicats mixtes comprenant au moins une commune de 3 500 habitants et plus. La commission est notamment consultée lorsque l'assemblée délibérante envisage de procéder à une délégation de service public ou de créer une régie dotée de l'autonomie financière. L'article L. 1413-1 du CGCT prévoit par ailleurs que « la majorité de ses membres peut demander l'inscription à l'ordre du jour de toute proposition relative à l'amélioration des services publics locaux ». Si cette instance consultative n'a pas de pouvoir de décision, il n'en demeure pas moins que ses avis peuvent éclairer l'assemblée locale.

Existent, par ailleurs, des comités consultatifs communaux qui permettent de réunir, au sein d'une même instance, des élus et des habitants de la commune qui ne sont pas électeurs, tels les enfants ou les personnes de nationalité étrangère hors Union européenne. Leurs règles de fonctionnement sont fixées par l'article L. 2143-3 du CGCT qui prévoit, notamment, qu'un tel comité est nécessairement présidé par un élu. Leurs avis peuvent attirer l'attention de l'assemblée délibérante sur la situation des minorités au sein de la commune par exemple.

3. Le conseil économique, social et environnemental régional

C'est une instance consultative placée auprès du conseil régional, elle est composée de représentants des principales activités économiques, sociales et environnementales de la région. Les membres du CESER sont désignés pour 6 ans par le biais de certains organismes (ordres professionnels, organisations syndicales, associations par exemple), et ils sont répartis en quatre catégories :

– des représentants des entreprises et des activités professionnelles non salariées ;
– des représentants des organisations syndicales de salariés ;
– des représentants des organismes et associations qui participent à la vie collective de la région ;
– des personnalités choisies par le préfet en raison du concours qu'elles apportent au développement régional.

La consultation du CESER est obligatoire s'agissant de la préparation et de l'exécution du plan national dans la région, du projet de plan de la région, ou encore, s'agissant des documents budgétaires (art. L. 4241-1 CGCT).

Le CESER peut aussi être saisi en dehors de ses compétences obligatoires et, il a également la possibilité de se saisir lui-même « sur toute question entrant dans le champ des compétences de la région » (art. L. 4241-1 préc.).

Les travaux du CESER permettent au conseil régional de bénéficier d'expertises produites par des représentants des activités économiques et des représentants de la société civile sur des sujets qui peuvent inciter les élus locaux à faire évoluer les politiques locales. Les travaux du CESER constituent donc une source d'information et un outil d'aide à la décision.

Il convient enfin de préciser que la réforme de la carte des régions opérée par la loi du 16 janvier 2015 a impliqué de refondre la carte des CESER, ces derniers étant nécessairement attachés à une région (décret n° 2015-1917 du 30 déc. 2015).

III – Les compétences de l'assemblée locale

A – L'approche matérielle

1. La définition et l'exercice des compétences locales

a. Principe : compétence de droit commun de l'assemblée locale

C'est l'organe délibérant de la collectivité, issu du suffrage universel, qui bénéficie d'une compétence de principe pour gérer les affaires de la collectivité. Néanmoins, la détermination de ces affaires relève plus ou moins largement du pouvoir d'appréciation de l'assemblée. Ainsi que cela a déjà été précisé, la loi NOTRe du 7 août 2015 a supprimé la clause de compétence générale des départements et des régions, le champ d'action de ces assemblées locales s'en trouve nécessairement réduit.

• S'agissant du département, le nouvel article L. 3211-1 CGCT énonce que le « conseil départemental règle par ses délibérations les affaires du département dans les domaines que la loi lui attribue ». Il ajoute également que le département peut prendre des initiatives dans les matières formant son champ de spécialisation, à savoir les solidarités sociales et territoriales. La marge de manœuvre de l'assemblée départementale pour exercer les compétences locales s'entend donc dans les limites de l'article L. 3211-1 précité.

• La situation de la région est analogue, étant précisé que ses domaines de spécialisation ont trait, selon l'article L. 4221-1 CCGT au développement économique, social, sanitaire, culturel et scientifique, ce qui demeure particulièrement large nonobstant la suppression de la clause de compétence générale.

• Seule la commune a conservé le bénéfice de cette clause, ce qui permet au conseil municipal de régler les affaires relevant cette catégorie de collectivité puisque la définition de l'intérêt public local est confiée à l'assemblée délibérante. La clause de compétence générale constitue ainsi une autorisation d'agir, dans le respect des lois et règlements en vigueur, et sous réserve de ne pas méconnaître les compétences confiées par la loi à d'autres personnes publiques. Inversement, elle permet aussi de délimiter le champ d'intervention des communes et elle conditionne la légalité des délibérations adoptées.

b. Applications

1) La compétence de l'assemblée locale pour l'adoption du budget

Art. L. 2312-1 CGCT pour les communes, L. 3312-1 pour les conseils départementaux, et L. 4311-1 pour les conseils régionaux.

Cette compétence de droit commun s'exprime notamment dans le vote du budget : s'il est proposé par l'exécutif local, son adoption fait partie des prérogatives de l'assemblée. Dans les communes de 3 500 habitants et plus, dans les départements et les régions, un débat d'orientation budgétaire doit d'ailleurs être organisé dans les deux mois qui précèdent l'adoption du budget. La méconnaissance de cette obligation entraîne l'illégalité du vote du budget. De plus, l'adoption du budget doit, en principe, intervenir avant le 31 mars de l'année en cours.

2) La compétence de l'assemblée locale pour l'exercice de la liberté contractuelle

Le rôle prééminent dévolu à l'assemblée locale s'exprime également dans le cadre du processus contractuel : si la liberté contractuelle des collectivités n'est pas sans limite, puisque le législateur peut définir des obligations ou des interdictions, elle est néanmoins largement placée sous la protection de l'assemblée locale. En principe, l'exécutif local ne peut procéder à la signature d'un contrat avant d'avoir reçu l'autorisation de l'assemblée délibérante. Ce principe s'applique particulièrement aux délégations de service public, mais il admet des tempéraments dans d'autres cas : une même délibération de l'assemblée locale peut ainsi confier à l'exécutif le soin d'engager la procédure de passation et de conclure un marché. Cette délibération suffit pour autoriser l'exécutif à conclure le contrat, il n'est pas utile d'adopter une seconde délibération après la procédure de passation pour habiliter l'exécutif à contracter et avaliser le choix du cocontractant.

Art. L. 2122-21-1 CGCT pour les communes, L. 3221-11-1 pour les départements et L. 4231-8-1 pour les régions.

Par ailleurs, sur délégation de l'assemblée locale, l'exécutif peut être chargé de prendre toutes décisions concernant la passation, l'exécution et le règlement des marchés et accords-cadres lorsque les crédits sont inscrits au budget.

Art. L. 2122-22 CGCT pour les communes, L. 3221-11 pour les départements et L. 4231-8 pour les régions.

Des délégations sont donc envisageables mais il n'en demeure pas moins qu'elles proviennent d'une décision de l'assemblée locale, ce qui tend à démontrer qu'elle reste la gardienne de la liberté contractuelle de la collectivité territoriale.

2. Des compétences territorialement limitées

À la dimension *intuitu materiae*, s'ajoute une approche *intuitu territoriae* des compétences de l'assemblée locale, dans la mesure où ses actions doivent se limiter au territoire de la collectivité, afin de ne pas empiéter sur les compétences des autres collectivités.

Ce principe admet cependant quelques tempéraments : les collectivités territoriales peuvent, en effet, mener des actions extérieures afin de soutenir des initiatives visant des collectivités étrangères (par ex. pour améliorer l'alimentation en eau d'un territoire qui connaît un retard de développement). Cette possibilité a été encadrée par la loi du 9 février 2005 relative à la coopération internationale des collectivités territoriales et des agences de l'eau dans les domaines de l'alimentation en eau et de l'assainissement (loi n° 2005-95).

De même, dans certaines circonstances, l'action d'une collectivité peut se réaliser sur le territoire d'une autre collectivité.

CE 22 novembre 2002, *Commune de Gennevilliers, AJDA* 2003. 848, obs. E. Deschamps

Dans cette affaire, la commune de Puteaux avait décidé d'acquérir un bâtiment situé sur la commune voisine de Gennevilliers afin d'y loger des agents municipaux. Compte tenu des circonstances de l'espèce, liées notamment à l'absence de solution de relogement sur le territoire de la commune de Puteaux, le juge administratif estime que la décision n'est pas entachée d'erreur manifeste d'appréciation. Il est ainsi admis, dans certaines hypothèses, que l'action de l'assemblée locale se déroule en dehors du territoire de la collectivité, par dérogation au principe selon lequel la compétence de l'organe délibérant est territorialement limitée.

3. Le respect des attributions de l'exécutif local

Les compétences dévolues aux exécutifs locaux limitent l'intervention des assemblées locales. S'agissant du maire par exemple, il dispose d'un pouvoir de police administrative sur lequel le conseil municipal ne peut empiéter (en vertu de ce pouvoir, le maire peut notamment créer des zones réservées aux piétons dans sa commune, ou réserver des emplacements de stationnement aux personnes handicapées). Plus largement, l'exécutif local est compétent pour prendre des décisions individuelles relatives aux agents de la collectivité.

Si le champ d'action de l'assemblée locale est circonscrit par les compétences qui lui sont transférées par la loi, ou par la clause de compétence générale, l'organe délibérant se doit également de respecter les attributions de l'exécutif.

B – L'approche institutionnelle

1. La désignation de l'exécutif local et des membres de commissions

L'assemblée locale est compétente pour élire l'exécutif local, qu'il s'agisse du président de l'assemblée ou de ses adjoints.

Concernant les conseils départementaux et régionaux, l'assemblée est, par ailleurs, compétente pour désigner les membres de la commission permanente. Et, de manière générale, les organes délibérants sont chargés de désigner les membres des différentes commissions présentes en leur sein.

2. Le contrôle sur l'exécutif

Au plan institutionnel, il s'agit probablement de l'attribution la plus importante confiée à l'assemblée locale.

Le contrôle peut faire intervenir le juge administratif, notamment lorsque l'exécutif a empiété sur les compétences de l'assemblée locale.

CE, sect., 30 octobre 1998, *Ville de Lisieux, Rec.* p. 378

Dans cette espèce, un conseiller municipal avait formé un recours à l'encontre d'une décision prise par le maire visant à recruter des agents contractuels. Dans la mesure où l'assemblée locale n'avait pas pris la décision de créer ces emplois, l'exécutif a méconnu les compétences de l'organe délibérant. En pareille hypothèse, le conseiller bénéficiait d'un intérêt à agir, la décision du maire ayant porté atteinte aux compétences de l'assemblée à laquelle il appartenait.

Plus récemment, le Conseil d'État a indiqué, dans sa décision du 2 février 2015, *Commune d'Aix-en-Provence* (n° 373520, publié au *Recueil*), « qu'eu égard aux intérêts dont ils ont la charge, les membres de l'organe délibérant d'une collectivité territoriale ou d'un groupement de collectivité territoriale peuvent invoquer tout moyen à l'appui d'un recours » dirigé contre un contrat de recrutement conclu par l'exécutif local.

Au-delà de ce contrôle juridique, les collectivités de droit commun ne connaissent aucun contrôle politique permettant d'engager la responsabilité de l'exécutif en place et, éventuellement, de le destituer. Il y a cependant des procédures particulières en Corse ou en outre-mer permettant d'engager la responsabilité politique de l'exécutif en cas de désaccord profond avec l'assemblée délibérante. En Corse, existe ainsi une motion de défiance qui, si elle est mise en œuvre, vise à engager la responsabilité du conseil exécutif de Corse qui est un organe collégial composé d'un président et de huit conseillers exécutifs. La motion de défiance est qualifiée de « constructive » car elle ne doit pas seulement se contenter de prévoir la destitution de l'exécutif en place, elle doit également proposer un exécutif en remplacement. Il faut par ailleurs que la motion indique les motifs pour lesquels elle est présentée (art. L. 4422-31 CGCT). Si la motion est adoptée, « les candidats aux mandats de président et de conseillers exécutifs entrent immédiatement en fonction » (art. préc.). Il convient toutefois d'indiquer qu'à la suite de l'entrée en vigueur de la loi NOTRe, « chaque conseiller à l'Assemblée de Corse ne peut signer, par année civile, plus d'une motion de défiance », ce qui tend à limiter l'exercice de ce droit par les élus corses.

En Nouvelle-Calédonie, existe également une motion de censure visant l'exécutif qui est explicitement dénommé « le gouvernement ». La motion doit être présentée par 1/5e des membres du Congrès.

Quant à la Polynésie, l'assemblée peut mettre en œuvre une motion de défiance afin d'engager la responsabilité du président et du gouvernement de la collectivité. La motion doit prévoir un autre président qui entrera en fonction si elle est adoptée.

§ 2 – L'exécutif local

I – Désignation de l'exécutif

A – Les conditions communes aux différentes catégories de collectivités territoriales

L'exécutif est élu par l'assemblée délibérante, et dans la mesure où il est issu de l'assemblée locale, il se voit opposer les mêmes règles d'inéligibilité que les conseillers.

Les conditions relatives à l'âge ayant été abandonnées, il suffit d'avoir 18 ans pour être élu maire, président du conseil départemental ou président du conseil régional.

Il existe toutefois une condition de nationalité opposable aux ressortissants européens qui ont le droit de vote et d'éligibilité aux élections municipales, mais qui ne peuvent prétendre aux fonctions de maire ou d'adjoint. Cette condition est spécifique aux exécutifs municipaux puisque les ressortissants des États membres de l'Union n'ont pas le droit de vote aux élections départementales et régionales.

Outre les règles d'inéligibilité évoquées par ailleurs (voir p. 88 s.), il y a des règles d'incompatibilité qui tiennent aux limites applicables au cumul des mandats, mais qui sont parfois d'ordre professionnel : ainsi, les comptables supérieurs du Trésor du département ne peuvent être maires dans la mesure où leurs fonctions les amènent à contrôler la comptabilité de la commune, le comptable serait alors juge et partie (art. L. 2122-5 CGCT).

B – Les conditions de désignation propres à chaque catégorie de collectivité territoriale

1. L'exécutif de la commune

a. Le maire

L'élection du maire est organisée lors de la première réunion du conseil municipal suivant le renouvellement de celui-ci. L'article L. 2122-7 du CGCT prévoit que le maire est élu au scrutin secret à la majorité absolue. Pour autant, si après deux tours de scrutin, aucun candidat ne satisfait à cette condition, un troisième tour doit être organisé dans le cadre duquel la majorité relative suffit.

Subsiste, par ailleurs, à l'article L. 2122-7 précité, une règle qui tend à confier une prime à l'âge : en cas d'égalité des voix, le plus âgé est déclaré élu.

b. Les adjoints

S'agissant des adjoints, leur élection intervient à la suite de celle du maire. L'article L. 2122-7-1 du Code, dans sa rédaction issue de la loi du 17 mai 2013 (loi n° 2013-403 relative à l'élection des conseillers départementaux, des conseillers municipaux et des conseillers communautaires, et modifiant le calendrier électoral), énonce que dans les communes de moins de 1 000 habitants, les adjoints sont élus dans les mêmes conditions que le maire. Dans les communes de 1 000 habitants et plus, les adjoints sont élus au scrutin de liste, sans panachage, avec une obligation de parité renforcée par la loi du 27 décembre 2019 (n° 2019-1461) relative à l'engagement dans la vie locale et à la proximité de l'action publique. Avant l'adoption de ce texte, l'obligation de parité demeurait théorique : sur chacune des listes, l'écart entre le nombre des candidats de chaque sexe ne pouvait être inférieur à un. Le respect de l'obligation de parité était ainsi apprécié sur l'ensemble de la liste, ce qui donnait lieu à des résultats ne respectant pas nécessairement la parité aux termes de l'élection. Pour y remédier, l'article L. 2122-7-2 du CGCT prévoit désormais que la liste est composée alternativement d'un candidat de chaque sexe, ce qui doit garantir une réelle parité à l'issue de l'élection. Celle-ci a lieu à la majorité absolue, mais si un troisième tour doit être organisé, la majorité relative suffit, à l'instar des règles applicables à l'élection du maire.

Le nombre des adjoints ne peut excéder 30 % de l'effectif légal du conseil municipal. Ils sont élus, tout comme le maire, pour la durée du mandat du conseil municipal, c'est-à-dire pour 6 ans. Ils se voient confier, par délégation, des attributions particulières dans un domaine spécifique (culture, finances, jeunesse, urbanisme, etc.), mais dans la mesure où ils tiennent leurs compétences du maire, c'est lui qui constitue véritablement l'exécutif local, même si l'on a pour usage de désigner le maire et les adjoints sous le vocable de « municipalité ». Il convient cependant de souligner que le premier adjoint bénéficie d'une place particulière car il a, en principe, vocation à remplacer le maire en cas d'empêchement de celui-ci.

2. L'exécutif départemental

a. Le président

En vertu de l'article L. 3122-1 du CGCT, le président du conseil départemental est élu lors de la première réunion qui suit le renouvellement de l'assemblée. L'élection a lieu à la majorité absolue des membres du conseil pour une durée de 6 ans ; si cette condition de majorité n'est pas satisfaite à l'issue des deux premiers tours, la majorité relative suffit lors du troisième tour. Là encore, s'applique une prime à l'âge puisqu'en cas d'égalité entre deux candidats, c'est le plus âgé qui est déclaré élu.

Pour procéder à l'élection, l'article L. 3122-1 du CGCT impose une condition liée au quorum : l'assemblée ne peut valablement délibérer si les deux tiers des conseillers au minimum ne sont pas présents. Dans l'hypothèse où le quorum ne serait pas atteint, une nouvelle réunion devra être organisée trois jours plus tard, sans condition de quorum cette fois-ci.

b. Les vice-présidents

Au moment de l'élection de la commission permanente, sont également désignés des vice-présidents. Leur nombre varie de 4 à 15, sans pouvoir dépasser le seuil des 30 % de l'effectif du conseil.

Les membres de la commission permanente sont élus au scrutin de liste, la loi n° 2013-403 du 17 mai 2013 ayant par ailleurs introduit une obligation de parité puisque les listes doivent être composées alternativement d'hommes et de femmes. Après avoir élu les membres de la commission permanente, l'article L. 3122-5 du CGCT prévoit que le conseil procède à l'élection des vice-présidents au scrutin de liste, en respectant là aussi une obligation de parité appréciée, dans ce cas, sur l'ensemble de la liste (l'écart entre le nombre de candidats de chaque sexe ne peut être supérieur à un). Cette obligation, tout comme le scrutin de liste, a été mise en place par la loi du 17 mai 2013 ; auparavant, les textes prévoyaient un scrutin uninominal ne laissant guère de place à la parité. Pour les deux premiers tours de l'élection, la majorité absolue est exigée, mais si un troisième tour doit être organisé, la majorité relative suffit.

L'élection de l'exécutif départemental, composé du président et des vice-présidents, se déroule ainsi en plusieurs phases. Il convient toutefois de préciser qu'on ne peut intégrer la commission permanente à l'exécutif car elle dispose de compétences délibératives. De plus, sa composition, qui peut comprendre l'ensemble des membres du conseil, ne permet pas de la considérer comme un organe exécutif.

c. Le bureau

Le président, les vice-présidents et les membres de la commission permanente qui ont reçu une délégation de pouvoir de la part du président forment le bureau. Cette instance est chargée d'organiser l'action de l'exécutif, mais elle ne dispose d'aucune compétence délibérative (art. L. 3122-8 CGCT).

3. L'exécutif régional

a. Le président

Il existe, s'agissant de l'exécutif régional, une forte analogie avec l'exécutif départemental : le président du conseil régional est élu pour 6 ans lors de la première réunion qui suit le renouvellement de l'assemblée. Une condition de quorum est également exigée puisque l'article L. 4133-1 du CGCT prévoit que les deux tiers des membres doivent être présents. Dans le cas inverse, l'élection aura lieu lors d'une autre réunion, se tenant trois jours plus tard, et sans condition de quorum. Une majorité absolue est exigée pour les deux premiers tours, mais dans l'hypothèse où un troisième tour serait nécessaire, une majorité relative suffit. Là encore, l'élection a lieu au bénéfice de l'âge en cas d'égalité entre deux candidats.

Il existe toutefois une règle propre à l'exécutif régional car tout candidat à la présidence doit remettre, avant chaque tour de scrutin, une déclaration écrite aux membres du conseil régional. Dans ce document, il doit présenter les grandes orientations politiques, économiques et sociales qu'il souhaite donner à son mandat (art. L. 4133-1, dernier al. CGCT). Les candidats doivent donc s'engager politiquement sur un programme.

b. Les vice-présidents

L'élection du président doit être suivie par l'élection des vice-présidents, dont le nombre varie de 4 à 15, sans pouvoir dépasser le tiers de l'effectif de l'assemblée.

Après l'élection de la commission permanente au scrutin de liste avec l'obligation d'alterner les candidats de chaque sexe, il est procédé à l'élection des vice-présidents. Cette élection a lieu, comme pour les conseils départementaux, au scrutin de liste avec une obligation de parité appréciée sur l'ensemble de la liste (l'écart entre le nombre de candidats de chaque sexe ne peut être supérieur à un). Les règles de majorité applicables aux conseils départementaux valent également pour les conseils régionaux.

c. Le bureau

Sa composition et ses attributions sont identiques à celles du bureau du conseil départemental.

Article L. 4133-8 CGCT : « Le bureau est formé du président, des vice-présidents et, le cas échéant, des membres de la commission permanente ayant reçu délégation en application de l'article L. 4231-3. »

II – Les compétences de l'exécutif local

A – L'exécution des délibérations de l'assemblée locale

Ainsi que nous l'avons déjà souligné, l'assemblée locale dispose d'une compétence de droit commun, elle détient le pouvoir de décision. L'exécutif local, et notamment le maire, le président du conseil départemental et le président du conseil régional, préparent le travail de l'assemblée et sont chargés, ensuite, d'assurer l'exécution des décisions prises.

L'acte d'exécution doit ainsi intervenir après l'adoption de la délibération de l'assemblée locale et, le cas échéant, après transmission de cette délibération au représentant de l'État dès lors que la délibération entre dans le champ de l'obligation de transmission. Dans cette hypothèse, le caractère exécutoire de la délibération sera subordonné à sa transmission, cela justifie donc que l'acte d'exécution n'intervienne qu'après accomplissement de cette formalité.

Si l'exécutif local procède à une exécution anticipée, le juge administratif annulera l'acte de l'exécutif (CE, avis, sect., 10 juin 1996, *Préfet de Côte-d'Or*, *Rec.* p. 198). Par ailleurs, l'acte d'exécution étant soumis au respect de la délibération, il ne doit aucunement entrer en contradiction avec elle, ou remettre en cause le contenu de la délibération. Il se doit de respecter fidèlement la délibération. Cela suppose que la décision de l'assemblée soit suffisamment précise et limite le pouvoir d'appréciation confié à l'exécutif local ; dans le cas inverse, le juge administratif n'hésite pas à sanctionner ce qui s'assimile à une incompétence négative (CE 28 oct. 2002, *Commune de Moisselles*, n° 232060 : le juge a estimé qu'un conseil municipal méconnaissait sa compétence dès lors qu'il ne définissait pas l'objet et le montant des emprunts que le maire devait garantir).

B – La direction des services de la collectivité

Pour mener à bien sa mission d'exécution, l'exécutif dispose de l'administration de la collectivité.

• L'article L. 2122-18 du CGCT énonce ainsi que le maire est chargé de l'administration, même si des délégations sont envisageables. Cela lui confère le pouvoir de définir l'organisation interne des services de la commune (CE, sect., 6 janv. 1995, *Ville de Paris, Rec.* p. 4). Le maire est ainsi le chef des services municipaux et le supérieur hiérarchique des agents de la commune ; comme tout pouvoir exécutif, il dispose de l'administration.

• Il en est de même du président du conseil départemental (art. L. 3221-3 CGCT) et du président du conseil régional (art. L. 4231-3 CGCT).

C – Les hypothèses de délégation

1. Les délégations de compétences de l'assemblée locale

L'assemblée délibérante peut, dans certains cas prévus par la loi, transférer sa compétence à l'exécutif local.

• S'agissant du maire, ces hypothèses de délégation sont énumérées à l'article L. 2122-22 du CGCT. Sans les reprendre de manière exhaustive, on peut indiquer que cela vise, par exemple, la fixation des tarifs des droits de voirie ou de stationnement, ou encore la réalisation des emprunts nécessaires aux investissements prévus par le budget de la commune, mais aussi la décision visant à créer des classes dans les écoles de la commune.

• Pour le président du conseil départemental, les hypothèses de délégation sont énoncées à l'article L. 3211-2 du CGCT. On retrouve également, pour illustration, la possibilité de déléguer la réalisation des emprunts, mais aussi la possibilité d'attribuer ou de retirer des bourses entretenues sur les fonds départementaux.

• Concernant le président du conseil régional, l'article L. 4221-5 prévoit une hypothèse identique en matière d'emprunt, ou encore la possibilité de décider de la vente de biens mobiliers pour un montant ne dépassant pas 4 600 euros. Il ne s'agit que de quelques exemples, l'article précité prévoyant en effet quatorze hypothèses de délégation.

Outre les limites tenant à l'énumération des matières susceptibles de faire l'objet d'une délégation, il existe une autre contrainte puisque le titulaire de la délégation ne peut subdéléguer cette compétence à une autre autorité (par ex. à un adjoint).

2. Les délégations de pouvoir de l'exécutif

Si le maire, le président du conseil départemental ou le président du conseil régional peuvent recevoir des délégations de compétences de la part de l'assemblée locale, ils ont aussi la faculté de procéder à des délégations de pouvoir au profit des adjoints et des vice-présidents. Ils peuvent ainsi transférer leur pouvoir à d'autres autorités, mais ils ne doivent en aucun cas déléguer une compétence qui leur aurait été transférée par l'assemblée locale par l'intermédiaire d'une délégation. En d'autres termes, la délégation de pouvoir ne vise pas les compétences que l'assemblée aurait transférées au président de l'assemblée locale, mais les attributions propres de celui-ci.

L'article L. 2122-18 du CGCT prévoit que le maire peut « sous sa surveillance et sa responsabilité, déléguer par arrêté une partie de ses fonctions à un ou plusieurs de ses adjoints ». Cela vaut également pour le président du conseil départemental et le président du conseil régional à l'égard de leurs vice-présidents (respectivement art. L. 3221-3 et L. 4231-3 CGCT). S'agissant du conseil municipal, la délégation peut aussi profiter à de simples conseillers, la loi du 27 décembre 2019 ayant supprimé la priorité qui était auparavant accordée aux adjoints (loi n° 2019-1461). Mais cette priorité est maintenue pour les départements et les régions à l'égard des vice-présidents.

Dans le cadre de la délégation de fonction, le président de l'assemblée confère au bénéficiaire le pouvoir d'exercer l'une de ses attributions à sa place, sous réserve de définir de façon précise le champ de la délégation.

CE 12 mars 1975, *Commune de Loges-Margueron, Rec.* p. 186

Le Conseil d'État a estimé que la délégation selon laquelle un adjoint était chargé de « remplir les fonctions d'officier d'état civil, délivrer les alignements et permissions de voirie sur les rues, places et autres voies communales » était rédigée de manière trop imprécise.

On pourrait être enclin à penser que, pendant la durée de la délégation, qui ne peut excéder la durée du mandat, le président de l'assemblée locale n'est plus en mesure d'intervenir dans le champ de la délégation. Telle n'est pas la solution qui semble prévaloir cependant (voir en ce sens la réponse ministérielle à la question écrite n° 12074, *JO* AN Q, 3 juill. 1989).

Il convient également de préciser que l'attribution, comme le retrait d'une délégation, relève du pouvoir discrétionnaire du président de l'assemblée locale, celle-ci ne disposant d'aucun pouvoir en la matière (CE 19 mai 2000, *Commune de Cendre, Rec.* p. 576). À cela s'ajoute le fait que les textes ne procèdent à aucune énumération des attributions susceptibles d'être déléguées ; le président de l'assemblée est simplement limité par l'étendue de ses attributions car il ne peut déléguer un pouvoir dont il ne dispose pas, et il doit éviter de se déposséder de l'ensemble de ses attributions.

D – La suppléance de l'exécutif

À la différence de la délégation dont la décision appartient au président de l'assemblée locale, la suppléance est prévue par les textes ; de plus, elle repose sur une seule personne tandis que la délégation peut concerner plusieurs élus dans des domaines différents.

• L'article L. 2122-17 CGCT prévoit ainsi qu'en cas de révocation, de suspension ou de tout autre empêchement, le maire est remplacé par un adjoint dans l'ordre des nominations, en principe donc par le premier adjoint. Ce dernier se substitue alors au maire pour l'ensemble de ses attributions jusqu'à son retour, ou jusqu'à l'élection d'un nouveau maire.

• S'agissant du département et de la région, la suppléance appartient à un vice-président selon l'ordre des nominations. Il exercera alors, temporairement, les fonctions de président jusqu'au retour de ce dernier, ou jusqu'à l'élection d'un nouveau président.

E – Les compétences spécifiques

1. Les compétences spécifiques du maire

a. Le pouvoir de police administrative

En vertu de **l'article L. 2212-1 CGCT**, « le maire est chargé de la police municipale, de la police rurale et de l'exécution des actes de l'État qui y sont relatifs ».

Le maire détient ainsi un pouvoir propre, indépendamment des compétences dévolues à l'assemblée locale, afin de faire respecter le bon ordre, la sûreté, la sécurité publique et la tranquillité publique, la prise en compte de l'ordre moral n'étant pas non plus exclue dans certaines circonstances (CE, ass., 27 oct. 1995, *Commune de Morsang-sur-Orge*, *Rec.* p. 372 : décision relative à l'interdiction d'un spectacle de « lancer de nains »).

Ce pouvoir de police ne peut faire l'objet d'une délégation à des personnes privées (CE, ass., 17 juin 1932, *Ville de Castelnaudary*, *Rec.* p. 595). Il existe néanmoins des hypothèses de délégation prévues par les textes au profit du président de l'établissement public de coopération intercommunale. L'article L. 5211-9-2 du CGCT prévoit, par exemple, que lorsqu'un établissement est compétent en matière de voirie, les maires des communes membres de cet établissement peuvent transférer à son président leurs prérogatives relatives à la police de la circulation et au stationnement.

L'usage de ce pouvoir de police par le maire, ou éventuellement par le président de l'établissement public de coopération intercommunale, fait l'objet d'un encadrement par le juge administratif : dans sa célèbre décision *Benjamin* (CE 19 mai 1933, *Rec.* p. 541), il a considéré que la mesure de police devait être proportionnée à la menace à l'ordre public et ce, afin de ne pas porter une atteinte excessive à la liberté. Cette exigence de proportionnalité justifie, par ailleurs, que le juge sanctionne toute interdiction générale et absolue dans la mesure où de telles interdictions ne peuvent tenir compte des circonstances locales.

Police générale et police spéciale

Le juge administratif vérifie que l'exercice du pouvoir de police administrative générale n'empiète pas sur les pouvoirs de police spéciale confiée à d'autres autorités : c'est ainsi que le Conseil d'État a été amené à considérer que le maire n'était pas compétent pour réglementer l'implantation des antennes relais de téléphonie mobile, cette police spéciale étant, en effet, de la compétence de l'État (CE 11 juill. 2019, *Commune de Cast*, *AJDA* 2019. 1479).

Une solution analogue a également été rendue par le Conseil d'État lors du premier confinement imposé par l'état d'urgence sanitaire dans l'ordonnance du 17 avril 2020, *Commune de Sceaux* (n° 440057). Le juge a clairement indiqué que le pouvoir de police générale dont dispose le maire devait céder face à au pouvoir de police spéciale placé dans les mains des autorités nationales par la loi relative à l'état d'urgence sanitaire (loi n° 2020-290 du 23 mars 2020). Sur ce sujet, voir V. Donier, « Qui fait la police (administrative) sous l'état d'urgence sanitaire ? », *RFAP* n° 176, 2020, p 889.

b. Les compétences exercées au nom de l'État

Il est de coutume de dire que le maire dispose d'une double fonction, il est non seulement placé à la tête de la commune, mais il est aussi agent de l'État. Dans le cadre de ces compétences, le maire est officier d'état civil, ce qui signifie qu'il doit établir les actes relatifs notamment aux naissances, aux mariages, ou encore aux décès. Cette fonction d'officier d'état civil incombe également aux adjoints.

Au titre de ses compétences d'officier de police judiciaire, le maire peut également constater les infractions à la loi pénale ou aux règles qui s'appliquent à l'octroi des permis de construire.

Le maire dispose, par ailleurs, d'autres compétences qu'il exerce au nom de l'État, par exemple, lorsqu'il assure la présidence de la commission chargée de dresser les listes électorales et de délivrer les cartes d'électeurs.

De telles compétences sont exercées sous le pouvoir hiérarchique du préfet puisque le maire est agent de l'État dans ces différentes hypothèses.

2. Le pouvoir de police du président du conseil départemental

En vertu de l'article L. 3221-4 du CGCT, le président du conseil départemental gère le domaine du département et, à ce titre, il dispose d'un pouvoir de police pour réglementer la circulation notamment, sous réserve de ne pas empiéter sur les compétences dévolues au maire en la matière.

La portée de ce pouvoir de police est réduite : outre qu'il s'exerce uniquement sur les routes départementales, l'article L. 2215-1 du Code confie au préfet compétence pour assurer le maintien de la salubrité, de la sûreté et de la tranquillité publique sur le territoire du département dès lors que le champ d'application d'une mesure dépasse le seul ressort d'une commune. La compétence du président du conseil départemental est ainsi doublement circonscrite.

§ 3 – Les droits et les devoirs des élus locaux

Qu'ils soient conseillers ou membres de l'exécutif, les élus bénéficient de garanties, mais ils sont aussi soumis à des obligations qui peuvent engager leur responsabilité. La loi du 31 mars 2015 visant à faciliter l'exercice, par les élus locaux, de leur mandat (loi n° 2015-366) a apporté des modifications substantielles au statut de l'élu local. Elle a ainsi procédé à l'insertion, au sein du CGCT, de la charte de l'élu local qui définit les obligations déontologiques des élus (art. L. 1111-1-1 CGCT) et elle a permis d'améliorer les conditions dans lesquelles s'exercent les mandats locaux.

I – Les règles inhérentes au fonctionnement de la démocratie locale

A – La transparence

La transparence est à l'origine d'un droit à l'information de l'élu, mais elle peut aussi créer des obligations à son endroit.

1. La transparence source de droits

S'agissant du droit à l'information, il a déjà été indiqué que la convocation des élus aux réunions de l'assemblée locale se devait de préciser l'ordre du jour de la réunion. Elle doit, en outre, être accompagnée d'une note explicative de synthèse, ou d'un rapport, sur les affaires soumises à délibération.

Art. L. 2121-12 CGCT pour les communes de 3 500 habitants et plus, art. L. 3121-19 pour les départements, et art. L. 4132-18 pour les régions.

Plus largement, la loi du 6 février 1992 relative à l'administration territoriale de la République (loi n° 92-125) a prévu que tout membre d'une assemblée locale avait le droit d'être informé des affaires faisant l'objet d'une délibération.

Art. L. 2121-13 CGCT pour les communes, L. 3121-18 pour les départements et L. 4132-17 pour les régions.

Cette disposition paraît plus vaste en ce qu'elle ne limite pas le champ du droit à l'information à la période qui précède l'adoption de la délibération. Le droit à l'information peut donc se prolonger lors de la tenue de la réunion ainsi que l'a jugé le Conseil d'État dans un arrêt rendu par la section du contentieux le 23 avril 1997, *Ville de Caen contre Paysant (Rec.* p. 158) : lors de la séance du conseil, tous les documents nécessaires au processus de décision doivent être consultables.

Il existe, par ailleurs, d'autres droits qui permettent de renforcer l'information des élus, tel le droit de prendre part aux travaux d'une mission d'information et d'évaluation, laquelle peut être constituée sur toute question en lien avec les compétences de la collectivité.

Art. L. 2121-22-1 CGCT pour les communes, L. 3121-22-1 pour les départements, L. 4132-21-1 pour les régions.

Dans le cadre des travaux de cette mission, les élus ont alors accès à des informations relatives à la mise en œuvre des compétences de la collectivité et aux actions de l'exécutif local. Cette mission établira, *in fine*, un rapport qui sera présenté à l'assemblée locale, à charge pour elle de tirer ensuite les conséquences des conclusions de ce rapport.

La loi NOTRe du 7 août 2015 a également amélioré l'information des élus en rendant obligatoire la présentation par l'exécutif d'un rapport d'orientation budgétaire dans les deux mois qui précèdent l'examen du budget. Cette obligation s'applique plus précisément aux communes de 3 500 habitants et plus, aux départements, aux régions, mais aussi aux établissements publics de coopération intercommunale de plus de 10 000 habitants comprenant au moins une commune de 3 500 habitants et plus. Ce rapport porte sur les orientations budgétaires de l'exercice, les engagements pluriannuels de la collectivité, et sur la gestion de la dette. La loi NOTRe a ainsi permis à la transparence financière de progresser grâce à une meilleure information des élus.

Art. L. 2312-1 pour les communes, L. 3312-1 pour les départements, L. 4312-1 pour les régions.

2. La transparence source d'obligations

Certains élus sont astreints à l'obligation de déclarer leur situation patrimoniale et à la présentation d'une déclaration d'intérêts dans les deux mois suivant leur entrée en fonction (art. 11 de la loi n° 2013-907 du 11 oct. 2013 relative à la transparence de la vie publique). La déclaration de patrimoine porte sur les biens mobiliers et immobiliers ; quant à la déclaration d'intérêts, elle vise les activités professionnelles exercées par l'élu au cours des cinq dernières années, ou encore les activités de consultant, mais aussi les prises de participation dans le capital de sociétés. Sont notamment concernés par ces obligations de déclaration les présidents de conseil régional, de conseil départemental, les maires de communes de plus de 20 000 habitants, mais aussi certains présidents d'établissements publics de coopération intercommunale à fiscalité propre (la liste exhaustive des fonctions soumises à ces obligations de transparence est dressée par l'art. 11 de la loi préc.). Le contenu des déclarations d'intérêts et de patrimoine a été précisé par un décret du 23 décembre 2013 qui comporte, en annexe, un canevas pour chaque déclaration (décr. n° 2013-1212 du 23 déc. 2013 relatif aux déclarations de situation patrimoniale et déclarations d'intérêts adressées à la Haute autorité pour la transparence de la vie publique).

La publicité des déclarations d'intérêts des élus locaux par la Haute autorité de la transparence de la vie publique est prévue par la loi, mais la publicité des déclarations de patrimoine, qui était envisagée, n'a pas reçu l'assentiment du Conseil constitutionnel. Il a estimé que cela porterait une atteinte disproportionnée au droit au respect de la vie privée (déc. n° 2013-673 DC du 9 oct. 2013).

Si une obligation d'effectuer une déclaration de patrimoine pesait déjà sur certains élus locaux en vertu de la loi du 11 mars 1988 (loi n° 88-227 relative à la transparence financière de la vie politique modifiée par la loi n° 95-126 du 8 févr. 1995 relative à la déclaration du patrimoine des membres du gouvernement et des titulaires de certaines fonctions), la loi du 11 octobre 2013 a étendu les contraintes pesant sur les élus locaux en matière de transparence.

B – La liberté d'expression des élus locaux

Parmi les éléments composant cette liberté, figure tout d'abord le droit de poser des questions orales lors des réunions de l'assemblée locale.

Art. L. 2121-19 CGCT pour les communes, L. 3121-20 pour les départements et L. 4132-20 pour les régions.

La fréquence et les règles d'examen de ces questions orales sont, en principe, fixées par le règlement intérieur de l'assemblée.

La liberté d'expression suppose, par ailleurs, qu'un débat ait été organisé avant l'adoption d'une délibération, sans cela, l'existence de l'assemblée locale serait dénuée de sens. Ce débat doit notamment permettre de modifier le texte qui est soumis à l'assemblée, voire de proposer un nouveau projet de délibération.

La liberté d'expression des élus locaux lors des séances des différents conseils est également protégée par la Cour européenne des droits de l'Homme dans la mesure où cette liberté s'inscrit dans un cadre politique (CEDH 12 avr. 2012, *M. de Lesquen du Plessis-Casso contre France*, n° 54216/09, note S. Manson, *RFDA* 2012. 941).

Au-delà des réunions de l'assemblée locale, la liberté d'expression des élus doit pouvoir s'exercer au travers des outils d'information locale : les communes de 3 500 habitants et plus, les départements, et les régions doivent ainsi réserver un espace d'expression aux groupes d'élus, ou aux élus n'appartenant pas à la majorité s'il n'existe pas de groupes, dans les bulletins d'information. Cette obligation a été introduite par la loi du 27 février 2002 relative à la démocratie de proximité (loi n° 2002-276).

C – Les obligations déontologiques des élus locaux

Dans le dessein de garantir au mieux le fonctionnement de la démocratie locale qui suppose un engagement désintéressé, le législateur a introduit à l'article L. 1111-1 CGCT une charte de l'élu local dont le texte est reproduit ci-dessous.

Charte de l'élu local

1. L'élu local exerce ses fonctions avec impartialité, diligence, dignité, probité et intégrité.
2. Dans l'exercice de son mandat, l'élu local poursuit le seul intérêt général, à l'exclusion de tout intérêt qui lui soit personnel, directement ou indirectement, ou de tout autre intérêt particulier.
3. L'élu local veille à prévenir ou à faire cesser immédiatement tout conflit d'intérêts. Lorsque ses intérêts personnels sont en cause dans les affaires soumises à l'organe délibérant dont il est membre, l'élu local s'engage à les faire connaître avant le débat et le vote.
4. L'élu local s'engage à ne pas utiliser les ressources et les moyens mis à sa disposition pour l'exercice de son mandat ou de ses fonctions à d'autres fins.
5. Dans l'exercice de ses fonctions, l'élu local s'abstient de prendre des mesures lui accordant un avantage personnel ou professionnel futur après la cessation de son mandat et de ses fonctions.
6. L'élu local participe avec assiduité aux réunions de l'organe délibérant et des instances au sein desquelles il a été désigné.
7. Issu du suffrage universel, l'élu local est et reste responsable de ses actes pour la durée de son mandat devant l'ensemble des citoyens de la collectivité territoriale, à qui il rend compte des actes et décisions pris dans le cadre de ses fonctions.

II – Le statut de l'élu local

Pour mener à bien son mandat, il importe que l'élu puisse bénéficier de garanties pendant l'exercice de ses fonctions, mais également à l'issue de celles-ci. Les textes prévoient des dispositions qui tendent à encourager les candidatures et qui apportent également à l'élu des garanties pendant son mandat et au terme de celui-ci.

A – Les droits du candidat à un mandat local

Le candidat peut prétendre à un congé pour campagne électorale d'une durée de dix jours, excepté s'il est candidat à un mandat de conseiller municipal dans une commune de moins de 3 500 habitants. Ce droit est ouvert aux salariés, aux fonctionnaires, et aux agents publics.

Ce congé n'est cependant pas rémunéré, il peut être récupéré ou être pris sur le contingent de congés payés auquel le salarié peut prétendre.

Par ailleurs, le candidat peut obtenir le remboursement d'une partie des sommes exposées pour sa campagne, dans les conditions fixées par l'article L. 52-11-1 du Code électoral, sous réserve d'avoir obtenu au moins 5 % des suffrages exprimés lors du premier tour. Pour prétendre à ce remboursement, le candidat doit également avoir désigné un mandataire financier s'il est candidat dans une commune de 9 000 habitants ou plus, ou s'il est candidat aux élections départementales ou régionales.

B – Les droits de l'élu au cours de son mandat

Plusieurs textes sont intervenus en ce domaine : la loi du 3 février 1992 relative aux conditions d'exercice des mandats locaux (loi n° 92-108), la loi du 5 avril 2000 relative à la limitation du cumul des mandats électoraux et à leurs conditions d'exercice (loi n° 2000-295), la loi du 27 février 2002 relative à la démocratie de proximité (loi n° 2002-276) et plus récemment, la loi du 31 mars 2015 visant à faciliter l'exercice par les élus locaux de leurs mandats.

1. Les indemnités des élus locaux

Ces indemnités sont versées au maire, aux adjoints et aux conseillers municipaux des communes de plus de 100 000 habitants selon un barème fixé par la loi. Il convient toutefois de préciser que l'article L. 2123-24-1 CGCT réserve au conseil municipal la possibilité d'instaurer une indemnité pour les conseillers dans les communes de moins de 100 000 habitants.

De même, les conseillers départementaux et régionaux, ainsi que les présidents de ces conseils, ont droit à une indemnité.

Son montant correspond à un pourcentage de l'indice brut terminal de l'échelle indiciaire de la fonction publique.

Une indemnité variable

À titre d'illustration, on peut indiquer qu'un maire d'une commune de moins de 500 habitants aura une indemnité s'élevant à 991,8 euros par mois, tandis qu'un maire d'une commune de plus de 100 000 habitants bénéficiera d'une indemnité de 5 631,63 euros par mois.

S'agissant des conseils départementaux et des conseils régionaux, la loi du 31 mars 2015 a prévu que le versement de l'indemnité pouvait être subordonné à la participation effective de l'élu aux séances plénières et aux réunions des commissions dont il est membre, sous réserve que cela soit prévu par le règlement intérieur. Le texte précise toutefois que la réduction éventuelle ne peut dépasser la moitié de l'indemnité.

Art. L. 3123-16 CGCT pour les départements, L. 4135-16 CGCT pour les régions.

2. Le remboursement des frais

Les élus peuvent avoir droit au remboursement des frais engagés pour se rendre à des réunions d'instances ou d'organismes où ils représentent la collectivité.

Art. L. 2123-18-1 CGCT pour les communes, L. 3123-19 pour les départements, L. 4135-19 pour les régions.

Depuis l'entrée en vigueur de la loi du 31 mars 2015, les conseillers départementaux et régionaux peuvent aussi bénéficier du remboursement des frais engagés pour la garde d'un enfant ou l'assistance à domicile d'une personne âgée ou handicapée, dès lors que ces frais ont été induits par la participation à une réunion de l'assemblée locale. Cette disposition illustre la volonté du législateur de faciliter l'exercice d'un mandat local quelle que soit la situation personnelle de l'élu.

Art. L. 3123-19 CGCT pour les départements, L. 4135-19 CGCT pour les régions.

Le conseil municipal peut également décider d'allouer une indemnité de représentation au maire (art. L. 2123-19 CGCT).

Les présidents de conseils départementaux et régionaux peuvent, quant à eux, bénéficier d'un logement de fonction si leur résidence personnelle se situe en dehors de l'agglomération comprenant la commune chef-lieu du département ou de la région (art. L. 3123-19-2 CGCT et L. 4135-19-2 CGCT).

3. Les autorisations d'absence et les crédits d'heures

Pour exercer leur mandat, et notamment pour assister aux réunions de l'assemblée dont ils sont membres, les élus locaux ont droit à des autorisations d'absence que l'employeur ne peut leur refuser.

Art. L. 2123-1 CGCT pour les communes, L. 3123-1 pour les départements et L. 4135-1 pour les régions.

Il existe néanmoins une limite puisque le temps d'absence ne peut excéder la moitié de la durée légale du travail pour une année civile. Durant ces absences, l'élu n'est pas payé, l'indemnité de fonction devant alors faire office de compensation.

Outre les autorisations d'absence, les élus locaux bénéficient également d'un crédit.

Art. L. 2123-2 CGCT pour les communes, L. 3123-2 pour les départements, L. 4135-2 pour les régions.

Ce crédit est calculé de manière forfaitaire et est attribué par trimestre. Il doit permettre aux élus de disposer du temps nécessaire à l'administration de leur collectivité et à la préparation des réunions des instances dans lesquelles ils siègent.

4. Le droit à la formation

Chaque élu a droit à une formation dont le financement est assuré par la collectivité dans les conditions fixées par l'assemblée.

Art. L. 2123-12 CGCT pour les communes, L. 3123-10 pour les départements, L. 4135-10 pour les régions.

Les élus locaux bénéficient d'un droit individuel à la formation qui leur est accordé annuellement et qui est utilisé selon leur propre initiative.

C – Les droits de l'élu au terme de son mandat

Pendant son mandat, l'élu salarié peut demander la suspension de son contrat de travail. Il retrouvera alors son emploi au terme du mandat. Cette possibilité est offerte aux maires, aux adjoints aux maires dans les communes d'au moins 10 000 habitants, aux présidents et vice-présidents de conseil départemental et de conseil régional.

Il en est de même s'agissant des fonctionnaires qui peuvent être placés en détachement pendant leur mandat, puis réintégrés à l'issue de celui-ci.

Par ailleurs, l'élu qui a cessé toute activité professionnelle pendant son mandat et qui devient demandeur d'emploi à l'issue de celui-ci a droit à une allocation de fin de mandat versée pendant 6 mois par un fonds dont la gestion est assurée par la Caisse des dépôts et consignations (art. L. 1621-2 CGCT).

III – La responsabilité des élus locaux

A – La responsabilité civile

La responsabilité civile de l'élu peut être engagée s'il a commis une faute personnelle dépourvue de tout lien avec l'accomplissement de sa mission. Dans ce cadre, s'appliquent les règles classiques du droit de la responsabilité administrative distinguant la faute personnelle de la faute de service. La théorie du cumul de responsabilité pourra, en outre, s'appliquer dès lors que la faute personnelle a été commise dans le service, à l'occasion du service, ou en dehors de celui-ci, sous réserve que cette faute personnelle ne soit pas dépourvue de tout lien avec le service (CE 26 juill. 1918, *Lemonnier, GAJA* ; CE 21 avr. 1937, *Delle Quesnel, Rec.* p. 413 ; CE 18 nov. 1949, *Mimeur, Defaux et Besthelsemer, Rec.* p. 492).

B – La responsabilité pénale

Le Code pénal réprime les agissements des élus qui seraient contraires à la probité.

Les infractions intentionnelles

Type d'infraction	Référence législative	Définition
Concussion	C. pén., art. 432-10	Fait de recevoir ou d'exiger une somme dont l'élu sait qu'elle n'est pas due. Ex. : un maire exige le paiement d'une taxe qu'il sait illégale
Corruption passive	C. pén., art. 432-11	L'élu use de sa fonction à des fins personnelles en accomplissant, ou en s'abstenant d'accomplir, un acte lié à son mandat en échange d'un avantage qui peut être financier.
Trafic d'influence	C. pén., art. 432-11	Fait d'abuser de son influence en vue de faire obtenir des emplois ou des marchés, en échange d'un avantage quel qu'il soit.
Prise illégale d'intérêt	C. pén., art. 432-12	Fait pour un élu de prendre, recevoir ou conserver un intérêt dans une entreprise ou dans une opération dont il a la charge d'assurer la surveillance, l'administration ou le paiement. L'hypothèse peut viser un conseiller qui prendrait part à une délibération ayant pour objet d'attribuer un marché alors qu'il est personnellement intéressé à l'affaire.
Délit de favoritisme	C. pén., art. 432-14	Situation dans laquelle l'élu procure ou tente de procurer un avantage à un candidat à un marché public afin de lui permettre d'obtenir ledit marché. Cette infraction vise ainsi à sanctionner les actes qui seraient contraires à la liberté d'accès et à l'égalité des candidats dans les délégations de service public et les marchés publics. Si la distinction avec le délit de corruption paraît délicate, le délit de favoritisme repose, quant à lui, sur l'accomplissement d'un acte qui est contraire aux règles visant à préserver la liberté et l'égalité d'accès aux contrats administratifs.

À ces infractions intentionnelles, s'ajoutent des infractions non intentionnelles. Dans cette hypothèse, le comportement de l'élu ne traduit pas une intention délictueuse, mais son imprudence ou sa négligence peut justifier l'engagement de sa responsabilité pénale.

Art. L. 121-3 C. pén., L. 2123-34 CGCT pour les communes, L. 3123-28 pour les départements, L. 4135-28 CGCT pour les régions.

La responsabilité d'un maire peut ainsi être engagée sur le terrain de la faute non intentionnelle en cas de « violation manifestement délibérée d'une obligation particulière de prudence et de sécurité imposée par la loi » (CAA Douai, 12 mai 2015, *JCP A* 2015 act. 618).

Il convient toutefois de relever que la loi du 11 mai 2020 (n° 2020-546) prorogeant l'état d'urgence sanitaire est venue apporter certaines précisions quant à l'engagement de la responsabilité des élus locaux dans le domaine de la santé publique. Le nouvel article L 3136-2 du Code de la santé publique prévoit désormais que « l'article L 121-3 du code pénal est applicable en tenant compte des compétences, du pouvoir et des moyens dont disposait l'auteur des faits dans la situation de crise ayant justifié l'état d'urgence sanitaire, ainsi que de la nature de ses missions ou de ses fonctions, notamment en tant qu'autorité locale ou employeur ». Cette disposition permet de répondre aux inquiétudes manifestées notamment par les maires face au risque d'engagement de leur responsabilité dans les décisions prises au plan local (s'agissant par exemple de la réouverture des écoles à l'issue du confinement imposé par l'épidémie de covid-19).

C – La responsabilité financière

Lorsqu'un élu méconnaît la règle de la séparation des ordonnateurs et des comptables qui lui interdit de manier des deniers publics, il se rend coupable de gestion de fait. Dans ce cas de figure, l'élu peut être condamné à une amende par la chambre régionale et territoriale des comptes. Seul le comptable public est, en effet, habilité à procéder au recouvrement de recettes et au paiement de dépenses.

Par ailleurs, dans la mesure où l'élu local a la qualité d'ordonnateur des dépenses de la collectivité, sa responsabilité peut être engagée devant la Cour de discipline budgétaire et financière.

Cour de discipline budgétaire et financière, 20 décembre 2001, *Tanky contre Région de Guadeloupe, AJDA* 2003. 1124, obs. N. Groper

La présidente du conseil régional avait refusé d'exécuter une décision de justice condamnant la collectivité au paiement d'une astreinte. La Cour a alors prononcé une sanction à l'encontre de la présidente se traduisant par la condamnation au paiement d'une amende.

Chapitre 2
Les établissements publics

L'essentiel

Parmi les acteurs du droit des collectivités territoriales, figurent des établissements publics locaux dont le rôle tend à s'accroître en raison du développement de l'intercommunalité fondée sur une coopération entre les communes et sur la définition d'un projet commun pour chaque établissement public de coopération intercommunale. Ce mouvement, qui a connu une accélération à la fin des années 1990, n'a pas cessé d'évoluer depuis, ainsi qu'en témoigne la création des métropoles qui préfigure peut-être la constitution de communes de taille plus importante. Toutefois, la création d'établissements publics ne concerne pas exclusivement les communes, les régions et les départements peuvent également mettre en œuvre des dispositifs de coopération, même si l'intercommunalité est beaucoup plus aboutie.

Section 1 – La coopération intercommunale

Les structures intercommunales sont diverses, certaines sont constituées sous la forme d'établissements publics de coopération intercommunale (EPCI) à fiscalité propre, tandis que d'autres sont des établissements publics sans fiscalité propre. Il existe également une nouvelle catégorie formée par les métropoles dont le champ de compétence s'avère particulièrement étendu : il s'agit d'un EPCI d'un nouveau genre dont la création tend à obscurcir davantage le paysage de l'intercommunalité, au demeurant déjà complexe.

§ 1 – Le syndicat de communes

Définition : Si la création d'EPCI à fiscalité propre correspond à une intercommunalité de projet fondée sur la définition d'un intérêt communautaire, le syndicat de communes s'inscrit, quant à lui, dans le cadre d'une intercommunalité de gestion.

Mission : Il a ainsi pour vocation de gérer des services publics communs à plusieurs communes. Il s'agit d'une forme ancienne de coopération intercommunale créée par la loi du 22 mars 1890 pour les syndicats de communes à vocation unique (SIVU). Ils peuvent toutefois être à vocation multiple (SIVOM) depuis l'ordonnance du 5 janvier 1959 (n° 59-33 relative à la décentralisation et à la simplification de l'administration communale).

Les syndicats de communes sont fréquemment utilisés pour mettre en commun la gestion d'un service public de distribution d'eau ou d'enlèvement et de traitement des ordures ménagères. Néanmoins, il n'est pas exclu que le champ d'action d'un syndicat de communes outrepasse le seul cadre de la gestion d'un service public : comme l'énonce l'article L. 5212-1 du CGCT, un syndicat de communes peut être constitué en vue « d'œuvres ou de services d'intérêt communal ». Les communes peuvent donc leur confier des compétences qui ne se limitent pas à la gestion de services collectifs.

Sous l'impact de l'intercommunalité de projet, le nombre des syndicats de communes tend cependant à décroître, la loi du 16 décembre 2010 suivie par la loi NOTRe du 7 août 2015 prévoient la réduction du nombre des syndicats au profit des EPCI. L'intercommunalité de projet semble devenir la norme.

I – Création des syndicats de communes

Le syndicat de communes est créé à l'initiative des communes membres : si tous les conseils des communes intéressées affirment leur volonté de créer un syndicat, le préfet prend acte de ce consensus et procède à la création par voie d'arrêté.

En l'absence de consensus, le syndicat pourra être créé si les deux tiers des conseils municipaux représentant au moins la moitié de la population se prononcent en faveur de cette création (ou si la moitié des conseils municipaux représentant au moins les deux tiers de la population sont favorables). Cela implique que l'appartenance à un syndicat de communes peut être imposée à une commune, en dépit du désaccord exprimé par le conseil municipal. L'objectif est d'éviter que l'opposition de quelques communes ne puisse, à elle seule, entraver la création du syndicat. Lorsque les conditions de majorité susmentionnées sont satisfaites, le préfet détermine le périmètre du syndicat de communes par le biais d'un arrêté préfectoral.

II – Fonctionnement

Les conseils municipaux des communes membres doivent désigner le comité syndical qui est l'assemblée délibérante de l'établissement. Chaque conseil municipal doit alors élire deux représentants au comité syndical, ce dernier devra ensuite désigner le président parmi les élus au comité syndical.

Cette assemblée a notamment pour compétence de voter le budget du syndicat composé des contributions versées par les communes membres et des taxes et redevances perçues sur les usagers du service (ou des services) géré(s) par le syndicat.

III – Dissolution

Le syndicat peut être créé pour une durée déterminée et, au terme de cette durée, il sera dissous de plein droit.

Il peut aussi être dissous par délibération des conseils municipaux, ou lorsque ses compétences sont transférées à un EPCI à fiscalité propre.

De plus, dans le dessein de rationaliser la carte de l'intercommunalité, les lois du 16 décembre 2010 et du 7 août 2015 permettent au préfet de procéder à la dissolution d'un syndicat de communes.

§ 2 – Les EPCI à fiscalité propre

I – Nature juridique

A – Une personne morale de droit public fédérative

Un EPCI est une personne morale de droit public constituée par l'association de plusieurs communes afin de mutualiser des moyens et des services au profit d'un projet commun à l'ensemble du territoire de l'établissement. C'est une structure fédérative placée sous un régime de fiscalité propre, il dispose ainsi du droit de prélever l'impôt, soit à la place des communes, soit de manière additionnelle aux impôts prélevés par les communes.

La création d'un EPCI s'inscrit dans l'un des objectifs affichés par l'intercommunalité, à savoir, remédier à l'émiettement communal dans le dessein de réaliser des économies. La mise en commun de compétences et de services est censée rendre leur gestion moins onéreuse. Telle est tout du moins l'ambition affichée même si la réalité s'éloigne quelque peu de ces objectifs en raison des doublons qui subsistent encore fréquemment entre les services des EPCI et ceux des communes membres.

Il n'en demeure pas moins que l'EPCI à fiscalité propre est aujourd'hui une formule qui recueille massivement l'adhésion des communes car, selon les chiffres de la direction générale des collectivités territoriales du ministère de l'Intérieur, seules 27 communes ne sont pas membres d'un EPCI. La France compte 1 254 établissements publics, ce nombre ayant été réduit sous l'effet de la loi NOTRe du 7 août 2015 qui a fixé un objectif de lutte contre l'émiettement intercommunal en procédant à des fusions.

B – La distinction entre EPCI et collectivités territoriales

1. Le principe de spécialité

L'EPCI ne peut exercer que les compétences définies dans ses statuts, étant précisé que cette règle se conjugue avec un autre principe : celui d'exclusivité. Une fois que la compétence a été transférée à l'EPCI, la commune ne peut plus intervenir (CE, ass., 16 oct. 1970, *Commune de Saint-Vallier, Rec.* p. 583). Néanmoins, compte tenu des compétences qui peuvent lui être confiées, l'interprétation du principe de spécialité paraît extensive. Dès lors, se pose la question de la différenciation entre l'EPCI et la notion de collectivité territoriale, le passage de l'un à l'autre n'étant d'ailleurs pas exclu : la loi du 16 décembre 2010 de réforme des collectivités territoriales a ainsi prévu qu'un EPCI pouvait se transformer en « commune nouvelle », c'est-à-dire en collectivité territoriale. Les communes membres sont alors absorbées par la commune nouvelle, sauf si elles demandent à bénéficier d'un statut de communes déléguées afin, notamment, de disposer d'un maire-délégué.

2. L'absence de clause générale de compétence

Contrairement aux communes qui le composent, l'EPCI ne dispose pas de la clause générale de compétence (il convient toutefois de préciser que la métropole de Lyon, qui a le statut de collectivité territoriale, bénéficie de cette clause). Les compétences reconnues aux établissements publics par la loi sont, certes, étendues (urbanisme, logements, développement économique, aménagement du territoire, voirie, équipements collectifs, etc.), mais à la différence des organes délibérants des communes, l'EPCI ne peut statuer sur toute question qui présenterait un intérêt pour son territoire. Il n'a pas de compétence générale, mais uniquement une compétence d'attribution, et ce, en vertu du principe de spécialité. Les interventions facultatives répondant à un intérêt public local restent ainsi de la seule compétence des communes dès lors que l'EPCI n'a pas expressément reçu l'autorisation d'agir en la matière.

Si l'EPCI à fiscalité propre est construit autour d'un projet reposant sur un intérêt communautaire, cette notion ne lui confère pas pour autant vocation à intervenir dans tous les domaines qui répondent à un tel intérêt. Elle permet simplement de départir les compétences transférées à l'EPCI de celles qui demeurent dans le giron des communes membres.

La définition de l'intérêt communautaire repose toutefois sur l'organe délibérant de l'EPCI sans que les communes membres ne soient appelées à se prononcer : la détermination de cet intérêt suppose en effet une délibération de l'assemblée de l'EPCI adoptée à la majorité des 2/3, et ce, pour l'ensemble des établissements depuis la loi NOTRe du 7 août 2015. On perçoit alors l'étendue du pouvoir qui peut être reconnu à l'EPCI dans la détermination du champ de ses compétences, mais il n'en reste pas moins que cela ne lui confère pas une compétence générale pour intervenir sur tout sujet d'ordre communautaire. Ses interventions sont circonscrites par la définition de ses domaines de compétence, conformément au principe de spécialité.

3. Le mode de désignation des conseillers communautaires

Outre l'absence de clause générale de compétence, le mode de désignation des conseillers communautaires a pendant longtemps constitué un critère de distinction entre EPCI et collectivités territoriales : initialement, l'organe délibérant était composé de conseillers élus par les conseils municipaux des communes membres. La loi du 16 décembre 2010 a cependant apporté une évolution qui était attendue en prévoyant un système de fléchage lors de l'élection des conseils municipaux. La loi indique que les premiers candidats sur les listes ont vocation à siéger au sein du conseil de l'EPCI (G. Merland, « La loi du 16 décembre 2010 de réforme des collectivités territoriales et le renforcement de la légitimité démocratique des EPCI », *Dr. adm.* 2011. 7).

Les lois organique et ordinaire du 17 mai 2013 (respectivement n° 2013-402 et n° 2013-403 relatives à l'élection des conseillers départementaux, des conseillers municipaux et des conseillers communautaires) s'inscrivent dans la même veine : elles visent, notamment, à accroître la légitimité démocratique des EPCI dont le champ des compétences peut être relativement vaste. À la différence de la loi du 16 décembre 2010, celle du 17 mai 2013 prévoit néanmoins l'établissement de deux listes distinctes : d'après le nouvel article L. 273-9 du Code électoral, dans les communes de 1 000 habitants et plus, « la liste des candidats aux sièges de conseillers communautaires figure de manière distincte sur le même bulletin que la liste des candidats au conseil municipal dont elle est issue », étant précisé que cette liste est logiquement soumise à l'obligation de parité, comme pour les conseillers municipaux. L'article précité prévoit également que « les candidats aux sièges de conseillers communautaires figurent dans l'ordre de présentation dans lequel ils apparaissent sur la liste des candidats au conseil municipal ».

Par souci d'adéquation, l'article L. 273-9 énonce que les candidats figurant dans le premier quart de la liste des candidats aux sièges de conseillers communautaires doivent également figurer, dans un ordre identique, en tête de la liste des candidats au conseil municipal. Cela permet d'éviter qu'un candidat élu au conseil de l'EPCI ne soit pas élu au conseil municipal.

Dans les communes de moins de 1 000 habitants, les conseillers municipaux sont désignés dans l'ordre du tableau pour siéger au sein du conseil de l'EPCI. L'ordre du tableau est défini par l'article R. 2121-2 du CGCT : il comprend en premier lieu le maire, en second lieu, les adjoints dans l'ordre de leur nomination puis les conseillers municipaux.

L'évolution est sans doute moins remarquable dans les petites communes, mais les nouvelles modalités applicables à la désignation des conseils communautaires dans les communes de 1 000 habitants et plus tendent à rapprocher un peu plus l'EPCI de la collectivité territoriale. Pour autant, la distinction subsiste, même si elle peut sembler ténue à certains égards.

II – Repères historiques

L'intercommunalité de projet s'est construite en plusieurs étapes successives dont les principales figurent ci-dessous.

Textes	Apport
Ordonnance du 9 janvier 1959	Elle a créé les syndicats de communes à vocation multiple. Elle a également mis en place les districts urbains dotés de compétences obligatoires et d'une fiscalité propre. Aujourd'hui, ces districts ont disparu et se sont transformés en communauté d'agglomération.
Loi du 31 décembre 1966 (loi n° 66-1069 relative aux communautés urbaines)	Elle a créé les communautés urbaines au profit des plus grandes agglomérations. Ces communautés disposent de compétences exercées de plein droit en matière d'urbanisme, de transport, ou de voirie. Elles sont, par ailleurs, soumises à une fiscalité propre qui s'additionne à la fiscalité perçue par les communes.
Loi du 6 février 1992 (loi n° 92-125 relative à l'administration territoriale de la République)	Elle a créé les communautés de communes qui ne sont soumises à aucun seuil démographique pour être créées, et les communautés de ville visant, quant à elles, les agglomérations de plus de 20 000 habitants. Toutes deux doivent être créées en vue de la réalisation d'un projet commun de développement et d'aménagement du territoire. L'intercommunalité tend désormais vers la définition d'un projet de territoire intercommunal (il convient toutefois de préciser que les compétences des syndicats de communes ne se limitent pas toujours à la gestion de services publics, mais, avec la loi du 6 février 1992, l'intercommunalité de projet s'affirme explicitement).

Loi du 12 juillet 1999 (loi n° 99-586 relative au renforcement et à la simplification de la coopération intercommunale)	Cette loi supprime les communautés de ville et les districts. Les EPCI à fiscalité propre sont désormais organisés autour des communautés de communes, des communautés d'agglomération et des communautés urbaines. Ces établissements doivent être constitués d'un seul tenant et sans enclave.
Loi du 13 août 2004 (loi n° 2004-809 relative aux libertés et responsabilités locales)	Elle affiche une volonté de rationalisation en facilitant la transformation des syndicats de communes en EPCI à fiscalité propre. Elle encourage également les fusions d'EPCI afin de concevoir des structures disposant d'une taille plus importante.
Loi du 16 décembre 2010 de réforme des collectivités territoriales (loi n° 2010-1563)	La volonté de rationaliser la carte de l'intercommunalité s'est poursuivie par la loi du 16 décembre 2010 qui reconnaît des pouvoirs plus étendus au préfet pour parvenir à la réalisation de cet objectif, au mépris de l'autonomie des communes (loi n° 2010-1563 de réforme des collectivités territoriales). Sur ce point, les objectifs de la loi du 16 décembre 2010 ont été quelque peu assouplis par la loi du 29 février 2012 qui a, notamment, fixé un délai supplémentaire pour parachever la carte de l'intercommunalité (loi n° 2012-281 visant à assouplir les règles relatives à la refonte de la carte intercommunales). La loi du 16 décembre 2010 a également créé les métropoles, nouvelle forme d'EPCI à fiscalité propre dotée de compétences étendues.
Loi du 27 janvier 2014 de modernisation de l'action publique territoriale et d'affirmation des métropoles (loi n° 2014-58)	Elle modifie les conditions de création et de fonctionnement des métropoles : elle abaisse le seuil de population exigé pour créer une métropole et elle redéfinit leurs compétences. La loi procede, par ailleurs, à la création de trois métropoles dotées chacune d'un statut particulier.
Loi du 7 août 2015 portant nouvelle organisation territoriale de la République (loi n° 2015-991)	Ce texte poursuit l'objectif de rationalisation de la carte intercommunale avec pour dessein de construire des EPCI de taille plus importante, ce qui explique que le législateur ait fixé un seuil de 15 000 habitants, tout en prévoyant des dérogations. Dans la lignée de la loi du 16 décembre 2010, le texte de 2015 confère aux préfets des pouvoirs importants pour lui permettre notamment de procéder à des fusions d'EPCI n'atteignant pas le seuil précité. La loi tend par ailleurs à renforcer les compétences des communautés de communes et des communautés d'agglomération en matière de développement économique et elle précise les compétences des métropoles (s'agissant notamment des compétences que ces établissements peuvent exercer par délégation ou transfert du département).

Loi du 28 février 2017 relative au statut de Paris et à l'aménagement métropolitain	Afin de favoriser la création de métropoles, cette loi assouplit les conditions de création en abaissant les seuils exigés.
Loi du 27 décembre 2019 relative à l'engagement dans la vie locale et à la proximité de l'action publique	La construction intercommunale ayant connu des progrès substantiels, cette loi a pour objet de resserrer les liens entre les communes et leurs EPCI, en améliorant notamment la place des maires. Le texte crée ainsi un pacte de gouvernance qui a pour objet de définir les relations entre les maires et les EPCI. Elle prévoit aussi la création de la conférence des maires sous la forme d'une assemblée consultative afin de leur permettre de mieux faire entendre leurs voix au sein de l'établissement. Le texte apporte également des évolutions importantes aux dispositions régissant l'exercice des compétences en introduisant plus de souplesse, l'établissement pouvant rétrocéder certaines compétences aux communes membres.

III – La création d'un EPCI à fiscalité propre

A – Le rôle de la commission départementale de coopération intercommunale (CDCI)

Sa création est le fruit de la loi du 6 février 1992. Ses attributions sont définies par l'article L. 5211-45 du CGCT : elle a pour objet de promouvoir la coopération intercommunale dans le département, mais aussi de formuler des propositions visant à rationaliser la carte de l'intercommunalité. Elle est chargée d'élaborer le schéma départemental de coopération qui constitue un outil de planification pour le département. En vertu de l'article L. 5210-1-1 du Code, ce schéma doit prévoir une couverture intégrale du territoire par des EPCI à fiscalité propre, ainsi que la suppression des enclaves et discontinuités territoriales. Le schéma est préparé par le préfet, qui préside la CDCI, puis adopté par elle.

La loi du 16 décembre 2010 a, par ailleurs, renforcé les attributions de la commission départementale en prévoyant qu'elle devait être obligatoirement consultée sur tout projet de modification du périmètre d'un EPCI, ou sur tout projet de fusion d'EPCI, qui diffère du schéma précité. Cela tend à démontrer le rôle contraignant que revêt ce document à l'égard des communes : s'il n'est pas exclu qu'un projet s'écarte de ce schéma, sa concrétisation suppose toutefois de consulter la CDCI.

Outre le préfet qui préside la commission, elle est également composée de représentants de maires, d'adjoints et de conseillers municipaux, de représentants d'EPCI ayant leur siège dans le département, de représentants des conseils départementaux, et enfin, de représentants du conseil régional. Ainsi composée, la commission est appelée à jouer un rôle important dans la création d'EPCI, mais les pouvoirs de cette commission peuvent sembler résiduels si on les compare aux pouvoirs du préfet.

B – Le rôle du préfet

1. Un pouvoir de contrainte

En vertu de l'article L. 5211-5 du CGCT, il s'avère que la création d'un EPCI relève du représentant de l'Etat :

« Le périmètre d'un EPCI peut être fixé par arrêté du représentant de l'État dans le département lorsque les communes font partie du même département ou par arrêté conjoint des représentants de l'État dans les départements concernés. »

La liste des communes incluses dans le périmètre de l'établissement est arrêtée par le préfet. Si cette liste est approuvée par les 2/3 au moins des conseils municipaux intéressés représentant plus de la moitié de la population (ou inversement par la moitié des conseils municipaux intéressés représentant plus des 2/3 de la population), le préfet pourra arrêter les contours de l'EPCI. Cela implique que la création d'un EPCI peut être imposée à une commune contre son gré, l'objectif étant de passer outre les réticences de certaines communes qui pourraient entraver la création d'un EPCI (CE, ord., 1er mars 2006, *Ministre délégué aux collectivités territoriales*, *AJDA* 2006. 521). La loi du 16 décembre 2010 a cependant prévu que la création d'un EPCI était subordonnée également à l'accord du « conseil municipal de la commune dont la population est la plus nombreuse, lorsque celle-ci est supérieure au quart de la population totale concernée » (art. L. 5211-5 II CGCT).

L'initiative de la création ne provient pas nécessairement du préfet, elle peut être le fait des communes elles-mêmes, le préfet étant ensuite compétent pour définir le périmètre de l'établissement et, ainsi, inclure des communes qui n'avaient pas initialement exprimé leur souhait d'intégrer l'établissement (CE 2 oct. 1996, *Commune de Bourg-Charente*, *Rec.* p. 361).

2. L'exigence de continuité territoriale

Pour la détermination du périmètre de l'EPCI, le préfet doit tenir compte de cet impératif posé par la loi du 12 juillet 1999 : l'EPCI doit être d'un seul tenant et sans enclave. Des dérogations ont, cependant, été introduites par la loi du 29 février 2012 en cas de situation géographique particulière.

L'exigence de continuité territoriale justifie que le rattachement à un EPCI puisse être imposé à une commune.

Cons. const. 23 janvier 2014, n° 2013-687 DC

Les auteurs de la saisine contestaient notamment les dispositions de la loi de modernisation de l'action publique territoriale et d'affirmation des métropoles imposant à la commune de Paris, aux communes des Hauts-de-Seine, de Seine-Saint-Denis et du Val-de-Marne d'être regroupées au sein d'un nouvel EPCI : la métropole du Grand Paris. Ils estimaient, en effet, que cela portait atteinte au principe de libre administration. Le Conseil constitutionnel reconnaît que tel est le cas, les dispositions contestées amenuisent la portée de ce principe. Toutefois, il considère que cette atteinte est justifiée par un but d'intérêt général, à savoir assurer la continuité territoriale de cet EPCI. Il apparaît ainsi que cet objectif peut primer sur le principe de libre administration.

3. Des pouvoirs exceptionnellement étendus

Les pouvoirs du préfet ont été accrus, de manière exceptionnelle pour l'année 2013, par la loi du 16 décembre 2010 afin d'accélérer la construction intercommunale, tout le territoire national devant être couvert par un EPCI à fiscalité propre, mais aussi afin de favoriser la création d'EPCI de taille plus importante.

Pour assurer l'exécution du schéma départemental de coopération intercommunale, le préfet a pu créer un EPCI, fusionner plusieurs EPCI, ou modifier le périmètre d'un établissement. Si les communes devaient être consultées, leur avis ne liait pas le préfet qui pouvait agir d'office, par décision motivée. Ces pouvoirs exceptionnels, qui ont fortement réduit l'autonomie des communes, n'ont cependant pas été jugés contraires au principe de libre administration par le Conseil constitutionnel en raison de l'intérêt général qui s'attache à l'achèvement et à la rationalisation de la carte de l'intercommunalité (QPC n° 2013-303, *Commune de Puyravault* ; QPC n° 2013-404, *Commune de Couvrot*, obs. P. Lutton, *Constitutions* 2013. 397). Il existait, toutefois, un tempérament : si la commission départementale de coopération intercommunale se prononçait à la majorité des 2/3 pour un autre projet, le préfet devrait le mettre en œuvre.

Par ailleurs, dans les départements qui n'étaient pas dotés d'un schéma départemental de coopération intercommunale au 31 décembre 2011, tout projet de fusion, création, ou extension d'un EPCI était soumis à la consultation de la commission, en vertu de la loi du 29 février 2012. Le préfet devait alors intégrer, dans son arrêté, les propositions de modification adoptées par la commission.

La loi du 7 août 2015 a accordé, elle aussi, des pouvoirs temporaires au préfet afin de créer, modifier ou fusionner des EPCI (les nouveaux périmètres devaient être établis au 15 juin 2016). Le préfet a alors pu créer des EPCI de taille plus importante, le seuil minimal étant désormais fixé à 15 000 habitants (des dérogations existent néanmoins, notamment dans les départements dont la densité est inférieure à la densité moyenne des départements, mais le seuil ne peut être inférieur à 5 000 habitants). La procédure spécifique prévue par le législateur de 2010 a donc été reconduite en 2015, l'objectif de rationalisation de l'intercommunalité a une fois encore primé sur le principe de libre administration.

La loi NOTRe a également précisé la procédure à suivre en cas de rattachement d'une commune isolée à un EPCI, et ce afin de tenir compte de la jurisprudence du Conseil constitutionnel, lequel a considéré que la procédure définie initialement par la loi du 16 décembre 2010 portait une atteinte disproportionnée au principe de libre administration (Cons. const. 25 avr. 2014, n° 2014-391 QPC, *Commune de Thonon-les-Bains*, *JCP A* 7 juill. 2014, p. 18, note A. Gardère). La procédure est désormais encadrée puisque le préfet doit tenir compte du schéma départemental de coopération intercommunale ; de même, les avis de la commune isolée, de l'EPCI de rattachement, et des communes membres sont requis. Ces avis doivent ensuite être transmis à la commission départementale de coopération intercommunale qui dispose d'un mois pour se prononcer. Si cette dernière propose un autre projet de rattachement à la majorité des 2/3 de ses membres, c'est ce second projet qui devra être mis en œuvre, et non celui du préfet. Les pouvoirs de contrainte du représentant de l'État sont donc plus encadrés, conformément aux exigences du Conseil constitutionnel (art. L. 5210-1-2 CGCT).

IV – Le fonctionnement de l'EPCI

A – Les organes de l'établissement

1. L'organe délibérant

Les EPCI à fiscalité propre sont dotés d'un conseil de communauté (pour les métropoles, il s'agit d'un conseil de métropole). La désignation des membres de ces organes délibérants a lieu selon un mode d'élection plus direct depuis 2014, les conseillers communautaires étant élus par les électeurs le même jour que les conseillers municipaux. Ils ne sont donc plus élus par les conseillers municipaux comme c'était le cas avant l'adoption des lois du 16 décembre 2010 et du 17 mai 2013 (loi organique n° 2013-402 et loi ordinaire n° 2013-403 du 17 mai 2013 relative à l'élection des conseillers municipaux, des conseillers départementaux et des conseillers communautaires).

Dans les communes de 1 000 habitants et plus, la loi précitée du 17 mai 2013 a également introduit une obligation de parité : la liste des candidats aux sièges de conseillers communautaires est composée alternativement de candidats de chaque sexe.

Le mandat de conseiller communautaire reste intimement lié à celui de conseiller municipal : c'est ainsi que le mandat de conseiller communautaire expire logiquement lors du renouvellement du conseil municipal (art. L. 5211-8 CGCT).

La composition de l'organe délibérant de l'EPCI varie selon le nombre d'habitants que comportent les communes membres de l'établissement. Cette composition oscille plus précisément entre 16 et 130 conseillers (art. L. 5211-6-1 CGCT). Les sièges à pourvoir sont répartis entre les communes membres à la représentation proportionnelle à la plus forte moyenne, sur la base de la population municipale. Il existe toutefois quelques garde-fous : chaque commune doit disposer au minimum d'un siège et une commune ne peut obtenir plus de la moitié des sièges.

En vertu de l'article L. 5211-11 du CGCT, l'organe délibérant se réunit au moins une fois par trimestre, la règle est identique à celle qui s'applique aux conseils municipaux. Les règles de convocation des conseillers sont également calquées sur celles qui prévalent dans les communes.

2. L'exécutif

Le président de l'EPCI est élu par l'organe délibérant de l'établissement. L'article L. 5211-9 du CGCT prévoit qu'il prépare et exécute les délibérations de l'organe délibérant, son rôle est donc identique à celui du maire à cet égard. De même, à l'instar de l'exécutif communal, il est le chef des services de l'EPCI, étant précisé qu'il peut cependant déléguer une partie de ses fonctions aux vice-présidents.

Le président de l'EPCI peut, par ailleurs, disposer d'un pouvoir de police dans certains domaines. Lorsqu'un EPCI est compétent en matière d'assainissement, les maires des communes membres transfèrent au président de l'établissement les attributions qui lui permettent de réglementer cette activité (art. L. 5211-9-2 CGCT). Il en est de même en matière de gestion des déchets. Pour autant, à la différence des maires, le président de l'EPCI à fiscalité propre ne dispose pas d'un pouvoir de police administrative générale, le champ de ce pouvoir de police demeure sectoriel, même si les cas de transfert en direction du président de l'EPCI tendent à se multiplier. Aux hypothèses précitées, s'ajoutent aussi la réglementation applicable aux aires d'accueil des gens du voyage, ou encore la réglementation de la circulation et du stationnement.

3. Le bureau

Il est composé du président et des vice-présidents, dont le nombre ne peut excéder 20 % de l'effectif de l'organe délibérant, et sans pouvoir outrepasser le nombre de 15. Un ou plusieurs membres du conseil de l'EPCI peuvent également en faire partie.

Le bureau peut recevoir des délégations de pouvoir de la part du conseil de l'établissement, réserve faite des compétences budgétaires, des questions relatives à la composition et au fonctionnement de l'EPCI, ou encore, des compétences liées à la définition des orientations en matière d'aménagement de l'espace communautaire, d'équilibre social de l'habitat, et de politique de la ville (art. L. 5211-10 CGCT).

4. Le conseil de développement

La loi NOTRe du 7 août 2015 fait obligation à tout EPCI à fiscalité propre de plus de 20 000 habitants de mettre en place un conseil de développement permettant d'associer la société civile au fonctionnement de l'EPCI, qu'il s'agisse d'une communauté de communes, d'une communauté d'agglomération, d'une communauté urbaine ou d'une métropole (art. L. 5211-10-1 CGCT). Ce seuil de 20 000 habitants a ensuite été relevé par la loi du 27 décembre 2019 (loi relative à l'engagement dans la vie locale et à la proximité de l'action publique) pour passer à 50 000, ce qui n'empêche pas les EPCI ayant moins de 50 000 habitants de créer un tel conseil, à titre facultatif.

Les membres de ce conseil de développement sont des représentants des milieux économiques, sociaux, culturels, éducatifs, scientifiques, environnementaux et associatifs. Ils sont chargés de donner des avis sur le projet de territoire de l'EPCI ou sur les documents de planification.

5. La conférence des maires

La loi du 27 décembre 2019 relative à l'engagement dans la vie locale et à la proximité de l'action publique a prévu la création d'une conférence des maires, dans laquelle siègent les maires des communes membres, afin de les associer plus étroitement aux décisions de l'EPCI, même s'il convient de préciser que cette conférence n'a qu'un rôle consultatif (art. L 5211-11-3 CGCT).

Son mode de fonctionnement peut être précisé par le pacte de gouvernance dont l'objet est, plus largement, d'améliorer les relations entre les communes et l'EPCI. À ce titre, le pacte peut aussi prévoir la création de commissions spécialisées associant les maires, ou encore les conditions dans lesquelles un maire peut bénéficier d'une délégation de la part du président de l'EPCI pour assurer l'entretien courant d'infrastructures communautaires.

La loi du 27 décembre 2019 a résolument manifesté le souhait de resserrer les liens entre les communes et leur EPCI par l'entremise des maires.

B – Les pouvoirs de l'EPCI

1. Un pouvoir de substitution relatif

L'article L. 5211-4-1 du CGCT prévoit que le transfert de compétences d'une commune à un EPCI doit s'accompagner du transfert des services et agents affectés à cette compétence. Cependant, il n'est pas exclu, pour des raisons tenant à la bonne organisation des services, qu'une commune conserve tout ou partie du service concerné par le transfert de compétences, notamment si ce transfert n'est que partiel. Si l'intercommunalité de projet affiche notamment pour objectif d'assurer la mutualisation des moyens, certaines entorses semblent tolérées. Dans ce cas de figure, les services de la commune peuvent être mis à disposition de l'EPCI.

Dans le cadre des compétences transférées, l'EPCI a en principe vocation à se substituer aux communes membres, mais cette substitution peut paraître relative dans la mesure où les transferts de services et de personnels ne s'imposent pas dans toutes les hypothèses.

Avant l'entrée en vigueur de la loi précitée du 27 décembre 2019, les compétences de l'EPCI pouvaient être classées en 3 grandes catégories :

– **les compétences obligatoires** prévues par la loi et transférées de plein droit lors de la création de l'établissement ;
– **les compétences optionnelles** qui prennent la forme d'une liste dans laquelle les communes doivent obligatoirement choisir ;
– **les compétences facultatives** qui ne sont pas énumérées par les textes, mais que les communes peuvent décider de transférer à l'EPCI.

La loi du 27 décembre 2019 a toutefois supprimé la catégorie des compétences optionnelles, ce qui implique la substitution des compétences facultatives aux compétences optionnelles. Il n'existe donc désormais que deux catégories de compétences.

2. Les attributions de l'EPCI en matière de fiscalité

• **Dans le cas des EPCI à fiscalité additionnelle,** l'EPCI perçoit une part additionnelle à celle perçue par les communes s'agissant de la contribution foncière des entreprises et de la contribution sur la valeur ajoutée des entreprises (ces deux contributions, appelées « contribution économique territoriale », remplacent la taxe professionnelle). S'ajoute à cela une part additionnelle de la taxe d'habitation (remplacée en partie par une dotation de l'État en raison de la suppression partielle et progressive de cette taxe) et de la taxe foncière. Dans les EPCI à fiscalité additionnelle, l'établissement a ainsi le pouvoir de percevoir une fraction de ces différentes impositions.

• **Dans les EPCI à fiscalité unique,** l'établissement perçoit la cotisation foncière des entreprises et la cotisation sur la valeur ajoutée des entreprises à la place des communes membres. S'agissant de la taxe d'habitation et de la taxe foncière, il perçoit toutefois une part additionnelle ce qui incite plutôt à les qualifier d'EPCI à fiscalité mixte associant fiscalité professionnelle unique et fiscalité additionnelle.

L'organe délibérant de l'EPCI est compétent pour voter le taux qui vient se surajouter à celui perçu par les communes en cas de fiscalité additionnelle ; il est également compétent pour déterminer le taux de la contribution économique territoriale en cas de fiscalité professionnelle unique, il se substitue donc aux communes dans ce cas.

3. Des pouvoirs subordonnés au contrôle du représentant de l'État

Les EPCI sont subordonnés, tout comme les communes, au contrôle du représentant de l'État. Les actes soumis à l'obligation de transmission intervenant dans le champ des compétences des communes se doivent ainsi de respecter cette règle pour acquérir valeur exécutoire. À titre d'illustration, les délibérations des EPCI relatives à la passation de marchés publics sont soumises à l'obligation de transmission, comme celles des communes. Et plus largement, tous les actes de l'EPCI sont susceptibles d'être contrôlés par le représentant de l'État qui peut, le cas échéant, faire usage de son déféré préfectoral s'il estime l'acte illégal.

De même, au plan financier, les EPCI subissent les mêmes contrôles que les collectivités territoriales.

V – Les différentes catégories d'EPCI à fiscalité propre

A – La communauté de communes

1. Création

L'article L. 5214-1 du CGCT précise qu'il s'agit d'un regroupement de plusieurs communes d'un seul tenant et sans enclave devant désormais atteindre le seuil de 15 000 habitants puisque la loi NOTRe du 7 août 2015 prévoit que la création d'un EPCI est subordonnée au respect de ce seuil, réserve faite des exceptions admises par la loi en fonction de la densité du département notamment.

La vocation de la communauté de communes est définie au second alinéa de l'article précité : elle a pour objet de créer un projet commun de développement et d'aménagement au sein d'un espace de solidarité.

L'initiative de la création de cet EPCI peut provenir des communes, mais le périmètre de l'établissement sera déterminé par un arrêté préfectoral (art. L. 5211-5 CGCT).

Les règles de fonctionnement des communautés de communes sont celles applicables aux EPCI à fiscalité propre, règles qui ont été envisagées précédemment.

2. Compétences

a. Compétences obligatoires

La communauté de communes exerce de plein droit, en lieu et place des communes, sept blocs de compétences obligatoires, les quatre derniers étant issus de la loi du 7 août 2015 (art. L. 5214-16 I CGCT) :

- aménagement de l'espace pour la conduite d'actions d'intérêt communautaire ; schéma de cohérence territoriale et schéma de secteur ; plan local d'urbanisme, document d'urbanisme en tenant lieu et carte communale,
- actions de développement économique dans le respect des compétences régionales ; création, aménagement, entretien et gestion des zones industrielle, commerciale, tertiaire, artisanale, touristique, portuaire et aéroportuaire ; politique locale du commerce et soutien aux activités commerciales d'intérêt communautaire ; promotion du tourisme,
- gestion des milieux aquatiques et prévention des inondations,
- création, aménagement, entretien et gestion des aires d'accueil des gens du voyage,
- collecte et traitement des déchets ménagers,
- assainissement (à compter du 1er janvier 2020 ou à partir de 2026),
- eau (à compter du 1er janvier 2020 ou à partir de 2026).

Pour ces deux dernières catégories de compétences, la loi du 3 août 2018, relative à la mise en œuvre des transferts de compétence eau et assainissement des communes, a assoupli les dispositions de la loi du 7 août 2015. Le transfert peut en effet être repoussé à 2026 alors que la loi NOTRe avait prévu un transfert obligatoire au 1er janvier 2020.

b. Des compétences optionnelles aux compétences facultatives

Avant l'entrée en vigueur de la loi du 27 décembre 2019, l'article L. 5214-16 II CGCT prévoyait que la communauté de communes devait, en plus de ses compétences obligatoires, exercer des compétences dans au moins trois des neuf groupes suivants :

– protection et mise en valeur de l'environnement,
– politique du logement et du cadre de vie,
– création, aménagement et entretien de la voirie,
– construction, entretien et fonctionnement d'équipements sportifs, culturels et scolaires,
– action sociale d'intérêt communautaire (éventuellement par l'entremise d'un centre intercommunal d'action sociale),
– gestion de la politique de la ville,
– assainissement,
– eau,
– création et gestion des maisons de service au public.

Il convient toutefois de préciser qu'à compter du 1er janvier 2020 ou à compter de 2026, l'eau et l'assainissement font partie des compétences obligatoires.

La rédaction de l'article L. 5214-16 II a été modifiée par la loi du 27 décembre 2019 afin de supprimer la catégorie des compétences optionnelles, les transformant ainsi en compétences facultatives, ce qui simplifie le droit applicable aux communautés de communes. Il est désormais prévu que la communauté de communes peut exercer, en lieu et place des communes, pour la conduite d'actions d'intérêt communautaire, les compétences relevant des groupes précités (à l'exception de l'eau et de l'assainissement qui intègrent les compétences obligatoires).

À cela peuvent s'ajouter d'autres compétences non listées dès lors qu'elles concourent à la réalisation des objectifs de la communauté de communes et qu'elles s'inscrivent dans le cadre du projet commun de l'établissement.

3. Évolution

Une nouvelle commune peut intégrer une communauté de communes après la création de celle-ci, soit à l'initiative du conseil municipal (ce qui suppose l'accord du conseil de la communauté), soit à l'initiative du conseil de la communauté (l'accord du conseil municipal de la commune concernée sera alors exigé), soit à l'initiative du préfet (avec l'accord du conseil municipal et du conseil de la communauté). L'évolution du périmètre de la communauté de communes a pu aussi être le fait des pouvoirs temporaires accordés par le législateur aux préfets en vertu des lois du 16 décembre 2010 et du 7 août 2015 afin de rationaliser la carte de l'intercommunalité.

Les règles qui régissent le retrait d'une commune sont, en revanche, empreintes d'une plus grande rigidité : l'accord du conseil de la communauté sera nécessaire, et les conseils municipaux des autres communes membres devront également se prononcer sur ce retrait (art. L. 5211-19 CGCT). Par dérogation à cet article, une commune peut néanmoins être autorisée, par le préfet, à se retirer d'une communauté de communes pour adhérer à un autre EPCI. Dans cette hypothèse, l'avis de la commission départementale de coopération intercommunale doit être recueilli par le représentant de l'État, mais cet avis ne lie pas sa décision (art. L. 5214-26 CGCT).

B – La communauté d'agglomération

1. Création

Selon l'article L. 5216-1 du CGCT, au moment de sa création, la communauté d'agglomération doit former un ensemble de plus de 50 000 habitants d'un seul tenant et sans enclave, autour d'une ou plusieurs communes centre de plus de 15 000 habitants. Ces exigences liées aux seuils de population sont justifiées par la volonté de constituer des structures de taille suffisante pour développer un projet d'agglomération et œuvrer en faveur de la cohésion sociale, autant d'objectifs qui se retrouvent au sein des compétences de la communauté.

Toutefois, ces seuils démographiques ne s'appliquent pas lorsque la communauté d'agglomération comprend le chef-lieu du département : dans cette hypothèse, la communauté d'agglomération doit former un ensemble de 30 000 habitants.

De même, le seuil des 15 000 habitants n'est pas exigé lorsque la communauté d'agglomération comporte la commune la plus importante du département.

La loi NOTRe du 7 août 2015 tend également à favoriser la création de cette catégorie d'EPCI car elle prévoit que le seuil des 15 000 habitants peut être évalué à l'échelle d'une unité urbaine, et non pas à l'échelle d'une commune. Cette évolution s'inscrit dans l'objectif de réduction du nombre des EPCI puisqu'elle est censée favoriser la création d'EPCI plus importants et plus intégrés.

2. Les compétences des communautés d'agglomération

a. Les compétences obligatoires

Elles exercent de plein droit les compétences des communes dans les domaines suivants (art. L. 5216-5 I CGCT) :

- développement économique,
- aménagement de l'espace communautaire,
- équilibre social de l'habitat,
- politique de la ville,
- gestion des milieux aquatiques et prévention des inondations,
- accueil des gens du voyage,
- collecte et traitement des déchets ménagers,
- eau (à compter du 1er janvier 2020 ou en 2026),
- assainissement (à compter du 1er janvier 2020 ou en 2026).

Les dispositions de la loi du 3 août 2018 permettant de différer le transfert de la compétence eau et assainissement s'appliquent également aux communautés d'agglomération.

b. Des compétences optionnelles aux compétences facultatives

Comme pour les communautés de communes, la loi du 27 décembre 2019 relative à l'engagement dans la vie locale et à la proximité de l'action publique a supprimé les compétences optionnelles des communautés d'agglomération, ce qui signifie que toutes ces compétences sont désormais devenues facultatives (art. L. 5216-5 II CGCT).

Les compétences optionnelles concernaient les blocs suivants (étant précisé que la communauté d'agglomération devait exercer au moins trois compétences parmi ces différents blocs) :

– création, aménagement et entretien de la voirie d'intérêt communautaire ou des parcs de stationnement d'intérêt communautaire,
– protection et mise en valeur de l'environnement et du cadre de vie,
– construction, aménagement, entretien et gestion d'équipements culturels et sportifs d'intérêt communautaire,
– action sociale d'intérêt communautaire,
– création et gestion des maisons de service au public,
– eau,
– assainissement.

Il convient néanmoins de préciser que les compétences liées à l'assainissement et à l'eau sont obligatoires à compter du 1er janvier 2020 (ou en 2026).

La nouvelle rédaction de l'article L 5216-5 II en vigueur après l'adoption de la loi du 27 décembre 2019 indique désormais que la communauté d'agglomération peut, en plus de ses compétences obligatoires, exercer les compétences relevant des groupes susmentionnés.

À cela peuvent s'ajouter d'autres compétences provenant des communes membres, mais aussi d'autres catégories de collectivités territoriales : le département peut, par exemple, confier à la communauté d'agglomération certaines de ses compétences dans le champ de l'action sociale, après conclusion d'une convention.

3. Évolution

Le périmètre de la communauté d'agglomération peut être amené à évoluer, une nouvelle commune pouvant intégrer l'EPCI. Les règles applicables en pareil cas sont analogues à celles qui régissent l'entrée de nouvelles communes dans une communauté de communes :

• Si l'Initiative vient de la commune candidate, le conseil de la communauté devra donner son assentiment.

• Si l'initiative appartient au conseil de la communauté, il faudra l'accord du conseil municipal.

• Enfin, le préfet peut décider d'inclure une nouvelle commune dans le champ de l'EPCI, ce qui suppose de recueillir l'accord du conseil de la communauté et du conseil municipal. Sa décision peut s'inscrire dans le cadre des pouvoirs temporaires que les lois du 16 décembre 2010 et du 7 août 2015 lui ont conférés.

S'agissant du retrait, et par analogie avec les règles régissant le retrait d'une communauté de communes, une commune devra obtenir l'accord du conseil de la communauté et des conseils municipaux des autres communes membres pour se retirer (art. L. 5216-11 CGCT).

C – La communauté urbaine

1. Création

Pour créer une communauté urbaine, il est exigé, au moment de sa création, que l'ensemble soit d'un seul tenant et sans enclave, et regroupe plus de 250 000 habitants. Il s'agit donc d'un ensemble de taille importante.

La loi NOTRe du 7 août 2015 a toutefois prévu une possibilité de dérogation permettant de transformer un EPCI existant en communauté urbaine : en vertu de l'article L. 5215-1 CGCT, le seuil de population ne s'applique pas lorsque l'EPCI comprend une commune qui a perdu la qualité de chef-lieu de région. Il faut par ailleurs que l'EPCI exerce l'intégralité des compétences obligatoires des communautés urbaines, et il faut l'accord des deux tiers au moins des conseils municipaux des communes représentant plus de la moitié de la population, ou la moitié au moins des conseils municipaux des communes représentant les deux tiers de la population, pour créer une communauté urbaine.

2. Compétences

a. Compétences obligatoires

Elle exerce de plein droit les compétences figurant dans les blocs suivants (art. L. 5215-20 I CGCT) :

- développement et aménagement économique, social et culturel ;
- aménagement de l'espace communautaire ;
- équilibre social de l'habitat ;
- politique de la ville ;
- gestion des services d'intérêt collectif ;
- protection et mise en valeur de l'environnement et politique du cadre de vie (ce qui inclut, depuis la loi du 27 janv. 2014, la gestion des milieux aquatiques et la prévention des inondations) ;
- création, aménagement, entretien et gestion des aires d'accueil des gens du voyage.

b. Compétences facultatives

La catégorie des compétences optionnelles n'a jamais existé s'agissant des communautés urbaines compte tenu de l'étendue des compétences obligatoires, mais à titre facultatif, les communautés urbaines peuvent exercer certaines compétences des départements, sous réserve qu'une convention soit conclue en ce sens.

3. Évolution

Une nouvelle commune peut rejoindre la communauté urbaine. Dans cette hypothèse, les règles applicables sont donc analogues à celles qui régissent l'extension des autres catégories d'EPCI à fiscalité propre.

S'agissant du retrait, les règles sont, en revanche, plus contraignantes puisqu'une commune ne peut se retirer d'une communauté urbaine. Cela se justifie par la volonté de préserver la continuité territoriale de l'établissement.

D – Les métropoles

1. La reconnaissance des métropoles

C'est un EPCI à fiscalité propre d'un nouveau genre créé par la loi du 16 décembre 2010 de réforme des collectivités territoriales, afin de doter les plus grandes agglomérations d'une structure plus adaptée à leur taille et d'améliorer leur rayonnement au niveau européen. On peut toutefois souligner la frilosité du législateur qui n'a pas osé faire de la métropole une collectivité territoriale alors que le rapport du

Comité Balladur pour la réforme des collectivités locales de 2009 l'avait suggéré (J.-C. Douence, « Les métropoles », *RFDA* 2011. 258 ; S. Braconnier, « Le fantôme de la métropole », *AJDA* 2011. 65).

Initialement, cet EPCI était réservé aux ensembles urbains d'au moins 500 000 habitants, mais les seuils permettant de créer une métropole ont été abaissés par la loi du 27 janvier 2014 relative à la modernisation de l'action publique territoriale et à l'affirmation des métropoles (loi n° 2014-58), puis par la loi du 28 février 2017 relative au statut de Paris et à l'aménagement métropolitain (loi n° 2017-257).

Le champ d'action des métropoles a été précisé au fil de la législation, la loi NOTRe du 7 août 2015 prévoyant qu'elles exercent de plein droit certaines compétences communales et départementales. À cela s'ajoutent les compétences que la région peut confier à cette nouvelle catégorie d'EPCI, notamment en matière économique, ce qui suppose la conclusion d'une convention entre ces deux personnes publiques.

2. Le régime juridique des métropoles de droit commun

a. Création

D'après **l'article L. 5217-1 du CGCT dans sa rédaction issue de la loi du 27 janvier 2014 :**

> « La métropole est un établissement public de coopération intercommunale à fiscalité propre regroupant plusieurs communes d'un seul tenant et sans enclave au sein d'un espace de solidarité pour élaborer et conduire ensemble un projet d'aménagement et de développement économique, écologique, éducatif, culturel et social de leur territoire afin d'en améliorer la cohésion et la compétitivité et de concourir à un développement durable et solidaire du territoire régional. Elle valorise les fonctions économiques métropolitaines, ses réseaux de transport et ses ressources universitaires, de recherche et d'innovation, dans un esprit de coopération régionale et interrégionale et avec le souci d'un développement territorial équilibré. »

En vertu de cette même disposition, ont accédé par décret au statut de métropole, au 1er janvier 2015, les établissements publics de coopération intercommunale à fiscalité propre qui formaient un ensemble de plus de 400 000 habitants dans une aire urbaine, au sens de l'Institut national de la statistique et des études économiques (Insee), de plus de 650 000 habitants.

De même, peuvent accéder au statut de métropoles :

• **Les établissements publics de coopération intercommunale à fiscalité propre** qui forment, à la date de création de la métropole, un ensemble de plus de 400 000 habitants, et dans le périmètre desquels se trouve le chef-lieu de région.

• **Les autres établissements publics de coopération intercommunale,** centres d'une zone d'emplois de plus de 400 000 habitants au sens de l'Insee, et qui exerçaient déjà, en lieu et place des communes, les compétences dévolues aux métropoles à la date d'entrée en vigueur de la loi du 27 janvier 2014.

Dans ces deux derniers cas de figure, il faut toutefois remplir une double condition de majorité : il faut l'accord des deux tiers des conseils municipaux des communes intéressées représentant plus de la moitié de la population de celles-ci, ou il faut l'accord de la moitié au moins des conseils municipaux des communes représentant les deux tiers de la population. Si ces différentes conditions sont réunies, la métropole est créée par décret.

La nouvelle rédaction de l'article L. 5217-1 du CGCT issue de la loi du 28 février 2017 ouvre l'accès au statut de métropole :
– aux EPCI de plus de 400 000 habitants ;
– aux EPCI centres d'une zone d'emploi de plus de 400 000 habitants ;
– aux EPCI de plus de 250 000 habitants ou comprenant dans leur périmètre, au 31 décembre 2015, le chef-lieu de région, centres d'une zone d'emploi de plus de 500 000 habitants au sens de l'INSEE.

b. Organisation

La métropole est administrée par un conseil de métropole avec, à sa tête, un président.

La métropole comprend aussi une conférence métropolitaine qui est une instance de concertation et de coordination entre les communes membres et la métropole. Cette conférence est présidée par le président du conseil de la métropole et elle comprend les maires des communes membres.

Par analogie avec le conseil économique, social, et environnemental régional (CESER), la métropole doit être dotée d'un conseil de développement qui réunit les représentants des milieux économiques, sociaux, culturels, éducatifs, scientifiques et associatifs de la métropole. À l'image du CESER, il est consulté sur les principales orientations de la métropole et sur les documents de planification.

c. Compétences obligatoires

La métropole exerce de plein droit, en lieu et place des communes, des compétences dans les six grands domaines suivants (art. L. 5217-2 I CGCT) :

• **Développement et aménagement économique, social et culturel** : ce qui inclut notamment l'aménagement de zones d'activité, les actions de développement économique, ou encore la promotion touristique…

• **Aménagement de l'espace métropolitain :** schéma de cohérence territoriale, organisation de la mobilité, aménagement et entretien d'espaces publics, infrastructures de télécommunications…

• **Politique locale de l'habitat :** programme local de l'habitat, actions en faveur du logement social, création, aménagement et entretien des aires d'accueil des gens du voyage…

• **Politique de la ville :** dispositifs contractuels de développement urbain, dispositifs de prévention de la délinquance, contrat de ville au sens de la loi du 21 février 2014 de programmation pour la ville et la cohésion urbaine (loi n° 2014-173)…

• **Gestion des services d'intérêt collectif :** assainissement, service d'incendie et de secours…

• **Protection et mise en valeur de l'environnement :** gestion des déchets ménagers, lutte contre les nuisances sonores, contribution à la transition énergétique, gestion des milieux aquatiques…

La loi NOTRe du 7 août 2015 a également prévu que la métropole exerce des compétences départementales : en vertu de l'article L. 5217-2 IV CGCT, une convention doit être signée entre ces deux personnes publiques afin de déterminer les compétences confiées à la métropole par la voie de la délégation ou du transfert de compétence. Dans le premier cas, la métropole agira au nom et pour le compte du département, alors que dans le second cas, elle agira en lieu et place du département. L'article précité fixe une liste des 9 compétences départementales concernées, étant précisé que le transfert ou la délégation doit porter sur au moins trois groupes de compétence dans la liste suivante :

– Attribution des aides en faveur du fonds de solidarité pour le logement
– Actions en faveur de l'autonomie des personnes en difficulté
– Programme départemental d'insertion
– Aides aux jeunes en difficulté
– Actions de prévention spécialisée auprès des jeunes et des familles en difficulté
– Actions en faveur des personnes âgées (à l'exception de l'attribution des aides légales)
– Tourisme
– Construction, aménagement, entretien et fonctionnement des collèges
– Gestion des routes classées dans le domaine public routier départemental.

La convention mentionnée précédemment devait être conclue au plus tard le 1er janvier 2017 (excepté pour les métropoles créées à l'issue de la loi du 28 février 2017) ; à défaut, l'article L. 5217-2 IV prévoit que la totalité des compétences mentionnées, à l'exception de celles relatives aux collèges, est transférée à la métropole. Le législateur a donc institué un mécanisme de transfert ou de délégation contraignant entre métropole et département, ce dernier étant nécessairement amené à céder certaines attributions.

d. Compétences facultatives

La métropole peut conclure une convention avec l'État afin que celui-ci lui délègue certaines compétences liées au logement, ce qui devrait conforter son rôle en cette matière puisqu'elle dispose de compétences obligatoires en ce domaine. Dans cette hypothèse, les compétences exercées le sont au nom et pour le compte de l'État, la métropole n'est qu'un organe de gestion, elle n'est pas substituée à l'État (art. L. 5217-2 II et III).

La région peut également confier certaines de ses compétences à la métropole, après conclusion d'une convention : cela concerne les compétences régionales en faveur du développement économique, ou encore, les compétences liées à la construction et à l'entretien des lycées (art. L. 5217-2 V).

3. Les métropoles à statut particulier

Si la loi du 27 janvier 2014 prévoit la transformation automatique de certains EPCI en métropole de droit commun, après intervention d'un décret, elle procède également à la création de métropoles dotées de statuts particuliers (dont le régime juridique a été précisé, pour certaines d'entre elles, par la loi NOTRe du 7 août 2015) :

• Le Grand Paris : cette métropole est ainsi divisée en territoires, ayant le statut d'établissements publics territoriaux en vertu de la loi NOTRe (leur régime juridique est identique à celui des syndicats de communes). Chacun de ces territoires dispose d'un conseil de territoire avec, à sa tête un président. La loi NOTRe a confié à ces établissements des compétences obligatoires qui échappent donc au conseil métropolitain en matière, par exemple, de politique de la ville ou d'équipements culturels et socio-éducatifs. Il existe également une autre instance particulière constituée par l'assemblée des maires du Grand Paris. Elle doit se réunir une fois par an pour débattre du programme d'action et du bilan d'activité de la métropole.

• La métropole d'Aix-Marseille-Provence dispose, elle aussi, d'une organisation qui déroge au droit commun des métropoles : elle est divisée en territoires, dotés de conseils de territoire bénéficiant de délégations de compétences définies par le conseil de métropole.

• Cependant, c'est la métropole de Lyon qui présente le plus d'originalité : le législateur ne s'est pas contenté du statut d'EPCI, il l'a transformée en collectivité territoriale à statut particulier au sens de l'article 72 de la Constitution, ce qui constitue une véritable innovation. La métropole de Lyon est créée en lieu et place de la communauté urbaine de Lyon, et dans les limites territoriales du département du Rhône. Cette évolution préfigure peut-être la disparition de ce département dans la mesure où la métropole exerce de plein droit les compétences confiées par la loi au conseil départemental, étant précisé que la métropole de Lyon dispose de la clause de compétence générale (art. L. 3642-1 CGCT). Au plan organisationnel, elle présente également des particularités puisque la loi prévoit la création de plusieurs conférences territoriales des maires, conférences dont le périmètre doit être déterminé par le conseil de métropole. Dans ce cas également, le législateur a donc institué un découpage du territoire métropolitain. Il convient toutefois d'indiquer que le Conseil constitutionnel a émis une réserve d'interprétation s'agissant de la métropole de la Lyon dans sa décision du 23 janvier 2014 (n° 2013-687DC) afin d'éviter le cumul des fonctions de président du conseil de la métropole et de maire.

Section 2 – Les autres catégories d'établissements publics

Parmi les autres catégories, figurent des établissements publics de coopération qui ne font pas seulement intervenir des communes ; on trouve aussi des établissements publics dont l'objet n'est pas de promouvoir la coopération entre les collectivités territoriales, tels les centres communaux d'action sociale.

§ 1 – Le syndicat mixte

Un syndicat mixte peut être composé de communes et d'EPCI, ou exclusivement d'EPCI (art. L. 5711-1 CGCT) : il s'agit alors d'un syndicat mixte fermé. En revanche, lorsque cet établissement associe des collectivités territoriales de statut différent et des EPCI, on le qualifie de syndicat mixte ouvert.

I – Le syndicat mixte fermé

Cette catégorie vise à promouvoir la coopération intercommunale, à la différence des syndicats mixtes ouverts dont le champ est plus vaste. Pourtant, s'il s'agit d'un établissement public, le juge administratif leur dénie la qualification d'EPCI (CE 5 janv. 2005, *Syndicat des eaux du Nord, AJDA* 2005. 770, note M. Degoffe).

Le syndicat mixte fermé est administré par un comité composé de représentants de ses membres : les communes doivent désigner leurs représentants parmi les membres du conseil municipal. Les EPCI peuvent choisir un membre de leur organe délibérant ou un conseiller municipal d'une commune membre.

Les syndicats mixtes fermés peuvent être compétents en matière de gestion de l'eau, de collecte et de traitement des déchets, ou encore pour la gestion de réseaux et services locaux de communication électronique.

II – Le syndicat mixte ouvert

C'est un établissement public qui peut être composé de collectivités territoriales, de groupements de collectivités, ou encore, d'autres personnes morales de droit public (telles les chambres de commerce et d'industrie ou les chambres d'agriculture). Il doit toutefois comprendre au moins une collectivité territoriale ou un regroupement de ces collectivités (art. L. 5721-2 CGCT).

Le syndicat mixte est administré par un comité syndical, le nombre de sièges étant fixé par les statuts du syndicat. Pour l'élection des délégués des communes, des départements et des régions au comité du syndicat mixte, le choix de l'organe délibérant peut porter uniquement sur l'un de ses membres. S'agissant des représentants des EPCI, ils peuvent émaner de l'organe délibérant de l'établissement ou, plus largement, du conseil municipal d'une commune membre de celui-ci.

Un syndicat mixte ouvert peut être constitué pour assurer la gestion de services ou la mise en œuvre d'actions pour lesquelles les membres du syndicat ont un intérêt commun. Un syndicat mixte ouvert peut aussi être créé pour une opération déterminée, il sera donc dissous au terme de cette réalisation (art. L. 5721-7 CGCT).

§ 2 – Le pôle métropolitain

Sa création découle de la loi du 16 décembre 2010, remaniée ensuite par la loi du 27 janvier 2014 (loi n° 2014-58). En vertu de l'article L. 5731-1 CGCT, c'est un établissement public composé d'EPCI à fiscalité propre, ce qui tend à l'assimiler à un syndicat mixte fermé.

Mission : Il a pour objet de mettre en œuvre des actions d'intérêt métropolitain afin de promouvoir un modèle d'aménagement, de développement durable et de solidarité territoriale.

Un pôle métropolitain peut être créé s'il regroupe des EPCI à fiscalité propre, sous réserve que l'un d'entre eux compte au moins 100 000 habitants, d'après la loi du 27 janvier 2014. Par dérogation à cette disposition, le texte prévoit également qu'un pôle métropolitain peut comporter, sur un territoire d'un seul tenant et sans enclave, des EPCI à fiscalité propre comprenant au moins un EPCI de plus de 50 000 habitants limitrophe d'un État étranger. Ainsi, la loi instaure une dérogation au profit d'EPCI dont l'un est frontalier avec un autre État.

On pourrait être enclin à penser que le pôle métropolitain est un préalable à la constitution d'une métropole. Cependant, dans nombre de cas, le pôle métropolitain constitue un échelon supplémentaire venant se superposer aux EPCI existants. L'utilité de cette nouvelle structure, qui rend le paysage institutionnel un peu plus complexe, est ainsi sujette à controverses.

§ 3 – Les pôles d'équilibre territoriaux et ruraux

C'est l'une des innovations de la loi de modernisation de l'action publique territoriale et d'affirmation des métropoles du 27 janvier 2014. L'objectif est d'offrir aux territoires ruraux l'équivalent des pôles métropolitains en tenant compte, néanmoins, de leurs spécificités.

Mission : Ce pôle a pour fonction d'élaborer un projet de territoire dans les domaines suivants : le développement économique, l'aménagement de l'espace, ou la transition écologique. C'est un établissement public constitué par accord entre plusieurs EPCI à fiscalité propre sur un périmètre d'un seul tenant et sans enclave. Son régime juridique est celui applicable aux syndicats mixtes.

Il est composé d'un conseil syndical dans lequel chaque EPCI doit disposer d'au moins un siège, d'une conférence des maires qui réunit les maires des communes concernées, et d'un conseil de développement composé des représentants des acteurs économiques, sociaux, culturels, éducatifs, scientifiques et associatifs. Ce conseil a un rôle consultatif afin d'éclairer le conseil syndical.

Là encore, l'intérêt de cette nouvelle structure semble limité, même si l'on peut supposer que ces pôles ruraux prendront le relais des pays. La loi du 16 décembre 2010 a, en effet, abrogé les dispositions relatives à leur création : aucun nouveau pays ne peut plus être créé, et ceux qui existent devraient se transformer progressivement. Un pays regroupe des communes ou des EPCI présentant une « communauté d'intérêt en raison de leur appartenance à un territoire caractérisé par une cohésion géographique, culturelle, économique ou sociale ». La forme des pays était particulièrement souple, ils pouvaient être constitués en association, en groupement d'intérêt public, mais aussi en établissement public. Leur objet consistait à promouvoir le développement et l'aménagement du territoire, autant de compétences qui pourraient relever, à l'avenir, d'un pôle rural.

§ 4 – Les coopérations interdépartementales et interrégionales

I – Au niveau départemental

L'article L. 5421-1 du CGCT permet aux conseils départementaux de constituer des institutions ou organismes interdépartementaux associant plusieurs conseils départementaux et, éventuellement, des conseils régionaux ou municipaux. Il s'agit d'établissements publics dont les compétences sont déterminées lors de leur création.

Outre ces établissements publics, deux ou plusieurs conseils départementaux peuvent créer une entente interdépartementale afin « d'entreprendre ou de conserver à frais communs des ouvrages ou institutions d'utilité publique » (art. L. 5411-1 CGCT).

Des conférences interdépartementales peuvent également être organisées pour débattre de questions d'intérêt commun (art. L. 5411-2).

II – Au niveau régional

Un établissement public peut associer plusieurs régions sur un territoire continu. Sa création suppose une délibération concordante des conseils départementaux de la région et l'intervention d'un décret en Conseil d'État (art. L. 5621-1 CGCT).

Les textes ne prédéfinissent pas les compétences confiées à l'entente interrégionale, il est simplement indiqué qu'elle exerce les compétences énumérées dans la décision qui l'institue, en lieu et place des régions membres (art. L. 5621-4 CGCT).

L'entente est administrée par un conseil d'administration composé de représentants élus des conseils régionaux et par un président qui constitue l'organe exécutif.

§ 5 – Les établissements publics sans vocation coopérative

Les collectivités territoriales ont la possibilité de créer des établissements publics locaux, sous réserve qu'ils appartiennent à une catégorie existante : l'article 34 de la Constitution confie, en effet, au législateur la compétence pour créer de nouvelles catégories d'établissement public.

Un musée ou un office du tourisme peut être organisé sous la forme d'un établissement public. Les centres communaux d'action sociale ont également ce statut, de même que les offices de l'habitat.

L'établissement public est une personne morale de droit public régie par le principe de spécialité, ce qui signifie qu'elle ne peut agir au-delà de la mission qui lui a été confiée. Il reste, par ailleurs, placé sous le contrôle de la collectivité qui l'a créé.

Chapitre 3
Le rôle des citoyens

L'essentiel

Les citoyens disposent du droit de vote qui, pour les élections municipales, est reconnu aux ressortissants de l'Union européenne, droit dont l'étude a déjà été abordée. C'est donc essentiellement sur le droit à l'information, le droit à la participation, ou encore, sur la possibilité de défendre les intérêts de sa collectivité que l'accent sera mis dans ce chapitre.

L'analyse de ces différents droits permettra de démontrer que le rôle reconnu aux citoyens (et dans une certaine mesure aux contribuables locaux) ne se limite pas aux seules échéances électorales par l'exercice du droit de vote. La place reconnue à la démocratie participative, notamment depuis la révision constitutionnelle du 28 mars 2003, permet aux citoyens de prendre part aux choix politiques de l'assemblée locale, même si leur avis ne s'impose pas nécessairement aux autorités locales.

Section 1 – Le droit à l'information

Ce droit repose sur des dispositions applicables à la communication de tout acte administratif, mais aussi sur des règles plus spécifiques, propres aux collectivités territoriales.

§ 1 – Dispositions générales

C'est l'une des conditions essentielles d'exercice de la démocratie locale ; sans information, les choix des citoyens ne peuvent être réalisés de manière éclairée.

• Pour les communes, l'article L. 2121-26 du CGCT prévoit que les personnes physiques et morales peuvent demander communication des procès-verbaux du conseil municipal, des budgets, des comptes de la commune et des arrêtés municipaux. Ce droit à la communication des documents est opposable au maire, mais aussi aux services déconcentrés de l'État, dans les conditions prévues par la loi du 17 juillet 1978 (n° 78-753). Cette disposition est ainsi une application des règles générales régissant la communication des documents administratifs.

• Il en est de même pour les conseils départementaux (art. L. 3121-17 CGCT) et les conseils régionaux (art. L. 4132-16 CGCT), mais aux documents précités, s'ajoutent, pour ces deux catégories de collectivités, les délibérations de la commission permanente.

Si ce droit à communication n'est pas respecté, l'intéressé peut saisir la Commission d'accès aux documents administratifs qui rendra un avis sur le caractère communicable du document, les avis de cette autorité administrative indépendante étant généralement suivis par l'administration.

Le juge administratif apporte également sa pierre à la protection du droit à l'information dans la mesure où il retient une acception extensive : il considère, en effet, que ce droit comprend les procès-verbaux, mais aussi les pièces qui leur sont annexées (CE, sect., 11 janv. 1978, *Ville de Muret, Rec.* p. 5). La jurisprudence contribue ainsi à étendre le champ du droit à l'information.

Il convient enfin de préciser que ce droit ne suppose pas nécessairement de solliciter la communication d'un acte administratif : l'article L. 2121-25 du Code prévoit ainsi que le compte-rendu de chaque séance du conseil municipal doit être affiché à la mairie et mis en ligne sur le site internet de la commune s'il existe. De même, les délibérations du conseil départemental et du conseil régional doivent être publiées dans le recueil des actes de la collectivité (art. L. 3131-1 et art. L. 4141-16 CGCT). La loi NOTRe du 7 août 2015 prévoit que cette publication peut avoir lieu sous forme dématérialisée dans des conditions de nature à garantir l'authenticité des actes.

Ce texte oblige par ailleurs les collectivités territoriales à se lancer dans l'*open data* (« données ouvertes »), obligation renforcée par la loi pour une République numérique du 7 octobre 2016 (n° 2016-1321). Les collectivités territoriales doivent mettre en ligne certains documents, telles les publications qui présentent un intérêt économique, social, sanitaire ou environnemental, ou encore les bases de données qu'elles produisent. Ces dispositions ne s'appliquent cependant qu'aux collectivités territoriales de plus de 3 500 habitants (art. L 312-1-1 CRPA).

§ 2 – Dispositions particulières

Au-delà des dispositions générales relatives à la communication et à la publicité des actes des collectivités territoriales, il existe également des dispositions particulières : c'est ainsi que le CGCT prévoit que le dispositif des délibérations à caractère réglementaire doit être publié dans un recueil des actes administratifs (en format papier ou en version électronique).

Art. L. 2121-24 pour les communes de 3 500 habitants et plus, L. 3131-3 pour les départements et L. 4141-3 pour les régions.

De plus, les délibérations qui sont prises en matière d'intervention économique et les délibérations qui approuvent une délégation de service public doivent faire l'objet d'une insertion dans une publication locale. Cette publication peut constituer le point de départ du déclenchement du délai de recours contentieux pour les tiers (CAA Marseille, 18 juin 1998, *Société de développement du Val-d'Allos, BJCP* janv. 1999, p. 171).

D'autres dispositions particulières sont énoncées par le Code électoral qui reconnaît le droit de consulter les listes électorales, l'article L. 28 prévoit ainsi que « tout électeur, tout candidat et tout parti ou groupement politique peut prendre communication et copie de la liste électorale ». Ces listes sont réunies dans un registre qui est conservé dans les archives de la commune.

Section 2 – Le droit à la participation

Le droit à l'information entretient des liens étroits avec l'exercice du droit à la participation qui permet, dans une certaine mesure, d'associer les citoyens locaux, et plus largement les habitants, à la prise de décision.

Plusieurs dispositifs permettent de faire participer les citoyens à la vie locale, en dehors des périodes électorales. Certains de ces dispositifs disposent d'une reconnaissance constitutionnelle, tels la consultation, le référendum, ou encore, le droit de pétition. À cela s'ajoutent d'autres dispositifs plus sectoriels, comme l'enquête publique, ou les commissions consultatives de service public.

§ 1 – La participation par la consultation

I – Une reconnaissance progressive

L'organisation d'une consultation doit permettre à l'assemblée locale de recueillir l'avis des électeurs sur une question qui intéresse les compétences de la collectivité. Le résultat de la consultation ne vaut pas décision, il ne s'impose donc pas aux assemblées locales, contrairement aux référendums, mais il permet aux élus de sonder les électeurs sur une question précise.

La reconnaissance des consultations par le législateur s'est réalisée par étapes successives, étant précisé que rien ne s'opposait à l'organisation d'une consultation avant cette reconnaissance explicite. Elle avait lieu en dehors de tout cadre juridique, mais dès lors qu'elle ne valait pas décision, elle pouvait être organisée, les pouvoirs décisionnels de l'assemblée locale étant alors respectés.

A – La consultation en cas de fusion de communes

La loi du 16 juillet 1971 relative aux fusions de communes (loi n° 71-588) avait prévu que les électeurs pouvaient être consultés avant que la fusion ne soit entérinée. Cette faculté a été transformée en obligation par la loi du 13 août 2004 (loi n° 2004-809 relative aux libertés et responsabilités locales). Par une décision du 2 juillet 2010, le Conseil constitutionnel a considéré que cette obligation ne méconnaissait pas la Constitution, et plus précisément, le principe de libre administration (déc. n° 2010-12 QPC, *Commune de Dunkerque, AJDA* 2010. 1594, note M. Verpeaux).

S'agissant des communes nouvelles, la consultation des électeurs s'impose uniquement lorsque la création d'une commune nouvelle n'a pas recueilli l'assentiment de tous les conseils municipaux des communes concernées (art. L. 2113-3 CGCT).

B – La loi du 6 février 1992

Cette loi relative à l'administration territoriale de la République (n° 92-125) reconnaît la possibilité pour le conseil municipal de consulter les électeurs de la commune, sous réserve que la question porte sur les compétences de cette collectivité, ce qui inclut les compétences propres du maire (CE, sect., 29 déc. 1995, *Géniteau, Rec.* p. 43).

C – La loi du 13 août 2004

La loi relative aux libertés et responsabilités locales a étendu à toutes les catégories de collectivités territoriales la possibilité d'organiser des consultations. En vertu de l'article L. 1112-5 du CGCT, « les électeurs d'une collectivité territoriale peuvent être consultés sur les décisions que cette autorité envisage de prendre pour régler les affaires relevant de la compétence de celle-ci ». Le champ de la consultation demeure donc limité aux affaires de la collectivité.

S'agissant des EPCI, la loi du 12 juillet 1999 (loi n° 99-586 relative au renforcement et à la simplification de la coopération intercommunale) avait permis la consultation des électeurs des communes membres d'un EPCI dans un domaine précis : celui de l'aménagement. La loi du 13 août 2004 a élargi cette possibilité à toutes les compétences relevant de l'EPCI.

D – La révision constitutionnelle du 28 mars 2003

Elle a introduit au sein de la Constitution plusieurs hypothèses de consultation. C'est ainsi que l'article 72-1 alinéa 3 prévoit la possibilité de consulter les électeurs lorsqu'est envisagée la création d'une collectivité territoriale dotée d'un statut particulier ou une modification de son organisation. L'avis émis ne lie pas les autorités locales, mais pour des raisons d'ordre politique, cet avis peut être suivi.

La consultation organisée le 6 juillet 2003 en Corse

Cette consultation qui portait sur la création d'une collectivité unique se substituant aux deux départements. Le rejet de ce projet par les électeurs a entraîné son abandon pour des raisons politiques, le gouvernement ne souhaitant pas aller à l'encontre de l'avis de la population.

La loi NOTRe du 7 août 2015 a toutefois prévu cette évolution statutaire à compter du 1er janvier 2018 et ce, sans consultation préalable de la population locale, l'article 72-1 alinéa 3 n'imposant aucune obligation à cet égard, la consultation n'est qu'une faculté.

D'autres hypothèses de consultation ont également été introduites par l'article 72-4 alinéa 2 : sur proposition du gouvernement, le président de la République peut décider de consulter les électeurs d'une collectivité territoriale située outre-mer sur les questions relatives à son organisation, à ses compétences ou à son régime législatif. Le fruit de cette consultation n'est qu'un avis sans portée juridique.

E – Les consultations relatives aux projets susceptibles d'avoir une incidence sur l'environnement

De façon circonstanciée, et plus précisément pour tenter de dépasser les oppositions à la construction d'un nouvel aéroport dans l'ouest de la France, l'État a introduit une nouvelle hypothèse de consultation de la population locale par le biais de l'ordonnance du 21 avril 2016 (n° 2016-488). Le texte modifie le Code de l'environnement afin de permettre à l'État de consulter les électeurs d'une aire territoriale déterminée sur tout projet d'infrastructure ou d'équipement qu'il envisage de réaliser, dès lors que ce projet peut avoir des conséquences pour l'environnement.

Le périmètre de la consultation est donc déterminé par l'État, étant précisé que seuls les électeurs de nationalité française inscrits sur les listes des communes intéressées peuvent y prendre part.

II – Les conditions entourant la mise en œuvre d'une consultation

Nous nous limiterons ici aux consultations fondées sur l'article L. 1112-15 CGCT, plus nombreuses, en pratique, que les consultations à visée institutionnelle prévue par la Constitution qui ont déjà été abordées par ailleurs.

A – L'origine de la consultation

• Les électeurs peuvent être à l'origine de l'organisation d'une consultation : l'article L. 1112-16 du Code prévoit, en effet, qu'1/5e des électeurs de la commune, ou 1/10e pour les autres collectivités territoriales, peuvent demander à ce que soit inscrite à l'ordre du jour de l'assemblée délibérante, la question de l'organisation d'une consultation. Certes, la décision d'organiser effectivement la consultation appartient à l'organe délibérant, mais il n'en demeure pas moins que l'initiative peut être populaire. Cette possibilité, introduite par la loi du 13 août 2004, fait toutefois figure de mirage tant les conditions qui l'entourent sont restrictives. Outre le seuil d'électeurs précité, l'article L. 1112-16 prévoit aussi que, dans une même année, un électeur ne peut signer qu'une seule demande tendant à l'organisation d'une consultation. Tant de garde-fous laissent apparaître la méfiance du législateur à l'égard de cette initiative populaire qui semble être vidée de sa substance au regard des conditions imposées par le texte.

• La consultation peut également être organisée à l'initiative de l'assemblée (art. L. 1112-17 CGCT).

Quelle que soit l'origine de l'initiative, la consultation repose nécessairement sur l'adoption d'une délibération qui fixe le jour de scrutin et les modalités de son organisation (art. L. 1112-17). Cette délibération fait l'objet d'une transmission au représentant de l'État qui peut, le cas échéant, exercer son déféré préfectoral accompagné, éventuellement, d'un référé-suspension permettant d'interrompre l'organisation de la consultation en cas de doute sérieux sur sa légalité. Tel peut être le cas, par exemple, d'un projet de consultation qui porterait sur une question dénuée de lien avec les compétences de la collectivité.

Le Conseil d'État a par ailleurs eu l'occasion de préciser les règles entourant les consultations dans sa décision d'Assemblée du 19 juillet 2017, *Association citoyenne pour Occitanie Pays catalan* (n° 403928). S'il appartient à la collectivité de déterminer les règles d'organisation de la consultation, il convient de le faire dans le respect des principes d'égalité et d'impartialité. Les personnes consultées doivent notamment disposer d'informations claires et suffisantes, et la collectivité doit veiller à assurer la sincérité de la consultation.

B – Les limites opposables à l'organisation d'une consultation

1. Les limites d'ordre matériel

Une collectivité ne peut, en effet, organiser une consultation dans un domaine qui ne relève pas de sa compétence. C'est ainsi que le Conseil d'État a estimé qu'une commune ne pouvait organiser une consultation sur les conditions d'attribution des logements sociaux, ces conditions ne relevant pas de sa compétence (CE 21 juin 2000, *Commune de Charvieux-Chavagneux*, *Dr. adm.* 2000, nos 177 et 201).

2. Les limites d'ordre temporel

Les textes visent à éviter que la consultation ne soit instrumentalisée lors des périodes importantes de la vie locale, telle la période antérieure aux élections : dans les 6 mois qui précèdent le renouvellement de l'assemblée, aucune consultation ne peut être organisée (art. LO 1112-6 CGCT).

De même, une consultation portant sur un même sujet ne peut être organisée sans respecter un intervalle d'un an (art. L. 1112-21 CGCT), ceci afin de faire en sorte que l'organisation d'une consultation reste exceptionnelle. Si elle doit permettre de recueillir l'avis des électeurs de la collectivité, il convient de ne pas porter atteinte au principe selon lequel l'administration de la collectivité est placée dans les mains de l'assemblée locale. La démocratie participative reste subsidiaire par rapport à la démocratie représentative dans le droit des collectivités territoriales.

III – La portée de la consultation

Ainsi que cela a déjà été souligné, la consultation ne constitue qu'un avis (art. L. 1112-17 CGCT). Pour autant, l'assemblée locale ou l'exécutif doit attendre de connaître l'avis des électeurs avant de prendre une décision (art. L. 1112-20 CGCT) ; l'organisation d'une consultation suppose donc d'attendre le résultat de celle-ci avant de décider, sans cela elle perdrait tout son intérêt. Cependant, son résultat ne lie pas les autorités locales, à tout le moins juridiquement, car politiquement, il peut être délicat de ne pas suivre un résultat qui serait franc et massif.

§ 2 – Le référendum local

I – La reconnaissance du référendum décisionnel

La possibilité d'organiser un référendum décisionnel local, qui opère un transfert du pouvoir de décision de l'assemblée locale vers les électeurs sur une question précise, a été consacrée par la révision constitutionnelle du 28 mars 2003. En vertu de l'article 72-1 alinéa 2 de la Constitution, « les projets de délibérations ou d'actes relevant de la compétence d'une collectivité territoriale peuvent, à son initiative, être soumis, par la voie de référendum, à la décision des électeurs de la collectivité ». Cette disposition a été précisée par la loi organique du 1er août 2003 (n° 2003-705).

La révision constitutionnelle du 28 mars 2003 a également introduit des référendums à vocation institutionnelle : le passage du statut de département d'outre-mer à celui de collectivité d'outre-mer, et inversement, suppose de recueillir le consentement des électeurs (art. 72-4 al. 1). Il en est de même de l'article 73 alinéa 7 relatif à la création d'une collectivité unique en outre-mer regroupant un département et une région, ou la création d'une assemblée délibérante unique pour ces deux collectivités.

De plus, la loi du 16 décembre 2010 de réforme des collectivités territoriales (n° 2010-1563) avait introduit au sein du Code général des collectivités territoriales une autre hypothèse de référendum institutionnel lorsqu'une région et les départements qui la composent demandaient à fusionner en une collectivité territoriale unique. Dans cette hypothèse, le projet devait être approuvé par les électeurs, sans cela, la fusion ne pouvait être engagée. L'exemple de l'Alsace illustre cette hypothèse, les électeurs ayant rejeté, le 7 avril 2013, la création d'une collectivité unique, ce qui a mis un terme au projet. Toutefois, en 2015, le législateur a finalement supprimé cette obligation de référendum, faisant ainsi reculer la place dévolue à la démocratie participative (loi n° 2015-29 du 16 janv. 2015 relative à la délimitation des régions, aux élections régionales et départementales et modifiant le calendrier électoral). Désormais, une collectivité unique peut être créée sans que la population locale ne soit consultée, comme le démontre l'exemple de la Corse. Seule demeure l'hypothèse d'une consultation locale fondée sur l'article 72-1 alinéa 3 de la Constitution, mais l'organisation d'une telle consultation n'est nullement obligatoire et son résultat ne lie pas l'État, à la différence du référendum.

II – Les conditions entourant l'organisation d'un référendum décisionnel

A – L'origine du référendum

L'exécutif local peut proposer à l'assemblée délibérante de soumettre à référendum local tout projet d'actes relevant des attributions qu'il exerce (art. LO 1112-2 CGCT). Dans cette hypothèse, l'initiative du référendum n'appartient qu'à l'exécutif local, l'assemblée ne peut soumettre à référendum une question relevant de la compétence de l'exécutif. Ce dernier peut également proposer de soumettre à un référendum un projet de délibération relevant de la compétence de l'assemblée locale (art. LO 1112-1 CGCT). Cependant, dans cette hypothèse, l'initiative n'appartient plus seulement à l'exécutif local, elle peut aussi provenir des membres de l'assemblée délibérante.

Quelle que soit l'origine du référendum, son organisation suppose une décision de l'assemblée locale qui fixe le jour du scrutin et les modalités de l'organisation du référendum.

B – Les limites entourant le recours au référendum

1. Les limites matérielles

En vertu de l'article L. 1112-1 du CGCT, le projet soumis à référendum doit concerner « une affaire de la compétence de cette collectivité ». Une délibération visant, par exemple, à organiser un référendum sur le droit de vote des habitants de nationalité étrangère est ainsi illégale, la détermination des règles relatives à la qualité d'électeur ne relève pas des collectivités territoriales (TA Cergy-Pontoise, 13 janv. 2006, *Préfet de la Seine-Saint-Denis* et 23 févr. 2006, *Préfet de la Seine-Saint-Denis* [2 espèces], *AJDA* 2006. 873, note M. Verpeaux).

2. Les limites temporelles

Par analogie avec les règles applicables en matière de consultation, aucun référendum ne peut être organisé dans les 6 mois qui précèdent le renouvellement de l'assemblée locale (art. L. 1112-6 CGCT). De plus, une même question ne peut donner lieu à un second référendum si un délai d'un an ne s'est pas écoulé (art. L. 1112-6 préc.).

Il convient également de mentionner certaines conditions particulières : la délibération décidant de la tenue d'un référendum doit être transmise au préfet, et le scrutin ne peut intervenir moins de deux mois après cette transmission (art. LO 1112-3). Ce délai minimum de deux mois permet au juge administratif de statuer sur la légalité de la délibération si le préfet a fait usage de son déféré préfectoral.

III – La portée du référendum

Le résultat s'impose à l'assemblée locale, l'organisation d'un référendum décisionnel opère ainsi un transfert du pouvoir de décision vers les électeurs, sous réserve de remplir deux conditions : en vertu de l'article L. 1112-7 du CGCT, il faut que la moitié au moins des électeurs inscrits ait pris part au vote et il faut que le projet recueille l'adhésion de la majorité des suffrages exprimés. La démocratie participative perdrait de son intérêt si les décisions pouvaient émaner d'un nombre limité de citoyens, la représentativité de celles-ci serait alors sujette à controverses.

Si les conditions qui viennent d'être évoquées sont satisfaites, le projet sera adopté et soumis au contrôle qui s'applique à toute délibération de l'assemblée locale (art. L. 1112-7). Cette décision pourra donc faire l'objet d'un recours devant le juge administratif par tout requérant justifiant d'un intérêt à agir.

§ 3 – Le droit de pétition

Il est affirmé par l'article 72-1 de la Constitution, dans sa rédaction issue de la révision constitutionnelle du 28 mars 2003 : la loi doit fixer les conditions dans lesquelles les électeurs peuvent demander l'inscription à l'ordre du jour de l'assemblée locale de toute question relevant de sa compétence. Il correspond ainsi au droit de demander à l'assemblée locale d'examiner une question relative à son domaine de compétence. Cela ne signifie nullement, cependant, que cette demande trouvera une issue favorable, l'assemblée locale reste libre de refuser la pétition qui lui est soumise.

Les conditions de mise en œuvre du droit de pétition n'ont pas encore été globalement posées par le législateur. Néanmoins, selon l'article L. 1112-16 CGCT, issu de la loi du 13 août 2004 (loi n° 2004-809), 1/5e des électeurs dans une commune, et 1/10e dans toutes les autres collectivités, peut demander à ce que soit inscrite à l'ordre du jour de l'assemblée délibérante l'organisation d'une consultation sur toute affaire relevant de sa compétence. Le projet de loi relatif à la différenciation, la décentralisation, la déconcentration et portant diverses mesures de simplification de l'action publique locale du 12 mai 2021 prévoit de faire passer ce seuil à 1/10e pour les communes et à 1/20e pour les autres catégories de collectivités, ce qui tend à rendre plus aisé son exercice.

§ 4 – Les autres instruments de participation

I – L'enquête publique

C'est une procédure qui permet de consulter les habitants de la collectivité lorsqu'un projet est susceptible d'affecter l'aménagement du territoire, ou encore, l'environnement. Cette procédure permet d'informer les habitants sur le projet envisagé, mais aussi, de recueillir leurs remarques. Il s'agit ainsi d'une procédure consultative qui peut orienter la prise de décision, même si les autorités locales disposent *in fine* d'un large pouvoir d'appréciation pour prendre en compte les remarques des habitants.

II – Les conseils de quartier

Outre les enquêtes publiques dont la durée de vie est limitée à un projet, existent également des instances consultatives plus pérennes, à l'image des conseils de quartier. Ils ont été créés par la loi du 27 février 2002 relative à la démocratie de proximité (loi n° 2002-276). Ce texte les a rendus obligatoires dans les communes de 80 000 habitants et plus. Composés d'habitants du quartier, ils sont consultés sur la vie de celui-ci et, notamment, sur les actions menées au titre de la politique de la ville.

III – Les commissions consultatives

La loi du 27 février 2002 a également créé la commission consultative des services publics locaux, instance dans laquelle se regroupent des élus et des représentants des usagers des services publics. Cette commission fait figure de lieu de débat sur la question de l'amélioration des services publics locaux, et à ce titre, elle peut être sollicitée pour avis par l'assemblée délibérante. Elle doit également être consultée sur tout projet de délégation de service public, ce qui peut permettre à cette instance d'éclairer et d'influer le choix effectué par l'organe délibérant.

IV – Les comités consultatifs

L'article L. 2143-2 du CGCT offre également aux communes la possibilité de constituer des comités consultatifs composés d'élus et d'habitants, qui peuvent être des représentants d'associations. Ces instances participatives peuvent être consultées sur tout projet relatif aux services publics, ou encore aux équipements de proximité.

Les instruments de participation sont ainsi variés, et même s'ils ne font pas participer directement les citoyens au processus décisionnel, à l'exception du référendum local, ils leur permettent, malgré tout, d'informer l'assemblée locale et éventuellement, d'influer sur les décisions prises.

Section 3 – La participation par le contrôle

La participation des citoyens, et plus largement des habitants locaux, peut prendre une voie particulière : celle de l'action contentieuse. C'est, en effet, un moyen de contester une décision locale, soit dans l'intérêt propre du requérant, soit dans l'intérêt de la collectivité grâce à la procédure d'autorisation de plaider.

Si l'action contentieuse ne permet pas au requérant de participer à l'édiction de la décision contestée, elle lui offre la possibilité de prendre part au contrôle de légalité exercé sur les actes des collectivités territoriales. La participation est ainsi postérieure à l'édiction de la décision, mais une annulation exercera, sans nul doute, une influence sur les actes pris ultérieurement par l'organe délibérant, et ce, que le requérant agisse dans son propre intérêt ou dans celui de la collectivité.

§ 1 – Le recours pour excès de pouvoir contre les décisions locales

Il obéit aux règles qui s'appliquent à tout recours pour excès de pouvoir, ce qui suppose de respecter la règle du délai de deux mois qui, suivant la publication ou la notification de l'acte, permet de le contester devant le juge administratif. Dans une décision du 3 décembre 2018, *Ligue française pour la défense des droits de l'Homme et du citoyen* (n° 409667), le Conseil d'État a précisé que l'affichage d'un acte réglementaire à l'hôtel du département ne peut suffire pour faire courir le délai de recours contentieux. Ce dernier ne commence à courir qu'à partir de la publication de l'acte au recueil des actes administratifs de la collectivité, ou à compter de sa publication sur le site Internet de cette collectivité.

Surtout, le requérant doit justifier d'un intérêt à agir, notion qui fait l'objet d'une interprétation relativement libérale de la part du juge administratif. L'intérêt à agir du contribuable local est ainsi reconnu contre les décisions qui ont des incidences sur les finances ou le patrimoine de la collectivité (CE 29 mars 1901, *Casanova*, *Rec.* p. 333, *GAJA*).

CE 21 décembre 1906, *Syndicat des propriétaires et contribuables du quartier Croix-de-Séguey-Trivoli, Rec.* p. 962, *GAJA*

Une association peut aussi avoir un intérêt à agir : dès 1906, le Conseil d'État a admis la recevabilité d'un recours formé par une association d'usagers contre une mesure relative à l'organisation et au fonctionnement d'un service public local.

Par ailleurs, toute personne physique ou morale qui estime qu'un acte d'une collectivité territoriale est illégal peut demander au préfet d'exercer son déféré préfectoral. Toutefois, cette procédure de déféré sur demande est subordonnée au pouvoir d'appréciation du préfet qui n'est pas tenu de se soumettre à cette demande.

§ 2 – L'autorisation de plaider en lieu et place de sa collectivité

Cette action est prévue par l'article L. 2132-5 du CGCT s'agissant des communes :

> « Tout contribuable inscrit au rôle de la commune a le droit d'exercer, tant en demande qu'en défense, à ses frais et risques, avec l'autorisation du juge administratif, les actions qu'il croit appartenir à la commune, et que celle-ci, préalablement appelée à en délibérer, a refusé ou négligé d'exercer. »

Cette action est soumise à plusieurs conditions : il faut que le requérant ait la qualité de contribuable local.

De plus, l'action en justice doit être ouverte à la commune.

CE 7 juin 2006, *Asselin, Dr. adm.* 2006. 137

Dans cette espèce, un requérant avait formé un recours contre une entreprise afin d'obtenir le remboursement d'une aide versée par la commune, l'entreprise n'ayant pas respecté les contreparties imposées par la collectivité en termes d'emploi. La commune avait la possibilité d'engager un recours pour récupérer l'aide, mais elle s'était abstenue de le faire. Le requérant, contribuable local, a alors exercé une action qui était ouverte à la commune. Pour que le contribuable soit autorisé à agir en lieu et place de la commune, il faut que cette dernière ait refusé de former un recours ou ait fait preuve d'inertie.

En outre, pour être autorisé à agir, le requérant doit disposer de l'autorisation du juge administratif ; celle-ci ne sera accordée que si une demande préalable a été adressée à la commune afin de lui demander d'agir en justice. Il faut, par ailleurs, que cette demande ait reçu une réponse négative de la part de la collectivité, qu'il s'agisse d'une décision explicite ou d'une décision implicite de rejet.

L'action doit également présenter un intérêt suffisant pour la personne publique et ne pas être dépourvue de chances de succès. Une demande qui repose sur un moyen non fondé ne peut satisfaire cette condition par exemple (CE 14 janv. 1998, *Commune de Saint-Vincent-de-Boisset*, n° 186042).

L'octroi de l'autorisation de plaider permet, ensuite, au contribuable local d'engager l'action devant le juge administratif. Si elle aboutit favorablement, elle lui aura permis de participer à la défense des intérêts de sa collectivité en remédiant à l'immobilisme des autorités locales (B. Pacteau, « L'autorisation de plaider… curiosité, danger, bienfait ? », in *Mélanges Jacques Moreau*, Economica, 2002, p. 337 ; C. Parent, « L'autorisation du contribuable de plaider au lieu et place de sa collectivité : une tradition au service de la démocratie locale », *RFDA* 2010. 378).

Pour aller plus loin

Bibliographie

- J.-B. Auby et O. Renaudie, *Les nouveaux équilibres de l'action publique locale*, Berger-Levrault, 2019, 256 p.
- M. Bazoche, *De la commune à l'intercommunalité en France métropolitaine. L'état des lieux, printemps 2013*, L'Harmattan, 2013, 204 p.
- J.-F. Brisson (dir.), *L'Assemblée délibérante, avenir de la démocratie locale ?*, L'Harmattan, 2016, 274 p.
- S. Manson, *L'opposition dans les assemblées locales*, LGDJ, coll. « Systèmes », 2012.
- A. Marceau (dir.), *La démocratie locale à la recherche d'un nouveau souffle*, L'Harmattan, coll. « Grale », 2013, 301 p.
- E. Marcovici, *Les métropoles en France*, LGDJ, coll. « Systèmes », 2019, 200 p.
- M. C. Steckel-Assouère (dir.), *Regards croisés sur les mutations de l'inter communalité*, L'Harmattan, 2014, 478 p.

Sujets

- Les relations entre l'assemblée locale et l'exécutif
- La place de la démocratie participative locale
- Libre administration et intercommunalité

Troisième partie

Le champ d'action des collectivités territoriales

Avant l'entrée en vigueur de la loi du 7 août 2015 portant nouvelle organisation territoriale de la République, les collectivités territoriales disposaient de deux catégories de compétences : d'une part, celles qui étaient transférées par le législateur dans le cadre des lois de décentralisation, et d'autre part, celles qui découlaient de la clause générale de compétence. Désormais, seule la commune et certaines collectivités territoriales à statut particulier bénéficient de cette clause qui leur permet d'œuvrer dans l'intérêt public local, les interventions facultatives des départements et des régions étant circonscrites par leurs champs de spécialisation respectifs.

S'agissant des compétences obligatoires transférées par la loi, elles s'exercent dans le respect des règles fixées par le législateur et, éventuellement, par le pouvoir réglementaire. Ces règles laissent parfois une marge d'appréciation aux collectivités territoriales, la décentralisation pouvant, en effet, se concilier avec l'octroi d'un pouvoir d'appréciation au profit des autorités locales. Toutefois, dans certaines hypothèses, ce pouvoir est considérablement limité, à tel point que les collectivités ne constituent que des organes de gestion dépourvus d'une réelle marge de manœuvre.

Au-delà des questions inhérentes à l'étendue du pouvoir d'appréciation dévolu aux collectivités, les compétences décentralisées sont également caractérisées par un enchevêtrement manifeste. La logique des blocs de compétence qui devait conduire au transfert de secteurs entiers ayant échoué, nombre de domaines sont en réalité partagés entre plusieurs niveaux d'administration. Le recours à la notion de collectivité chef de file présente donc un intérêt substantiel face à cet enchevêtrement, cela permet de confier à chaque niveau de collectivités une vocation particulière.

Par ailleurs, au-delà des questions relatives à la répartition des compétences entre les différents niveaux de collectivités, cette dernière partie sera également l'occasion d'évoquer les outils dont disposent les collectivités pour mener à bien leurs compétences, à savoir les services publics locaux, les contrats, mais aussi les sociétés d'économie mixte locale et les sociétés publiques locales.

Chapitre 1
Les domaines de compétence des collectivités territoriales

L'essentiel

Dans la mesure où les compétences facultatives sont, par définition, variées et subordonnées au pouvoir d'appréciation des collectivités territoriales (essentiellement des communes depuis la loi du 7 août 2015), il n'est pas envisageable d'en dresser la liste. Tout au plus est-il possible de préciser que certains services publics facultatifs se rencontrent dans la plupart des collectivités, à l'instar des crèches ou des centres de loisirs présents dans nombre de communes. Les développements qui suivent se concentreront donc sur les interventions obligatoires de chaque niveau de collectivités.

Afin d'identifier précisément ces domaines d'intervention, une classification par thématique a été privilégiée. Cela permet de mettre en exergue l'enchevêtrement des compétences qui règne dans le cadre de la décentralisation, même si certaines collectivités se voient affecter une vocation particulière.

Section 1 – La promotion économique du territoire

Deux grandes compétences peuvent être rattachées à cette thématique : en premier lieu, le développement économique, source de richesses et d'emplois pour la collectivité, et en second lieu, le tourisme qui, s'il permet de valoriser le patrimoine local, contribue également à la croissance économique du territoire de la collectivité.

§ 1 – Le développement économique

I – La prépondérance régionale

A – Des régions renforcées par la loi NOTRe

Historiquement, la région a toujours disposé de compétences étendues dans le domaine du développement économique, et plus particulièrement s'agissant de l'octroi d'aides aux entreprises, les lois de 1983 ayant conféré à cette catégorie de collectivité une vocation économique (lois n° 83-8 du 7 janv. 1983 et n° 83-663 du 22 juill. 1983 relatives à la répartition des compétences entre les communes, les départements, les régions et l'État).

Par la suite, la loi du 13 août 2004 a confié à la région un rôle de coordination en matière de développement économique (loi n° 2004-809 relative aux libertés et responsabilités locales), avant que la loi du 27 janvier 2014 ne l'érige explicitement en chef de file (loi n° 2014-58 de modernisation de l'action publique territoriale et d'affirmation des métropoles). À ce titre, la région pouvait établir un projet de convention d'exercice concerté afin de garantir une plus grande cohérence de l'action des différents niveaux territoriaux.

La loi NOTRe du 7 août 2015 accentue davantage le rôle prépondérant de la région car elle lui confie une compétence quasi-exclusive (loi n° 2015-951 portant nouvelle organisation territoriale de la République). Cela s'inscrit dans le prolongement de la loi du 16 janvier 2015 qui a redessiné la carte des régions dans l'objectif de renforcer leur dynamisme économique au niveau européen notamment (loi n° 2015-29). Le rôle prépondérant de la région se traduit désormais par la mise en œuvre d'importantes compétences en matière de planification économique et d'aides aux entreprises.

B – Les compétences de la région liées à la planification économique

La loi du 13 août 2004 avait prévu l'existence, à titre expérimental, des schémas régionaux de développement économique ; la loi NOTRe procède, quant à elle, à une consécration de cet outil. L'article L. 4251-12 CGCT affirme en effet que « la région est responsable, sur son territoire, de la définition des orientations en matière de développement économique ». De ce fait, il lui appartient d'élaborer le schéma régional de développement économique, d'innovation et d'internationalisation (SRDEII).

1. Objet du SRDEII

Selon l'article L. 4251-13 CGCT, le schéma définit les orientations en matière d'aides aux entreprises, de soutien à l'internationalisation et d'aides à l'investissement immobilier et à l'innovation des entreprises, les orientations en matière d'économie sociale et solidaire, ainsi que les orientations relatives à l'attractivité du territoire. La loi du 10 février 2020 relative à lutte contre le gaspillage et à l'économie circulaire a également ajouté que le schéma doit définir les orientations en ce domaine, notamment en matière d'écologie industrielle et territoriale. De plus, il doit organiser, sur le territoire régional, la complémentarité des actions menées par la région en matière d'aide aux entreprises avec celles des autres niveaux de collectivités ou des EPCI, ce qui atteste du rôle prépondérant confié à la région.

L'article L. 4251-13 précise également que les orientations du schéma doivent favoriser un développement économique innovant, durable et équilibré du territoire régional ainsi que le maintien des activités économiques exercées en son sein. Le schéma doit aussi fixer les actions menées par la région en matière d'égalité professionnelle entre les femmes et les hommes.

2. Élaboration du SRDEII

Le schéma est élaboré par la région en concertation avec les métropoles et les EPCI à fiscalité propre qui sont également dotés de compétences en matière de développement économique, même si celles-ci paraissent résiduelles en comparaison du rôle dévolu à la région. Une fois que le projet de schéma est adopté par le conseil régional, il sera ensuite arrêté par le préfet, étant précisé que ce dernier peut suggérer des modifications (art. L. 4251-14 CGCT).

3. Portée contraignante du SRDEII

En vertu de l'article L. 4251-17 CGCT, les actes des collectivités territoriales et de leurs groupements en matière d'aide aux entreprises doivent être compatibles avec les orientations du schéma, ce qui signifie que les actions des autres niveaux territoriaux sont contraintes par le contenu du SRDEII. La prépondérance de la région apparaît ainsi sans ambages dans le champ du développement économique avec l'adoption de la loi NOTRe.

C – L'octroi d'aides aux entreprises

En vertu de l'article L. 1511-2 du CGCT, le conseil régional est chargé de définir le régime des aides qui prennent la forme de prestations de service, de subventions, de bonifications d'intérêt, de prêts et avances remboursables à taux nul ou à des conditions plus favorables que celles du taux moyen des obligations.

C'est également le conseil régional qui décide de l'octroi de ces différentes catégories d'aides, sous réserve de ne pas porter atteinte aux règles du droit de la concurrence imposées par le droit interne et par le droit de l'Union européenne (art. 106 et 107 TFUE qui conditionnent la légalité d'une aide à certains critères ; l'aide sera légale si, par exemple, elle est nécessaire à l'accomplissement d'une mission d'intérêt général). Lorsqu'une aide est versée en méconnaissance des règles du droit de l'Union européenne, l'article L. 1511-1-1 du CGCT fait peser sur la collectivité une obligation de récupération dès lors qu'une décision de la Commission européenne ou un arrêt de la Cour de justice de l'Union européenne l'enjoint. Dans l'hypothèse où la collectivité ferait preuve d'inertie, il appartiendrait au représentant de l'État de procéder d'office à la récupération de l'aide illégalement versée.

Si le conseil régional est compétent pour définir les aides accordées aux entreprises, il peut toutefois déléguer l'octroi de ces aides aux communes, à leurs groupements, ainsi qu'à la métropole de Lyon, ce qui suppose de conclure une convention avec la personne publique bénéficiant de la délégation.

Il convient également de préciser que dans sa rédaction antérieure à la loi NOTRe, l'article L. 1511-5 CGCT prévoyait qu'un département, une commune, ou un EPCI pouvait conclure une convention avec l'État afin de compléter les aides relevant de la compétence régionale. Ces collectivités et établissements avaient donc la possibilité d'intervenir en complément de la région, sans avoir conclu de convention avec elle, dès lors que l'État avait donné son accord. Cette faculté a cependant été supprimée par la loi du 7 août 2015, ce qui tend à démontrer que désormais, les autres collectivités ne peuvent plus contourner la région pour attribuer des aides économiques.

II – La place secondaire accordée aux autres niveaux territoriaux

Ce sont essentiellement les métropoles qui sont appelées à jouer le second rôle, même si celui-ci demeure subordonné à la prépondérance régionale. Ainsi que cela a déjà été souligné, la métropole est consultée lors de l'élaboration du SRDEII, de même que les autres EPCI à fiscalité propre. La loi NOTRe prévoit surtout que si le conseil métropolitain émet un avis défavorable sur le projet de SRDEII, il pourra élaborer un « document d'orientations stratégiques » qui est néanmoins tenu de prendre en compte les orientations du schéma régional. Le législateur semble avoir introduit un risque de contradiction entre les deux documents, sauf à considérer que la métropole est implicitement autorisée à déroger aux dispositions du SRDEII. Pour autant, s'agissant de l'octroi d'aides aux entreprises, la métropole ne peut s'abstraire du régime juridique fixé par la région, étant précisé que la métropole peut tout de même définir le régime des aides à l'immobilier d'entreprise.

Concernant les EPCI à fiscalité propre, leurs compétences en matière de tourisme, de zones d'activité ou de politique locale du commerce leur confèrent également un rôle en matière de développement économique.

Les communes peuvent elles aussi conserver une certaine marge de manœuvre en ce domaine sur le fondement de la clause de compétence générale, sous réserve de respecter les orientations du SRDEII.

En revanche, les départements semblent avoir perdu l'essentiel de leurs compétences en matière de développement économique avec la suppression de la clause de compétence générale ; de plus, la loi NOTRe n'a pas prévu qu'ils participent à la mise en œuvre du SRDEII ou à l'octroi d'aides aux entreprises après conventionnement avec la région. Le législateur de 2015 a donc procédé à une clarification des compétences au profit de la région essentiellement. Ce n'est qu'au titre de ses compétences liées à la cohésion territoriale et au soutien apportés aux territoires ruraux que le département peut intervenir dans le champ économique : l'article L. 3211-1 CGCT, dans sa rédaction issue de la loi NOTRe, prévoit en effet que le département peut accorder des aides aux organisations de producteurs, ce qui vise les sociétés coopératives agricoles, les associations entre producteurs, ou encore, les sociétés commerciales ayant pour objet de maîtriser durablement la valorisation de la production agricole ou forestière. Les capacités d'intervention du département sont ainsi définies de manière restrictive, la région étant le maître du jeu en matière de développement économique.

§ 2 – Le tourisme

En vertu de l'article L. 1111-4 CGCT, dans sa rédaction issue de la loi du 7 août 2015, le tourisme est une compétence partagée entre les différents échelons territoriaux. Pourtant, compte tenu des liens étroits pouvant exister entre développement économique et tourisme, il aurait pu sembler cohérent de confier à la région un rôle de chef de file ; mais tel ne fut pas le choix du législateur en raison, probablement, des enjeux liés au tourisme pour les départements et les communes.

Il convient toutefois d'indiquer que selon l'article L. 131-1 du Code du tourisme, la région est chargée de définir les objectifs du développement touristique régional et d'adopter, à ce titre, un schéma régional de développement touristique. Chaque région est dotée d'un comité régional du tourisme auquel le conseil régional peut confier l'élaboration du schéma, ainsi que sa mise en œuvre. Par ailleurs, les compétences prépondérantes de la région en matière d'aides aux entreprises peuvent lui permettre d'exercer un rôle substantiel dans le secteur du tourisme et ce, au détriment des départements et des communes. Il convient en effet de rappeler que la région est chargée de définir le régime juridique de ces aides et de les accorder, ce qui peut concerner les entreprises du secteur touristique.

Il n'en demeure pas moins que les autres niveaux territoriaux disposent d'une habilitation à agir, même si l'on peut envisager une domination régionale par le biais des aides économiques. Le département peut ainsi élaborer un schéma d'aménagement touristique devant néanmoins prendre en compte les orientations fixées par le schéma régional.

Les compétences des communes ont quant à elles été quelque peu réduites par la loi NOTRe : à compter du 1er janvier 2017, les EPCI à fiscalité propre sont en effet compétents pour créer des offices du tourisme, lesquels sont chargés de l'accueil, de l'information et de la promotion touristique. Toutefois, l'article 26 de la loi du 27 décembre 2019 relative à l'engagement dans la vie locale et à la proximité de l'action publique offre aux communes ayant le statut de stations classées de tourisme la possibilité de retrouver l'ensemble de leurs compétences en matière de promotion du tourisme si elles sont membres d'une communauté de communes ou d'une communauté d'agglomération. La répartition entre communes et EPCI peut ainsi sembler complexe.

Au titre de leurs compétences en matière de tourisme, les communes peuvent aussi gérer des équipements touristiques (ports de plaisance, remontées mécaniques, par exemple) ou mener une politique d'animation du territoire.

Section 2 – L'emploi

Si l'État a conservé la maîtrise de la politique de l'emploi, son rôle en la matière n'est pas exclusif, nombre d'actions menées par les collectivités territoriales peuvent concourir au développement de l'emploi, qu'il s'agisse des interventions économiques, mais aussi de la formation professionnelle, de l'insertion, ou encore, de la fonction publique territoriale puisque les collectivités sont aussi des employeurs. La loi NOTRe du 7 août 2015 a par ailleurs accru le rôle pouvant incomber aux collectivités territoriales dans le cadre de la politique de l'emploi.

§ 1 – La formation professionnelle et l'apprentissage

I – Des compétences régionales

Dès 1983, la région a reçu des compétences en ce domaine, compétences qui ont été confirmées par la loi du 13 août 2004 relative aux libertés et responsabilités locales (loi n° 2004-809). Ce rôle se justifie au regard des compétences dont elle dispose dans le cadre du développement économique car cette politique ne peut se satisfaire des seules aides accordées aux entreprises. Pour être pleinement efficace, elle doit être menée en adéquation avec la politique de formation professionnelle, puisque les entreprises ont besoin d'une main-d'œuvre dont les qualifications sont adaptées au secteur d'activité.

En vertu de l'article L. 214-12 du Code de l'éducation, la région (en lien avec l'État) est chargée de définir et de mettre en œuvre la politique régionale d'apprentissage et de formation professionnelle des jeunes et des adultes sans emploi ou à la recherche d'une nouvelle orientation professionnelle.

II – Le contrat de plan régional de développement des formations professionnelles

C'est un document permettant de programmer, à moyen terme, les actions de formation en tenant compte, notamment, de l'objectif visant à favoriser un accès équilibré des hommes et des femmes aux différentes filières de formation. Ce contrat de plan est élaboré par la région en concertation avec le représentant de l'État et l'autorité académique, étant précisé que les départements sont consultés dans la mesure où ils disposent de compétences en matière d'insertion professionnelle.

Le lien entre formation professionnelle et emploi apparaît explicitement au sein du contrat de plan puisque l'article L. 214-13 du Code de l'éducation prévoit qu'il « a pour objet l'analyse des besoins à moyen terme du territoire régional en matière d'emplois, de compétences et de qualifications, et la programmation des actions de formation professionnelle des jeunes et des adultes compte tenu de la situation et des objectifs de développement économique du territoire régional ». La définition des actions de formation est ainsi corrélée à la politique de développement économique et à la situation locale de l'emploi.

§ 2 – L'insertion professionnelle

Formation et insertion professionnelles entretiennent des liens étroits, l'un des objectifs de la politique de formation étant de favoriser le retour vers l'emploi des personnes au chômage. Par ailleurs, il est inconcevable d'envisager une politique d'insertion professionnelle efficace sans dispositif de formation adapté. Néanmoins, la politique d'insertion professionnelle n'est pas de la compétence des régions, elle relève des départements en raison de leur rôle dans la gestion du Revenu de solidarité active (RSA). Cette prestation, qui est allouée aux personnes ne disposant d'aucune ressource ou d'un travail faiblement rémunéré, s'accompagne d'actions d'insertion sociale et professionnelle. Elles se traduisent par la conclusion d'un contrat d'insertion entre les bénéficiaires du RSA et le conseil départemental, ou d'une orientation vers Pôle emploi afin que le bénéficiaire élabore un projet personnalisé d'accès à l'emploi. La priorité est donnée à la définition d'actions d'insertion professionnelle, sauf si des difficultés tenant à la santé ou aux conditions de logement justifient la mise en œuvre d'autres formes d'intervention.

Il n'en demeure pas moins que ce sont les départements qui sont compétents pour mettre en œuvre la politique d'insertion professionnelle en direction des bénéficiaires du RSA dans le dessein de favoriser leur retour vers l'emploi (cette compétence peut toutefois être déléguée ou transférée à une métropole en vertu de l'article L. 5217-2 IV CGCT). Or, cette politique ne peut être construite indépendamment de la politique de formation, l'insertion étant fortement corrélée à la possession de diplômes et/ou de savoir-faire en adéquation avec les besoins du bassin d'emploi. Cela illustre, une fois encore, la nécessaire collaboration qui doit s'instaurer entre les différents niveaux d'administration dans le domaine de l'emploi.

§ 3 – L'emploi dans la fonction publique territoriale

Dans la mesure où les collectivités territoriales sont amenées à recruter des agents publics titulaires ou contractuels, elles influent sur la politique de l'emploi au niveau local. Elles n'ont donc pas uniquement un rôle de promoteur en la matière, elles revêtent également un rôle d'acteur.

Les collectivités territoriales ont, en premier lieu, la possibilité d'agir sur le niveau de l'emploi local en recrutant des agents sur les postes vacants ou en créant des emplois de contractuels. Elles peuvent, en second lieu, contribuer à la mise en œuvre de la politique d'insertion professionnelle en ayant recours aux contrats aidés proposés aux personnes qui sont éloignées du monde du travail. Tel est le cas des contrats d'accompagnement dans l'emploi réservés au secteur non marchand, public ou associatif. La conclusion de tels contrats par les collectivités territoriales peut toutefois se révéler paradoxale : si la collectivité apporte ainsi son concours à la mise en œuvre de la politique d'insertion professionnelle, elle peut, si elle multiplie ces contrats, contribuer à entretenir la précarité du marché local de l'emploi. Il apparaît donc que les collectivités disposent d'un pouvoir d'influence, tant quantitativement que qualitativement, pour agir sur la situation de l'emploi local.

Effectifs de la fonction publique territoriale (en milliers)

	2011	2012	2014	2016	2017
Régions	**80,5**	**82,1**	**82,8**	**87,6**	**89,2**
Fonctionnaires	69,3	70,3	71,6	75,8	76,0
Contractuels, autres catégories et statuts	10,8	11,3	9,9	10,5	12,3
Bénéficiaires de contrats aidés	0,5	0,4	1,3	1,3	0,9
Départements	**363,2**	**365,1**	**371,0**	**358,3**	**356**
Fonctionnaires	281,6	283,0	287,1	279,8	277,5
Contractuels, autres catégories et statuts	76,6	77,2	75,5	71,4	72,9
Bénéficiaires de contrats aidés	5,0	5,0	8,4	7,1	5,6
Secteur communal (1)	**1 438,1**	**1 465,6**	**1 527,7**	**1 531,2**	**1 524,8**
Fonctionnaires	1 059,0	1 076,6	1 109,3	1 113,7	1 114,3
Contractuels, autres catégories et statuts	333,4	344,0	341,3	334,6	349,3
Bénéficiaires de contrats aidés	45,7	45,0	77,1	82,9	61,3
Total	**1 881,8**	**1 912,8**	**1 981,5**	**1 977,2**	**1 970**
dont bénéficiaires de contrats aidés	**51,2**	**50,4**	**86,8**	**91,4**	**67,8**

(1) : y c. OPHLM, caisses de crédit municipal, régies et EPA locaux.
Note : collectivités territoriales et établissements publics à caractère administratif (EPA).
Champ : France, postes principaux finaux (actifs et non annexes) au 31 décembre.
Source : Insee, Siasp.

§ 4 – La participation au service public de l'emploi

La loi NOTRe du 7 août 2015 a confié de nouvelles compétences à la région en lui permettant de participer à la coordination des acteurs du service public de l'emploi que sont les maisons de l'emploi, les missions locales, ou encore, Pôle emploi (art. L. 5311-1 C. trav.). Par ailleurs, sur délégation de l'État, la région peut avoir la responsabilité de cette coordination, ce qui lui confère un rôle plus important en ce domaine (art. L. 1111-8-1 CGCT).

Cette action de coordination suppose la signature d'une convention pluriannuelle de coordination de l'emploi, de l'orientation et de la formation professionnelle afin de rationaliser les interventions au niveau d'un bassin d'emploi.

L'article L. 6123-4-1 du Code du travail prévoit également que le président du conseil régional et le préfet de région élaborent une stratégie coordonnée en matière d'emploi, d'orientation et de formation professionnelle, en lien avec le schéma régional de développement économique, d'innovation et d'internationalisation. La loi NOTRe favorise ainsi la mise en cohérence des actions menées dans le cadre de ces différentes politiques publiques, le développement économique et l'emploi étant intimement liés.

S'agissant des autres niveaux territoriaux, l'article L. 5311-3 du Code du travail, dans sa rédaction issue de la loi NOTRe, prévoit que les départements, les communes et leurs groupements peuvent également concourir au service public de l'emploi, même si ce rôle semble secondaire eu égard aux nouvelles compétences régionales. À ce titre, les communes peuvent, par exemple, recevoir des offres d'emploi et exercer des actions de placement si une convention a été conclue en ce sens avec Pôle emploi.

Afin de lutter contre le chômage de longue durée, il convient également de relever que les collectivités territoriales peuvent participer à l'expérimentation « territoires zéro chômeurs de longue durée » mise en place par la loi du 29 février 2016 (n° 2016-231) dans 10 territoires, puis étendue à 50 autres par la loi du 14 décembre 2020 (n° 2020-1577). L'objectif de cette expérimentation est de favoriser l'emploi des chômeurs de longue durée dans les entreprises de l'économie sociale et solidaire.

Section 3 – La solidarité

Les interventions regroupées sous ce vocable désignent l'action sociale, pour laquelle le département a été désigné chef de file, et l'action sanitaire.

§ 1 – L'action sociale

I – Le rôle de chef de file du département

En matière d'action sociale, les lois du 22 juillet 1983 et 6 janvier 1986 avaient déjà confié un rôle important aux départements dont la vocation sociale avait été clairement affirmée. C'est ainsi que le département s'est vu reconnaître des compétences en matière d'aide à l'enfance et aux familles, d'aides aux personnes handicapées, aux personnes âgées, ou encore, en matière d'aide médicale. Cette dernière compétence a cependant fait l'objet d'une recentralisation avec la création de la couverture maladie universelle par la loi du 27 juillet 1999 (loi n° 99-641), l'aide médicale étant désormais gérée par l'État.

Les compétences des départements dans le domaine de la dépendance ont été renforcées par la suite avec la création, par la loi du 24 janvier 1997 (loi n° 97-60 de la prestation spécifique dépendance), remplacée en 2001 par l'allocation personnalisée d'autonomie (loi n° 2001-647 du 20 juill. 2001).

S'agissant de l'aide aux plus démunis, la loi du 1er décembre 1988 créant le Revenu minimum d'insertion (RMI) avait déjà confié aux départements la mise en œuvre du volet « insertion » qui accompagnait le versement de l'allocation (loi n° 88-1088). Avec la loi du 18 décembre 2003, le législateur a opté pour une décentralisation intégrale du RMI en direction des départements.

La loi du 13 août 2004 (n° 2004-809) a, quant à elle, érigé le département au rang de chef de file en matière d'action sociale. À cet égard, l'article L. 121-1 du Code de l'action sociale et des familles énonce que « le département définit et met en œuvre la politique d'action sociale, en tenant compte des compétences confiées par la loi à l'État, aux collectivités territoriales, ainsi qu'aux organismes de sécurité sociale. Il coordonne les actions menées sur son territoire ». Cette vocation particulière du département a été confirmée par la loi du 27 janvier 2014 de modernisation de l'action publique territoriale et d'affirmation des métropoles, puis par la loi NOTRe du 7 août 2015 qui renforce la spécialisation de cette catégorie de collectivité en supprimant la clause de compétence générale. Le champ des interventions départementales porte désormais essentiellement sur les actions de solidarité, étant précisé que certaines compétences sociales du département peuvent être déléguées ou transférées à une métropole sur le fondement de l'article L. 5217-2 IV CGCT.

Les centres communaux d'action sociale

La fonction de chef de file du département n'éclipse cependant pas le rôle dévolu aux communes (ou aux EPCI) dans le secteur social par le biais de leurs centres communaux (ou intercommunaux) d'action sociale (CCAS ou CIAS) qui participent à l'instruction des demandes d'aide sociale (art. L. 123-5 CASF). Les services du CCAS (ou du CIAS) aident les demandeurs à constituer leur dossier et le transmettent ensuite à l'autorité compétente pour accorder l'aide. De plus, les CCAS (ou les CIAS) peuvent procéder à la domiciliation des personnes qui n'ont pas de domicile fixe ; cette domiciliation leur permet d'exercer leurs droits civils et politiques, tel le droit de vote, ou d'accéder à certains droits sociaux, tels le RSA ou la couverture maladie universelle.

Il convient également de préciser que les communes mènent généralement des interventions sociales facultatives qui tendent à répondre à des besoins essentiels (crèches ou garderies par exemple).

II – Les différentes politiques d'action sociale

Définition : ensemble des interventions sectorielles à destination de catégories de personnes, à l'opposé des politiques transversales qui doivent répondre à une diversité de problèmes sociaux liés, le plus souvent, à une situation d'exclusion.

A – L'aide à l'enfance et aux familles

Parmi les politiques traditionnelles, figure l'aide à l'enfance et aux familles, le département étant compétent pour gérer le service d'aide sociale venant en aide aux enfants et aux familles en difficulté (art. L. 123-1 CASF). En outre, le président du conseil départemental est compétent pour accorder l'agrément nécessaire à l'adoption d'un enfant, mais aussi l'agrément permettant d'exercer la profession d'assistant maternel ou d'assistant familial. Cette dernière profession permet à des personnes d'accueillir à leur domicile des mineurs ayant fait l'objet d'une mesure de placement.

B – L'aide aux personnes âgées

S'agissant des politiques d'aides à destination des personnes âgées, la loi du 20 juillet 2001, qui a créé l'allocation personnalisée d'autonomie, a confié la gestion de cette prestation aux départements. Il s'agit d'une aide versée, sous conditions d'âge et de degré de dépendance, à toute personne qui est en perte d'autonomie. Il existe, par ailleurs, d'autres formes d'aides à destination des personnes âgées lorsqu'elles ne remplissent pas les conditions d'accès à cette allocation ; dans cette hypothèse, elles peuvent prétendre à l'aide ménagère, sous réserve de remplir les conditions de ressources posées par les textes.

C – L'aide aux personnes handicapées

De plus, le département est amené à intervenir en direction des personnes handicapées puisqu'il doit gérer la prestation de compensation du handicap créée par la loi du 11 février 2005 pour l'égalité des droits et des chances, la participation et la citoyenneté des personnes handicapées. Les départements ont également la charge de la gestion des maisons départementales des personnes handicapées qui ont une fonction d'accueil et d'accompagnement afin de permettre aux personnes handicapées d'accéder effectivement à leurs droits.

D – La profession d'accueillant familial

Il convient enfin de préciser que la profession d'accueillant familial qui permet de prendre en charge à son domicile, des personnes âgées ou handicapées, est subordonnée à l'obtention d'un agrément délivré par le président du conseil départemental.

E – Les politiques transversales

Ces politiques ont été mises en œuvre pour répondre à la multitude de difficultés que peut rencontrer une personne en situation d'exclusion.

Pour tenter de remédier à ces difficultés, le législateur a créé le RMI par la loi du 1er décembre 1988 qui est ensuite devenu le revenu de solidarité active (RSA) avec la loi du 1er décembre 2008 (loi n° 2008-1249). À la différence du RMI, le RSA prévoit de mettre davantage l'accent sur l'insertion professionnelle au détriment des interventions en faveur de l'insertion sociale. Pour mener à bien cette compétence, le département doit, notamment, adopter un programme départemental d'insertion définissant la politique départementale d'accompagnement social et professionnel (art. L. 263-1 CASF). Compte tenu de l'impact financier de cette compétence pour les départements, le projet de loi déposé le 12 mai 2021 relatif à la différenciation, la décentralisation, la déconcentration et portant diverses mesures de simplification de l'action publique locale envisage d'expérimenter une recentralisation de l'allocation versée au titre du RSA.

§ 2 – L'action sanitaire

Les départements ont en charge l'organisation des centres de protection maternelle et infantile, ainsi que l'organisation des centres de planning familial.

Par délégation passée avec l'État, cette catégorie de collectivités peut également intervenir en matière de prévention sanitaire dans le cadre de la lutte contre la tuberculose, le cancer ou encore, le Sida.

Les communes, et plus précisément les maires, disposent également de compétences en matière sanitaire au titre de la police municipale dont l'une des missions vise à préserver la salubrité publique. La crise sanitaire liée à l'épidémie de covid-19 a particulièrement mis en lumière le rôle que les maires, et plus largement les communes, peuvent exercer en matière sanitaire dès lors qu'il s'agit de faire face à une épidémie. Pour autant, le pouvoir de police des maires a été limité par le recours à l'état d'urgence sanitaire plaçant dans les mains de l'État l'essentiel des pouvoirs de police sanitaire, et ce au nom de la cohérence des actions menées pour lutter contre l'épidémie (voir V. Donier, « La gestion de crise sanitaire à travers le prisme de la proximité : quel est le rôle pour les communes ? », *BJCL* 2020, n° 7/8, p 513).

Section 4 – L'urbanisme

L'urbanisme a pour objet de réglementer l'affectation des sols et leur aménagement, ce qui suppose de concilier les intérêts des personnes privées avec la nécessité de préserver certains espaces, tels les zones agricoles ou les espaces naturels, et de lutter contre l'étalement urbain. L'urbanisme entretient ainsi des liens étroits avec la protection de l'environnement et l'aménagement du territoire, étant précisé qu'en matière d'aménagement de l'espace, la commune ou l'EPCI a été désigné comme chef de file par la loi du 27 janvier 2014 (loi relative à la modernisation de l'action publique territoriale et d'affirmation des métropoles).

Dans le domaine de l'urbanisme, ce sont essentiellement les communes qui disposent de compétences, qu'il s'agisse de l'adoption des documents de planification, ou de l'octroi de certaines autorisations. Toutefois, le champ d'intervention des communes tend à être réduit par les compétences obligatoirement dévolues aux EPCI dans le domaine de l'urbanisme.

§ 1 – Les documents de planification

I – Les schémas de cohérence territoriale (SCOT)

Ce document doit permettre de définir les objectifs visant à concilier le développement de l'urbanisme, la protection de l'environnement, le développement d'équipements commerciaux, ou encore le développement des transports. Le SCOT est composé d'un projet d'aménagement stratégique, d'un document d'orientation et d'objectifs et d'annexes (art. L. 141-2 C. urb.). Le projet d'aménagement stratégique définit les objectifs de développement et d'aménagement du territoire pour les vingt années à venir en se fondant sur un diagnostic territorial.

L'adoption du SCOT est de la compétence des EPCI, il doit par ailleurs couvrir un territoire d'un seul tenant et sans enclave. L'intervention d'un représentant de l'État est cependant prévue puisque le préfet est chargé de vérifier que le périmètre du schéma permet d'assurer la cohérence des questions d'urbanisme, d'habitat, de développement économique et d'environnement. C'est en général l'EPCI qui sera chargé de la mise en œuvre du SCOT, mais un syndicat mixte peut également être désigné compétent.

Les orientations définies par le SCOT s'imposent aux autres documents de planification que sont les plans locaux d'urbanisme ou les cartes communales.

II – Les autres documents de planification

A – Le plan local d'urbanisme (PLU)

Ce document permet, notamment, de réglementer l'implantation des constructions sur le territoire d'une commune ou d'un EPCI. Pour cela, il prévoit une division du sol en plusieurs zones : les zones urbaines, les zones à urbaniser, les zones agricoles et les zones naturelles et forestières. Dans la détermination de ces différentes zones, le PLU doit respecter les prescriptions contenues dans le SCOT s'il en existe un.

Le PLU est voté par l'assemblée délibérante de la commune ou de l'EPCI. Si la commune n'est pas couverte par un SCOT, le PLU doit être approuvé par le préfet avant d'entrer en vigueur.

Le PLU comprend un rapport de présentation et un projet d'aménagement et de développement durable. Le rapport de présentation explique notamment les choix retenus pour établir le projet précité, et pour cela, il s'appuie sur un diagnostic établi au regard des prévisions économiques et démographiques, mais aussi au regard des besoins en matière de développement économique, de surfaces agricoles, de développement forestier, d'aménagement de l'espace, d'environnement, d'équilibre social de l'habitat, de transports, de commerce, d'équipements et de services (art. L. 151-3 C. urb.). Quant au projet d'aménagement et de développement durables, il définit les orientations générales des politiques d'aménagement, d'équipement, d'urbanisme, de protection des espaces naturels, agricoles et forestiers ou de préservation des continuités écologiques. Il doit également fixer des objectifs en matière de lutte contre l'étalement urbain.

B – Les cartes communales

Outre le PLU, les communes peuvent aussi avoir recours aux cartes communales qui présentent plus de souplesse. Ce document de planification convient particulièrement aux communes rurales de petite taille. Dans ces documents, le zonage n'est pas aussi contraignant que dans le cadre du PLU, les communes doivent simplement définir les secteurs dans lesquels les constructions sont admises et les secteurs dans lesquels elles sont proscrites. La carte communale est élaborée par le maire et votée par le conseil municipal, mais elle doit aussi être approuvée par le préfet, ce qui lui permet, notamment, de vérifier que la commune n'a pas méconnu les prescriptions du SCOT s'il en existe un sur son territoire.

§ 2 – L'octroi d'autorisations d'occupation du sol

L'autorisation sollicitée le plus fréquemment est sans nul doute le permis de construire. Il est accordé par le maire au nom de la commune dans le respect des règles définies par les documents de planification. Toutefois, si la collectivité est couverte par une carte communale, le conseil municipal peut décider que les permis de construire seront accordés au nom de l'État. Dans l'hypothèse où la commune fait partie d'un EPCI, la compétence pour accorder les permis de construire peut être transférée au président de cet établissement. Il convient, par ailleurs, de préciser que l'octroi du permis de construire peut être subordonné à la consultation préalable de l'architecte des bâtiments de France afin de vérifier la compatibilité du projet envisagé avec le patrimoine architectural de la collectivité.

D'autres autorisations peuvent également être sollicitées, qu'il s'agisse des permis d'aménager pour la réalisation d'un lotissement par exemple, ou des permis de démolir qui peuvent être exigés, notamment, si l'opération est située sur un site classé. Les conditions d'octroi de ces autorisations sont les mêmes que celles qui s'appliquent au permis de construire.

Section 5 – Le cadre de vie

Plusieurs compétences peuvent se rapporter à cette thématique générale : l'aménagement du territoire, la protection de l'environnement, les transports, la sécurité, la voirie ou encore le logement.

§ 1 – L'aménagement du territoire

Si la commune est chef de file en matière d'aménagement de l'espace, ce qui inclut l'urbanisme, la région est, quant à elle, chef de file dans le domaine de l'aménagement et du développement durables du territoire en vertu de la loi de modernisation de l'action publique territoriale. Dans le cadre de cette compétence particulièrement enchevêtrée, la région pourra ainsi élaborer des conventions d'exercice concerté selon les conditions fixées par la loi du 27 janvier 2014 (loi n° 2014-58).

La politique d'aménagement du territoire a pour objet de promouvoir un développement équilibré et de corriger les inégalités liées, notamment, à la répartition des activités économiques sur l'ensemble du territoire national. Il s'agit d'une politique à vocation transversale qui tend à aborder, de façon globale, le développement des territoires. Plusieurs textes contribuent à la mise en œuvre de cette politique nationale qui est toutefois cogérée avec les collectivités territoriales : l'article L. 1111-2 du CGCT énonce ainsi que les collectivités concourent, avec l'État, à l'administration et à l'aménagement du territoire.

Pour définir une politique d'aménagement du territoire cohérente permettant de concilier les objectifs définis par l'État et ceux des différents niveaux de collectivités territoriales, le législateur a institué des documents d'orientation et de programmation, mais aussi des contrats, tels les contrats de projets conclus entre l'État et la région.

I – Les documents applicables aux régions

A – Le contrat de plan conclu entre l'État et la région

C'est un document négocié entre le représentant de l'État et les élus de la région. Sa dénomination a parfois varié, la période 2014-2020 ayant retenu la notion de contrat de projet, mais cela n'a aucune incidence sur le contenu du document qui a pour objet d'assurer la coordination des politiques d'aménagement du territoire national et régional.

Pour la période 2014-2020, les contrats de projets se sont vus assigner cinq grandes orientations visant à renforcer la compétitivité des territoires afin de réduire les inégalités :

- l'enseignement supérieur et la recherche ;
- le soutien à l'innovation ;
- la couverture du territoire en très haut débit ;
- la transition écologique et énergétique ;
- les mobilités multimodales.

Pour la période 2021-2027, les contrats de plan intègrent de nouvelles thématiques (la santé, l'agriculture, le sport, ou encore l'égalité hommes-femmes) et ils ont pour objet de garantir une meilleure mise en œuvre de la différenciation territoriale.

La portée juridique du contrat de plan

La question de la portée juridique du contrat de plan a fait l'objet de plusieurs jurisprudences dont certaines sont favorables à leur justiciabilité. Dans un premier temps, le contrat de plan a été analysé comme un engagement dénué de force juridiquement contraignante, l'État n'était donc astreint à aucune obligation de résultat envers la région (CE 25 oct. 1996, *Association Estuaire-Écologie, Rec.* p. 416). Toutefois, plus récemment, le juge administratif a eu l'occasion d'engager la responsabilité de l'État en raison de la résiliation unilatérale d'un contrat, annexé au contrat de plan, visant à financer une ligne ferroviaire (CE 21 déc. 2007, *Région Limousin, Rec.* p. 534). Il apparaît ainsi que certaines dispositions des contrats de plan peuvent être juridiquement contraignantes dès lors qu'elles sont suffisamment précises pour ne pas être analysées comme de simples obligations morales.

B - Les schémas régionaux

En vertu de l'article 34 de la loi du 7 janvier 1983 (loi n° 83-8 relative à la répartition des compétences entre les communes, les départements, les régions et l'État), dans sa rédaction issue de la loi du 12 juillet 2010 portant engagement national pour l'environnement, la région devait élaborer un schéma régional d'aménagement et de développement durable du territoire qui fixait les orientations fondamentales, à moyen terme, du développement durable du territoire régional. Il concernait plus précisément :

- la localisation des grands équipements, des infrastructures et des services d'intérêt général ;
- la réhabilitation des territoires dégradés et la protection de l'environnement.

La loi NOTRe du 7 août 2015 a créé un nouvel instrument de planification dont le périmètre a été élargi afin de regrouper plusieurs schémas existants dans une logique de simplification : le schéma régional d'aménagement, de développement durable et d'égalité des territoires (SRADDET). Ce document doit préciser les objectifs de la région en termes d'équilibre et d'égalité des territoires, d'implantation des équipements présentant un intérêt régional, d'intermodalité, de développement des transports, ou encore de protection de l'environnement (lutte contre le changement climatique et la pollution de l'air par exemple). Ce schéma a intégré plusieurs schémas existants, tels l'ancien schéma régional d'aménagement et de développement du territoire, le schéma régional des infrastructures et des transports, le schéma régional de l'intermodalité, ou encore le schéma régional du climat, de l'air et de l'énergie.

Il convient enfin de préciser que le SRADDET bénéficie d'une portée contraignante puisque les autres collectivités doivent le prendre en compte lors de l'élaboration de leurs documents d'urbanisme notamment (cela vise, par exemple, l'élaboration des schémas de cohérence territoriale).

II - Les compétences des départements

Elles sont moins étendues que celles des régions ou des communes, ils sont surtout amenés à intervenir en faveur de l'équipement rural (la loi du 27 janv. 2014 a érigé les départements au rang de chef de file en matière de solidarité entre les territoires).

• Dans le cadre de ces compétences, ils peuvent adopter un programme d'aide à l'équipement rural qui doit prendre en compte les priorités définies par les communes. Ce programme peut, par exemple, porter sur l'alimentation en eau potable ou sur l'assainissement rural.

• En vertu de l'article L. 3232-1-1 du CGCT, les départements peuvent également mettre à la disposition des communes et des EPCI qui ne disposent pas de moyens suffisants, une assistance technique dans le domaine de l'assainissement, de la protection de la ressource en eau, de la restauration et de l'entretien des milieux aquatiques. La loi NOTRe du 7 août 2015 a étendu cette possibilité d'intervention au domaine de la voirie.

Ce texte confie également au département le soin d'élaborer un schéma départemental d'amélioration de l'accessibilité des services afin de développer l'offre de services au public dans les zones souffrant d'un déficit d'accessibilité.

III – Le rôle dévolu aux communes

À ce niveau, la politique d'aménagement du territoire se construit essentiellement sur la base de contrats passés entre l'État et les communes ou leurs EPCI.

• Les communautés urbaines et les communautés d'agglomération peuvent ainsi conclure des contrats d'agglomération avec l'État, la région, et éventuellement, le département, afin de définir un projet de développement applicable à l'agglomération en matière de développement économique, ou de transport notamment.

• Les communes pouvaient conclure avec l'État des contrats urbains de cohésion sociale (CUCS) portant, plus précisément, sur le développement des quartiers connaissant des difficultés liées au chômage, au logement, ou à la délinquance. Ces CUCS ont été remplacés par des contrats de ville conclus à l'échelle intercommunale en vertu de la loi du 21 février 2014 (loi n° 2014-173 de programmation pour la ville et la cohésion urbaine). Ce texte a également pour objet de redéfinir les critères permettant d'identifier les quartiers prioritaires afin de mieux adapter les actions mises en œuvre par la politique de la ville à la réalité des besoins.

• Par ailleurs, en vertu de l'article L. 5223-1 du CGCT, les communes peuvent élaborer des chartes intercommunales de développement et d'aménagement permettant de définir les objectifs en termes de développement économique, social et culturel, et précisant les actions à mettre en œuvre pour y parvenir. Ces chartes constituent, en réalité, une forme de coopération intercommunale qui se distingue des autres formes. Le périmètre de la charte est proposé par les communes, puis arrêté par le préfet, après avis du président du conseil départemental. Elle peut servir de base à la conclusion de conventions avec le département, la région ou l'État pour le financement de projets et de programmes définis dans la charte.

§ 2 – L'environnement et la transition écologique

I – Le rôle des régions

À l'image de l'aménagement du territoire, la protection de l'environnement est une politique qui repose sur une multitude d'acteurs, qu'il s'agisse de l'État ou des collectivités territoriales. Au plan local, c'est la région qui a été désignée chef de file en matière de protection de la biodiversité, de climat, de qualité de l'air et d'énergie. Le projet de loi du 12 mai 2021 relatif à la différenciation, la décentralisation, la déconcentration et portant diverses mesures de simplification de l'action publique locale envisage par ailleurs de réaffirmer le rôle de cette catégorie de collectivités en matière de transition écologique.

• La région est chargée de l'adoption d'un plan régional pour la qualité de l'air qui fixe des objectifs en matière de réduction de la pollution. Elles ont également la possibilité d'adopter un schéma éolien visant à promouvoir cette énergie alternative. Conformément à la loi NOTRe du 7 août 2015, ces différents schémas ont vocation à intégrer le schéma régional d'aménagement, de développement durable et d'égalité des territoires afin d'éviter la dispersion des documents de planification. À cela, s'ajoute l'élaboration d'un plan régional de prévention et d'élimination des déchets en vertu de la loi NOTRe précitée.

• S'agissant de la protection de la nature, les régions sont compétentes pour créer des parcs naturels régionaux dont l'ambition est d'assurer la conservation d'un patrimoine naturel de grande qualité. Elles peuvent aussi créer des réserves naturelles lorsque la conservation de la faune, de la flore, ou encore du sol, présente un intérêt particulier.

• La région peut se doter d'un comité régional de l'environnement composé de conseillers régionaux et de représentants d'associations. Ce comité pourra formuler des propositions sur tout sujet d'intérêt régional ayant une incidence sur l'environnement.

• Il convient également de préciser que la protection de l'environnement est prise en compte dans la définition des objectifs et des programmes du contrat de projets conclus entre l'État et la région.

II – Les compétences départementales

En matière de protection de l'environnement, l'enchevêtrement des compétences a été quelque peu atténué par la loi du 7 août 2015 puisque les compétences départementales dans le domaine de la gestion des déchets ont été confiées à la région.

• Si le département devait initialement élaborer un plan d'élimination des déchets ménagers, cette compétence incombe désormais à la région dans le cadre du plan régional de prévention et de gestion des déchets (la compétence pour gérer le service public de collecte et de traitement des déchets relève toutefois des communes ou des EPCI).

• Concernant la protection des espaces naturels, le département demeure compétent pour protéger les espaces naturels sensibles : il s'agit d'espaces vulnérables en raison des activités humaines, espaces qu'il convient de protéger car ils servent de champs naturels d'expansion des crues, ou encore parce qu'ils accueillent des habitats naturels.

III – Les compétences communales et intercommunales

Elles se concentrent sur la gestion de services publics environnementaux : la collecte et le traitement des ordures ménagères ont déjà été mentionnés, mais s'ajoutent à cela l'assainissement et la distribution de l'eau potable. Tous ces services contribuent à la préservation des ressources naturelles et à la lutte contre les pollutions.

La loi du 22 août 2021 portant lutte contre le dérèglement climatique et renforçant la résilience face à ses effets a par ailleurs renforcé le rôle des communes dans la réduction de l'artificialisation des sols, c'est-à-dire dans la maîtrise de la consommation d'espaces naturels, ce qui impliquera d'adapter les documents de planification adoptés en matière d'urbanisme.

§ 3 – Les transports et la mobilité

• Les communes et les EPCI sont amenés à mettre en œuvre les services de transport urbains (étant précisé que la loi du 27 janvier 2014 de modernisation de l'action publique territoriale et d'affirmation des métropoles a désigné la commune ou l'EPCI chef de file en matière de mobilité durable).

• S'agissant des départements, la loi NOTRe du 7 août 2015 leur a retiré les compétences dont ils disposaient en matière de transport non urbain de personnes et en matière de transport scolaire (excepté s'agissant des enfants handicapés) au profit de la région, et ce, à compter de 2017.

• C'est essentiellement le niveau régional qui dispose des compétences les plus étendues. La loi du 27 janvier 2014 lui confie un rôle de chef de file pour l'exercice des compétences relatives à l'intermodalité et à la complémentarité entre les modes de transports. Si la région était déjà compétente pour adopter un schéma régional des infrastructures et des transports, intégré au schéma régional d'aménagement et de développement du territoire, la loi du 27 janvier 2014 crée le schéma régional de l'intermodalité. Son rôle consiste à coordonner les politiques menées par les collectivités publiques en matière de mobilité. Il doit, notamment, définir les principes permettant d'assurer l'articulation entre les différents modes de déplacement. Son élaboration est menée en concertation avec les départements et les autorités organisatrices de la mobilité (ce qui désigne l'État, mais aussi les autres collectivités et les EPCI). Ce schéma a vocation à intégrer le schéma régional d'aménagement, de développement durable et d'égalité des territoires (SRADDET).

Le rôle de la région a par ailleurs été renforcé par la loi du 24 décembre 2019 d'orientation des mobilités : si la région était déjà chef de file en matière d'intermodalité et de complémentarité entre les modes de transport, elle le devient plus largement en matière de mobilité. L'un des objectifs de ce texte est notamment de résorber les zones dans lesquelles il n'y a pas d'offre de mobilité, la région étant l'acteur principal en ce domaine.

• À ces compétences, s'ajoutent également des attributions importantes en matière de transport ferroviaire puisque les régions sont chargées d'organiser les services ferroviaires régionaux de voyageurs. Cette compétence, qui comprend la desserte et la tarification, repose sur la conclusion d'une convention avec la SNCF.

De plus, la loi NOTRe du 7 août 2015 a prévu le transfert aux régions des lignes ferroviaires d'intérêt local gérées par les départements dans les 18 mois suivants la promulgation de la loi. Le département a donc été dépossédé d'une grande partie de ses compétences en matière de transport au profit de la région.

§ 4 – La sécurité

• Le maire et, dans certains cas, le président de l'EPCI sont titulaires du pouvoir de police administrative afin d'assurer le bon ordre, la sûreté, la sécurité et la salubrité publique.

Le maire est également chargé de présider le conseil local de sécurité et de prévention de la délinquance composé notamment du préfet et de procureur de la République. Ce conseil a pour mission de coordonner les interventions des différents acteurs en matière de prévention de la délinquance et de lutte contre l'insécurité. Ils peuvent être institués au sein d'une commune ou d'un EPCI, étant précisé qu'en vertu de la loi du 5 mars 2007 (loi n° 2007-297 relative à la prévention de la délinquance), un conseil local de sécurité devait être créé dans les communes de plus de 10 000 habitants, mais aussi dans les autres communes dès lors qu'elles comprennent une zone urbaine sensible. Ce seuil a été abaissé à 5 000 habitants par la loi par la loi du 25 mai 2021 pour une sécurité globale préservant les libertés. Des contrats locaux de sécurité peuvent également être conclus entre l'État et les collectivités territoriales afin d'établir un état des lieux des problèmes rencontrés et d'adapter les interventions en fonction des territoires ou des quartiers.

• Le président du conseil départemental dispose, par ailleurs, d'un pouvoir de police, mais son champ est plus réduit que celui du maire puisqu'il est limité au domaine public départemental.

Les départements ont également en charge les services départementaux d'incendie et de secours dont la mission consiste à prévenir et à lutter contre les incendies. Toutefois, les compétences des départements à l'égard de ces services sont partagées avec le préfet. Il en est de même pour l'élaboration des schémas départementaux d'analyse et de couverture des risques, document qui recense les risques de toute nature susceptibles de se réaliser sur le territoire départemental : ces schémas sont arrêtés par le préfet après avis du conseil départemental.

§ 5 – La voirie

• Les communes sont chargées de l'entretien des portions du domaine public désignées comme étant des « voies communales » et des chemins ruraux.

• Quant au département, il est chargé de l'entretien et de l'aménagement du domaine routier départemental, étant précisé que certaines portions de routes nationales ont été transférées aux départements par la loi du 13 août 2004 relative aux libertés et responsabilités locales (loi n° 2004-809), ce qui accroît le champ des compétences départementales en matière de voirie.

§ 6 – Le logement et l'habitat

C'est un autre exemple de l'intrication des compétences qui caractérise les interventions publiques, les compétences des communes et des départements étant fortement imbriquées en matière de logement et d'habitat.

I – Les compétences des communes et des EPCI

Au niveau intercommunal, est élaboré le programme local de l'habitat pour une durée de 6 ans. Ce document stratégique vise globalement à favoriser la mixité sociale et le renouvellement urbain. Dans le cadre de ce programme, sont notamment définis des objectifs en matière d'offre de logements et de répartition équilibrée des différentes catégories de logements sur le territoire de l'EPCI. De même, des actions visant à améliorer et à réhabiliter le parc de logements peuvent être prévues.

S'agissant des communes, s'ajoute également, pour certaines d'entre elles, l'obligation de disposer d'un quota de 25 % de logements sociaux. La loi relative à la solidarité et au renouvellement urbain du 13 décembre 2000 (n° 2000-1208) avait initialement prévu un quota de 20 % de logements sociaux, quota que la loi du 18 janvier 2013 a fait passer à 25 % pour certaines communes (loi n° 2013-61 relative à la mobilisation du foncier public en faveur du logement et au renforcement des obligations de production de logement social). Si le parc de logements existant est suffisant pour répondre aux demandes, la loi du 18 janvier 2013 n'a pas vocation à s'appliquer, la commune reste astreinte au respect d'un seuil de 20 %. Par ailleurs, le quota de logements sociaux ne s'applique pas à toutes les communes : il vise les communes dont la population est au moins égale à 1 500 habitants en Île-de-France et 3 500 habitants dans les autres régions, dès lors qu'elles sont incluses dans une agglomération de plus de 50 000 habitants comprenant au moins une commune de plus de 15 000 habitants.

II – Les compétences des départements

S'ils n'ont pas de rôle de chef de file, les départements sont tout de même chargés d'élaborer un plan départemental de l'habitat qui a pour fonction de coordonner les interventions des différentes collectivités publiques. Ce plan est élaboré en tenant compte des orientations fixées dans le programme local de l'habitat. De plus, le département se doit d'établir un plan départemental d'action pour le logement des personnes défavorisées dont les orientations doivent également être prises en compte par le plan départemental de l'habitat. En outre, si le département a conclu une convention en ce sens avec l'État, il peut attribuer les aides à la construction et à la réhabilitation des logements locatifs sociaux.

Section 6 – Les compétences éducatives et socio-culturelles

§ 1 – L'éducation

En ce domaine, la répartition des compétences est particulièrement compartimentée : les régions sont chargées des lycées et du soutien à l'enseignement supérieur et à la recherche (elles ont d'ailleurs été désignées chef de file pour cette seconde catégorie de compétences par la loi du 27 janvier 2014 de modernisation de l'action publique territoriale et d'affirmation des métropoles), les départements ont en charge les collèges, et les communes, les écoles primaires.

I – L'enseignement supérieur et la recherche

L'article L. 214-2 du Code de l'éducation confie à la région le soin de coordonner les initiatives territoriales visant à développer et à diffuser la culture scientifique, technique et industrielle, étant précisé que ces initiatives se doivent de respecter la stratégie nationale de recherche définie par l'État.

De plus, en collaboration avec les collectivités territoriales qui accueillent des sites universitaires, et en cohérence avec la stratégie nationale de la recherche, la région doit adopter un schéma régional de l'enseignement supérieur, de la recherche et de l'innovation. Le contenu de ce schéma a été précisé par la loi NOTRe : il vise à définir les orientations de la région (et des autres collectivités), ainsi que les priorités d'intervention. Il doit également mentionner les opérations que la région soutient, et comporter un volet relatif à l'implication des universités dans la formation professionnelle continue, qui est aussi une compétence régionale. Sur ce point, on peut relever la volonté du législateur de mettre en cohérence les différents acteurs du secteur de la formation professionnelle.

II – L'enseignement secondaire

L'article L. 214-6 du Code de l'éducation prévoit que la région assure la construction, la reconstruction, l'extension, les grosses réparations, l'équipement et le fonctionnement des lycées.

À cela s'ajoutent la restauration et l'hébergement des lycéens, à l'exception des missions d'encadrement et de surveillance des élèves. La loi du 13 août 2004 relative aux libertés et responsabilités locales a également prévu le transfert à la région des personnels techniciens, ouvriers et de service des lycées, elle assure donc leur recrutement et leur gestion.

Le département est, quant à lui, chargé de la construction, la reconstruction, l'extension, les grosses réparations, l'équipement et le fonctionnement des collèges (art. L. 213-2 du Code de l'éducation). Par symétrie avec la région, il assure également la restauration et l'hébergement des élèves, leur surveillance restant cependant de la compétence de l'État. Le département est aussi chargé du recrutement et de la gestion des personnels techniciens, ouvriers et de service qui exercent leurs missions dans les collèges.

III – L'enseignement primaire

L'article L. 2121-30 du CGCT (repris par l'art. L. 212-1 du Code de l'éducation) confie aux communes la responsabilité de décider de la création et de l'implantation des écoles et classes élémentaires et maternelles, après avoir recueilli l'avis du représentant de l'État. Elles sont, en outre, chargées de construire, d'entretenir et d'équiper les écoles primaires.

Les obligations des communes en matière d'enseignement primaire ont été renforcées par la loi du 26 juillet 2019 pour une école de la confiance (loi n° 2019-791) qui rend la scolarité obligatoire dès l'âge de trois ans.

Les communes sont aussi amenées à assurer le service minimum d'accueil mis en place les jours de grève en vertu de la loi du 20 août 2008 (loi n° 2008-790).

§ 2 – La culture

Elle fait partie des compétences partagées entre les différents niveaux territoriaux, tout comme la promotion des langues régionales et de l'éducation populaire (art. L. 1111-4 CGCT).

Les trois catégories de collectivités territoriales peuvent donc être propriétaires de musées et de bibliothèques dont elles assurent la gestion ; elles sont aussi propriétaires de leurs archives, étant précisé que le département gère également les archives des services déconcentrés de l'État. La collectivité départementale doit, en outre, élaborer un schéma départemental des enseignements artistiques qui a pour objet de définir l'organisation de ces enseignements dans le dessein de garantir au plus grand nombre l'accès aux différentes activités concernées.

S'agissant des régions, elles ont pour mission de gérer le fonds régional d'art contemporain qui contribue à l'achat d'œuvres d'art contemporain, mais aussi le fonds régional d'acquisition pour les musées qui, en association avec l'État, permet d'enrichir les collections des musées des régions ou d'autres collectivités territoriales.

Au-delà de ces différentes compétences, les échelons locaux participent également à la conservation du patrimoine culturel : la région est ainsi compétente pour réaliser l'inventaire du patrimoine culturel. Il s'agit d'une procédure permettant de recenser les éléments du patrimoine qui présentent un intérêt culturel, historique ou scientifique. Ces éléments peuvent appartenir aux collectivités territoriales ou à l'État, mais la loi du 13 août 2004 relative aux libertés et responsabilités locales a prévu le transfert de l'État aux collectivités de certains monuments classés ou inscrits, à charge pour les collectivités ayant accepté ce transfert d'assurer la conservation des monuments considérés. Il s'agit, toutefois, de transferts facultatifs pour lesquels les collectivités intéressées doivent se porter candidate.

§ 3 – Le sport

Les clubs sportifs, qu'ils soient professionnels ou amateurs, peuvent bénéficier de subventions des collectivités territoriales, mais les interventions locales se traduisent surtout par la construction et la gestion d'équipements sportifs. Les régions sont ainsi chargées des équipements dans les lycées, les départements assurent la construction et l'entretien des équipements dans les collèges, et les communes (ou les EPCI) prennent en charge les équipements de proximité.

Par ailleurs, les collectivités territoriales peuvent assurer, de manière facultative, le fonctionnement de certains services publics socio-culturels et socio-éducatifs, tels des centres de loisirs, intervention qui est généralement le fait des communes. Selon les termes de la loi NOTRe du 7 août 2015, le sport fait partie des compétences partagées entre les différents niveaux territoriaux, ce qui autorise les interventions facultatives des départements et des régions en dehors de leurs nouveaux champs de spécialisation.

Section 7 – L'action extérieure (ou la coopération décentralisée)

Définition : Les actions extérieures permettent aux collectivités territoriales de développer leurs relations avec des collectivités locales étrangères, notamment lorsqu'il s'agit de collectivités frontalières. En droit interne, les premières voies de cette coopération ont été ouvertes par la loi du 2 mars 1982 relative aux droits et libertés des communes, des départements et des régions (loi n° 82-213), avant d'être véritablement consacrées par la loi du 6 février 1992 relative à l'administration territoriale de la République (loi n° 92-125), puis précisées par la loi du 2 février 2007 (loi n° 2007-147 relative à l'action extérieure des collectivités territoriales et de leurs groupements), par la loi du 7 juillet 2014 d'orientation et de programmation relative à la politique de développement et de solidarité internationale (loi n° 2014-773) et enfin, par la loi du 5 décembre 2016 relative à l'action extérieure des collectivités territoriales et à la coopération des outre-mer dans leur environnement régional (loi n° 2016-1657).

C'est l'article L. 1115-1 du CGCT qui pose le cadre général de l'action extérieure : il indique que, dans le respect des engagements internationaux de la France, les collectivités territoriales peuvent mettre en œuvre ou soutenir toute action internationale annuelle ou pluriannuelle de coopération, d'aide au développement ou à caractère humanitaire. Dans ce cadre, les collectivités territoriales ou leurs groupements peuvent conclure des conventions avec des autorités locales étrangères.

§ 1 – La mise en œuvre

D'après les chiffres fournis par la commission nationale de la coopération décentralisée, qui est chargée de recenser les actions de coopération, près de 5 000 collectivités françaises sont engagées dans de telles actions. On totalise, par ailleurs, plus de 12 000 projets de coopération (certains visent par ex. à apporter leur soutien au peuple syrien, ou à des populations victimes de catastrophes climatiques ; d'autres encore ont pour objet d'organiser la protection du patrimoine naturel dès lors qu'il se trouve sur le territoire de deux collectivités frontalières).

L'action extérieure n'est pas une compétence obligatoire à la charge des collectivités territoriales, les textes leur confèrent, en la matière, une faculté dont la concrétisation est le fruit de choix politiques locaux (la suppression de la clause de compétence générale au détriment des départements et des régions n'a rien changé sur ce point, ces deux catégories de collectivités conservent la possibilité de mener des actions extérieures). Toutefois, au regard des chiffres fournis par la commission nationale de la coopération décentralisée, on peut en conclure que cette possibilité est relativement utilisée par les collectivités territoriales.

§ 2 – Les conditions de légalité

Pour être légale, l'intervention doit respecter certaines conditions : il faut, en principe, que l'action de coopération vise une collectivité étrangère et non un État (excepté dans le cas de la Nouvelle-Calédonie puisque le président de ce territoire peut négocier et signer des accords avec des États étrangers. Il en est de même de la Polynésie française avec, toutefois, une spécificité car l'État français a la possibilité de s'opposer à la conclusion d'un accord entre cette collectivité et un État étranger). La rédaction de l'article L. 1115-5 du CGCT, introduit par ailleurs d'autres exceptions : la convention peut être conclue avec un État étranger s'il s'agit d'un accord destiné à permettre la création d'un groupement européen de coopération territorial ou d'un groupement local de coopération transfrontalière. Il convient également de respecter le principe de neutralité qui interdit aux collectivités territoriales de s'immiscer dans des conflits d'ordre politique.

La neutralité des interventions des collectivités territoriales

Il a ainsi été jugé qu'une collectivité ne pouvait apporter son soutien à la révolution sandiniste au Nicaragua (CE 23 oct. 1989, *Commune de Pierrefitte-sur-Seine*, *AJDA* 1990. 119). Dans une autre espèce, la subvention versée par une commune au « fonds de solidarité d'urgence pour les collectivités locales et la population de la bande de Gaza » a été annulée par le juge administratif au motif qu'elle traduisant une immixtion dans un conflit d'ordre politique (TA Marseille, 27 avr. 2010, *Association des contribuables d'Aubagne*, *AJDA* 2010. 1372, note Y. Gounin et O. Guillaume).

§ 3 – Les particularités de la coopération transfrontalière

Cette forme de coopération vise les collectivités françaises et étrangères limitrophes ou séparées par une frontière maritime. C'est en premier lieu le Conseil de l'Europe qui a servi de cadre institutionnel avec l'adoption, en 1980, de la convention-cadre sur la coopération transfrontière dont l'objet était de promouvoir cette forme de coopération.

L'Union européenne encourage également de telles actions en mobilisant les fonds structurels européens pour apporter son soutien aux actions favorisant, par exemple, le développement économique des territoires concernés, ou visant à préserver le patrimoine naturel.

Au plan institutionnel, la coopération peut se traduire par la création d'un groupement local de coopération transfrontalière qui, s'il a son siège en France, a un statut de syndicat mixte ouvert. Chaque collectivité française et étrangère membre du groupement doit être représentée au sein de celui-ci. Le rôle de cette instance consiste à conduire les actions qui font l'objet de l'accord de coopération transfrontalière.

Depuis la loi du 16 avril 2008 (loi n° 2008-352 visant à renforcer la coopération transfrontalière, transnationale et interrégionale), existe également le groupement européen de coopération territoriale dont l'objet concerne à la fois la coopération transfrontalière, mais aussi toute autre forme de coopération décentralisée (art. L. 1115-4-2 CGCT). En 2009, a ainsi été créé un groupement européen de coopération territoriale entre la France et la Belgique afin de favoriser le développement de services communs dans les domaines des transports ou de l'aménagement du territoire entre les collectivités limitrophes.

Tableau récapitulatif des compétences des collectivités territoriales

Action extérieure	
Communes	Conclusion de conventions avec des collectivités étrangères Coopération transfrontalière
EPCI/métropole	Conclusion de conventions avec des collectivités étrangères Coopération transfrontalière
Départements	Conclusion de conventions avec des collectivités étrangères Coopération transfrontalière
Régions	Conclusion de conventions avec des collectivités étrangères Coopération transfrontalière
Action sanitaire	
Communes	Pouvoir de police du maire pour préserver la salubrité publique

Départements	Centre de protection maternelle et infantile Intervention en matière de prévention sanitaire si une convention a été passée avec l'État
Action sociale	
Communes	Centres communaux d'action sociale : instruction des dossiers de demande d'aide sociale, domiciliation des personnes sans domicile fixe Gestion de services facultatifs (crèches, garderies, etc.)
EPCI/métropole	Délégation ou transfert de certaines compétences départementales au profit des métropoles (par exemple, aide aux jeunes en difficulté, et certaines aides aux personnes âgées)
Départements	Rôle de chef de file Aide à l'enfance et aux familles Aides aux personnes âgées et aux personnes handicapées Revenu de solidarité active Délivrance des agréments pour les professions d'assistant maternel, d'assistant familial, et d'accueillant familial
Aménagement du territoire	
Communes	Charte intercommunale de développement et d'aménagement
EPCI/métropole	Contrats de ville Contrat d'agglomération (passé entre l'État et une communauté urbaine ou une communauté d'agglomération)
Départements	Programme d'aide à l'équipement rural Assistance technique aux communes rurales dans les domaines de l'assainissement ou de l'alimentation en eau Schéma départemental d'amélioration de l'accessibilité des services
Régions	Contrats de plan État-région Schéma régional d'aménagement et de développement durable et d'égalité du territoire (SRADDET)
Culture et loisirs (compétence partagée en vertu de l'article L. 1111-4 CGCT)	
Communes	Musées et bibliothèques municipaux Archives Équipements sportifs de proximité
EPCI/métropole	Musées et bibliothèques Équipements sportifs de proximité
Départements	Musées et bibliothèques départementaux Archives Schéma départemental des enseignements artistiques Équipements sportifs des collèges
Régions	Musées et bibliothèques régionaux Archives Fonds régional d'art contemporain Fonds régional d'acquisition pour les musées Inventaire du patrimoinc culturel Équipements sportifs des lycées
Développement économique	
Communes	Octroi des aides aux entreprises après conclusion d'une convention avec la région et selon le régime juridique fixé par la région Interventions facultatives fondées sur la clause de compétence générale sous réserve de respecter les orientations du schéma régional de développement économique, d'innovation et d'internationalisation (SRDEII)

EPCI/métropole	Octroi des aides aux entreprises après conclusion d'une convention avec la région et selon le régime juridique fixé par la région Consultation par le conseil régional sur le projet de SRDEII Possibilité pour les métropoles d'élaborer un document d'orientation stratégique dans le respect des orientations du SRDEII Zones d'activités (commerciales par exemple) Politique du commerce
Départements	Aides aux organisations de producteurs
Régions	Élaboration du SRDEII Définition du régime juridique des aides accordées aux entreprises Octroi des aides aux entreprises
Éducation	
Communes	Création des écoles et classes élémentaires et maternelles (après avis du représentant de l'État) Construction et entretien général des écoles primaires Service minimum d'accueil Réforme des rythmes scolaires
Départements	Construction et entretien général des collèges Restauration et hébergement des collégiens Gestion et recrutement des personnes techniciens, ouvriers et de service des collèges
Régions	Coordination des initiatives territoriales en faveur de la diffusion de la culture scientifique, technique et industrielle Schéma régional de l'enseignement supérieur de la recherche et de l'innovation Construction et entretien général des lycées Restauration et hébergement des lycéens Gestion et recrutement des personnes techniciens, ouvriers et de service des lycées
Emploi et insertion professionnelle	
Communes	Recrutement et gestion des agents de commune, et possibilité de recourir aux contrats aidés visant à favoriser l'insertion professionnelle des personnes exclues du marché du travail Possibilité de concourir au service public de l'emploi
EPCI/métropole	Recrutement et gestion des agents de l'EPCI, et possibilité de recourir aux contrats aidés visant à favoriser l'insertion professionnelle des personnes exclues du marché du travail Mise en œuvre par les métropoles du programme départemental d'insertion dans le cadre d'un transfert ou d'une délégation de compétence du département Possibilité de concourir au service public de l'emploi
Départements	Actions d'insertion professionnelle mise en œuvre dans le cadre du RSA Recrutement et gestion des agents du département, et possibilité de recourir aux contrats aidés visant à favoriser l'insertion professionnelle des personnes exclues du marché du travail Possibilité de concourir au service public de l'emploi
Régions	Recrutement et gestion des agents de la région, et possibilité de recourir aux contrats aidés visant à favoriser l'insertion professionnelle des personnes exclues du marché du travail Participation à la coordination des acteurs du service public de l'emploi Élaboration d'une stratégie coordonnée en matière d'emploi, d'orientation et de formation professionnelle en lien avec le préfet de région

Environnement – transition écologique	
Communes	Service public de collecte et de traitement des déchets ménagers Assainissement Distribution de l'eau potable
EPCI/métropole	Service public de collecte et de traitement des déchets ménagers (compétence obligatoire des EPCI) Assainissement (compétences obligatoires à compter de 2020 ou de 2026) Distribution de l'eau potable (compétence obligatoire des EPCI à compter de 2020 ou de 2026)
Départements	Protection des espaces naturels sensibles
Régions	Chef de file en matière de protection de la biodiversité, de climat, de qualité de l'air et d'énergie Plan régional de prévention et d'élimination des déchets Parcs naturels régionaux Réserves naturelles
Formation professionnelle	
Régions	Responsabilité de la politique régionale d'apprentissage et de formation professionnelle Définition et mise en œuvre du contrat de plan régional de développement des formations professionnelles
Logement et habitat	
Communes	Quota de logements sociaux
EPCI/métropole	Programme local de l'habitat
Départements	Plan départemental de l'habitat Plan départemental d'action pour le logement des personnes défavorisées Octroi d'aides à la construction et à la réhabilitation de logements locatifs sociaux si une convention a été conclue entre l'État et le département
Sécurité	
Communes	Police administrative (maire ou président de l'EPCI) Présidence par le maire du conseil local de sécurité et de prévention de la délinquance
EPCI/métropole	Police administrative (maire ou président de l'EPCI)
Départements	Pouvoir de police du président du conseil départemental sur le domaine public départemental Services départementaux d'incendie et de secours
Tourisme (compétence partagée en vertu de l'article L. 1111-4 CGCT)	
Communes	Équipements touristiques Actions d'animation touristique Promotion du tourisme, création des offices du tourisme pour les stations classées de tourisme
EPCI/métropole	Création des offices du tourisme
Départements	Schéma d'aménagement touristique départemental
Régions	Schéma régional du développement touristique Comité régional du tourisme
Transports – mobilité	
Communes	Transports urbains
EPCI/métropole	Transports urbains

Départements	Transports scolaires des enfants handicapés
Régions	Chef de file en matière de mobilité Transports non urbains, y compris transports scolaires Transports ferroviaires régionaux de voyageurs
Urbanisme	
Communes	Rôle de chef de file en matière d'aménagement de l'espace (commune ou EPCI) Plans locaux d'urbanisme Cartes communales Délivrance d'autorisations (permis de construire, permis d'aménager, permis de démolir)
EPCI/métropole	Rôle de chef de file en matière d'aménagement de l'espace (commune ou EPCI) Schéma de cohérence territoriale Plans locaux d'urbanisme
Voirie	
Communes	Entretien des voies communales et chemins ruraux
EPCI/métropole	Création et entretien de la voirie (pour certains EPCI)
Départements	Entretien et aménagement du domaine routier départemental

Chapitre 2
La gestion des compétences locales

L'essentiel

La gestion des compétences locales suppose des moyens humains et financiers, dont certains ont été transférés par l'État lors des vagues successives de décentralisation. À cela s'ajoutent différents instruments juridiques qui permettent d'organiser la mise en œuvre des compétences obligatoires et facultatives des échelons locaux. Parmi ces instruments, figurent les services publics locaux, les contrats et les conventions qui permettent, pour certains d'entre eux, d'organiser la répartition des compétences entre les différents niveaux d'administration. De plus, pour mener à bien leurs missions, les collectivités territoriales peuvent avoir recours à des sociétés, qu'il s'agisse de sociétés d'économie mixte locales, ou de sociétés publiques locales créées en 2010.

Section 1 – Le service public local

Plusieurs questions méritent d'être soulevées s'agissant des services publics locaux :

• D'une part, quelle est l'étendue du pouvoir d'appréciation dont disposent les autorités locales pour créer de telles activités ?

• D'autre part, sont-elles libres de déterminer leurs conditions de fonctionnement, qu'il s'agisse du mode de gestion ou de la tarification ?

§ 1 – Les règles relatives à la création de services publics locaux

I – Les services publics locaux obligatoires

L'existence de certains services publics locaux est imposée par les textes, tel est le cas du service de l'aide sociale à l'enfance en vertu de l'article L. 221-1 du Code de l'action sociale et des familles, service dont les départements se doivent d'assurer la mise en œuvre. Dans la mesure où l'aide sociale est un droit, pour toute personne qui remplit les conditions légales d'attribution, le département ne peut se soustraire à ses obligations en la matière. Il s'agit, par ailleurs, d'une dépense obligatoire, le représentant de l'État peut donc saisir la chambre régionale des comptes afin de demander son inscription d'office au budget de la collectivité si le département n'a pas inscrit les sommes nécessaires à son budget.

Le service minimum d'accueil dans les écoles primaires :
CAA Lyon, 1er avril 2010, *Préfet du Puy-de-Dôme*, n° 09LY01396

Une commune ne peut s'exonérer de l'obligation découlant de la loi du 20 août 2008 (loi n° 2008-790) en invoquant le manque d'agents disponibles pour assurer ce service. L'allégation de difficultés liées à l'organisation de cette activité ne permet pas à la commune de se soustraire à son obligation. Il s'agit donc d'un service public obligatoire que les communes doivent faire fonctionner dans les conditions définies par la loi.

II - Les services publics facultatifs

Antérieurement à l'entrée en vigueur de la loi NOTRe du 7 août 2015, la création de services publics facultatifs était fondée la clause générale de compétence, sous réserve que cette intervention réponde à un intérêt public local, et ne méconnaisse pas le principe de la liberté du commerce et de l'industrie (CE 30 mai 1930, *Chambre syndicale du commerce en détail de Nevers, Rec.* p. 583).

Le principe de liberté de commerce et d'industrie : CE 3 mars 2010, *Département de la Corrèze, RDSS* 2010. 341, note G. Koubi et G. J. Guglielmi

Cette condition a fait l'objet d'une interprétation souple de la part du juge administratif dans la jurisprudence récente, comme l'illustre une décision rendue par le Conseil d'État le 3 mars 2010 : dans cette espèce, était en cause la création par un département d'un service de téléalarme au profit des personnes âgées. Pour admettre que la création de ce service public ne portait pas atteinte au principe de la liberté du commerce et de l'industrie, le juge a indiqué que ce service avait pour objet d'assurer l'accès de toutes les personnes âgées dépendantes à la téléalarme, indépendamment de leurs ressources. La création de ce service public est ainsi justifiée non pas par la carence pure et simple de l'initiative privée, mais par les tarifs pratiqués par le secteur privé, lesquels risquaient d'exclure les personnes les plus modestes.

Implicitement, le juge administratif a autorisé les collectivités territoriales à remédier aux carences du marché qui, sans être complètement absent d'un secteur d'activité, pouvait néanmoins se concentrer sur les secteurs les plus rentables. La notion d'intérêt public local bénéficie d'une interprétation extensive dans la jurisprudence contemporaine, ce qui offrait aux collectivités territoriales de larges possibilités.

L'arrêt rendu par le Conseil d'État le 29 juin 2001 s'inscrit d'ailleurs dans la même veine en indiquant que la clause générale de compétence autorise les collectivités à agir dès lors qu'elles n'empiètent pas sur les compétences des autres personnes publiques (*Commune de Mons-en-Barœul, AJDA* 2002. 42, obs. Y. Jégouzo).

Si l'état du droit positif n'a pas évolué s'agissant des communes, la loi du 7 août 2015 a en revanche réduit le champ réservé aux services publics facultatifs créés par les départements et les régions. Cela ne signifie pas que le législateur a anéanti tout pouvoir d'initiative car les départements conservent une certaine latitude dans le champ de leur spécialisation, à savoir la cohésion sociale et territoriale. De même, la région bénéficie d'une marge de manœuvre pour créer des services publics facultatifs dans ses domaines de spécialité, lesquels sont en réalité définis de façon extensive car ils se rapportent au développement économique, social, sanitaire, culturel et scientifique de la région notamment (art. L. 4221-1 CGCT). Par conséquent, le juge administratif devra désormais vérifier que la création d'un service facultatif par un département ou par une région correspond effectivement au périmètre que le législateur a laissé à la libre initiative locale, avant d'examiner la présence d'un intérêt public local, et le respect du principe de la liberté du commerce et de l'industrie.

§ 2 – Le fonctionnement des services publics locaux

I – Le choix du mode de gestion

Les collectivités territoriales bénéficient d'une liberté relative pour définir le mode de gestion de leurs services publics locaux, certains services devant être assurés par la personne publique elle-même. La police municipale, par exemple, ne peut être déléguée à une personne privée (CE 23 mai 1958, *Consorts Amoudruz, Rec.* p. 301).

Cependant, au-delà de ces hypothèses, qui demeurent d'application limitée, la collectivité bénéficie d'une faculté de choix, ainsi que l'a indiqué le Conseil d'État dans un arrêt du 18 mars 1988, *Loupias (Rec.* p. 668). Plusieurs options s'offrent à la collectivité.

A – La régie

La collectivité peut choisir de prendre en charge directement l'activité par le biais de la gestion en régie, qu'il s'agisse d'une régie directe ou autonome. La première ne dispose pas de la personnalité morale et ne fait l'objet d'aucune individualisation par rapport à la collectivité. La seconde bénéficie, quant à elle, d'un budget autonome sans toutefois se voir reconnaître la personnalité morale.

En outre, dans une importante décision rendue par la section du contentieux le 6 avril 2007, le Conseil a considéré qu'une activité de service public gérée par une association transparente, qui constituait en réalité un démembrement de la collectivité, devait être assimilée à une régie (CE, *Commune d'Aix-en-Provence, Rec.* p. 155). Dès lors que la personne publique exerce sur cette association un contrôle similaire à celui qu'elle exerce sur ses propres services, et dès lors que l'organisme a pour objet exclusif de gérer le service (sous réserve d'une diversification purement accessoire), l'activité sera regardée comme étant gérée en régie, c'est-à-dire, directement par la collectivité.

B – L'établissement public

Outre la gestion en régie, les autorités locales peuvent confier une mission de service public à un établissement public (par ex., un centre communal d'action sociale).

C – La délégation de service public

Les collectivités peuvent également avoir recours à la délégation définie à l'article L. 1411-1 du CGCT, dans sa version issue de l'ordonnance du 26 novembre 2018 portant partie législative du code de la commande publique (n° 2018-1074). La délégation de service public est désormais expressément qualifiée de contrat de concession de service au sens de l'article L. 1121-3 du Code de la commande publique, étant précisé qu'elle doit être conclue par écrit. Par le biais de ce contrat, l'autorité délégante confie la gestion d'un service public à un ou plusieurs opérateurs, à qui est transféré un risque lié à l'exploitation du service, en contrepartie du droit d'exploiter le service (dans certaines hypothèses, ce droit peut aussi être assorti d'un prix). Le régime juridique des délégations de service public a évolué depuis la transposition de la directive du 26 février 2014 sur les contrats de concession et l'adoption du Code de la commande publique qui s'en est suivie. Désormais, la notion de concession bénéficie d'une acception générique qui englobe les différentes catégories de délégations :

• **la concession proprement dite** : contrat qui permet de confier au concessionnaire la prise en charge des investissements nécessaires au service public. En contrepartie, le concessionnaire se rémunère sur les résultats d'exploitation du service public en percevant des redevances sur les usagers. La durée de la concession tient compte, par ailleurs, du temps nécessaire à l'amortissement des investissements ;

• **l'affermage** : contrat par lequel le délégataire exploite des infrastructures que les collectivités mettent à sa disposition. Il sera également rémunéré par les résultats de l'exploitation de l'activité grâce à des redevances perçues sur les usagers ;

• **la régie intéressée** : les délégataires sont rémunérés directement par la collectivité, et non par les usagers, étant précisé qu'une part de la rémunération est tout de même indexée sur les résultats de l'exploitation de l'activité.

Le point commun entre ces différents contrats réside dans la part de risque supportée par le délégataire qui doit être réellement exposé aux aléas du marché, selon les termes de l'article L. 1121-1 du Code de la commande publique. Cette condition, qui avait déjà été énoncée par la jurisprudence (CE 7 nov. 2008, *Département de la Vendée*, *Rec. T.* p 805), figure désormais explicitement au sein du Code et ce, sous l'impact du droit de l'Union européenne.

II - Le choix de la tarification du service public

A - La tarification des services publics industriels et commerciaux

Il s'agit de services à vocation marchande dont le fonctionnement s'apparente à celui d'une entreprise privée (tel est le cas de la distribution de l'eau par ex.). Ces activités doivent, en principe, fonctionner grâce aux seules redevances perçues sur les usagers, ce qui exclut toute différenciation tarifaire autre que celle fondée sur le niveau de consommation du service.

La sanction par le juge administratif des différences tarifaires établies en fonction du lieu de résidence de l'usager

• Pour le service public de distribution de l'eau : CE 28 avr. 1993, *Commune de Coux*, *Rec.* p. 138.

• Pour un parc de stationnement : CE 12 juill. 1995, *Commune de Maintenon*, *Rec.* p. 305.

• Pour un service de remontées mécaniques : CAA Lyon, 13 avr. 2000, *Commune de Saint-Solin-d'Arves*, *AJDA* 2000. 849.

Par ailleurs, les services publics industriels et commerciaux sont soumis à une obligation d'équilibre financier, ils doivent être équilibrés en recettes et en dépenses, ce qui exclut le versement de toute subvention de la part de la collectivité. De ce fait, ces services publics ne peuvent, sauf exception prévue par les textes, pratiquer une tarification sociale dont le coût serait pris en charge par la collectivité (CE 27 févr. 1998, *Commune de Sassenay*, *Rec. T.* p. 777).

Il existe néanmoins une exception dans le cadre du service des transports puisque l'article L. 1113-1 du Code des transports prévoit que les personnes disposant de faibles ressources peuvent bénéficier d'une réduction tarifaire d'au moins 50 % et ce, quel que soit leur lieu de résidence. Cette disposition, prévue initialement par l'article 123 de la loi du 13 décembre 2000 relative à la solidarité et au renouvellement urbains (loi n° 2000-1208), introduit ainsi une tarification sociale dans le secteur des transports en commun.

B – Les services publics à caractère administratif

Dans le cadre de ces activités, dont le fonctionnement ne s'apparente pas à celui d'une entreprise privée, les contraintes pesant sur les collectivités territoriales sont quelque peu atténuées : en effet, elles ne sont pas soumises au principe de l'équilibre financier, ce qui implique que les collectivités peuvent leur accorder des subventions afin de compenser le coût de certaines réductions tarifaires.

Les distinctions établies entre les usagers peuvent être classées en deux catégories : celles qui sont fondées sur le lieu de résidence, et celles qui sont établies en fonction de la situation sociale de l'usager.

1. Le critère géographique

Les collectivités territoriales ont développé des pratiques visant à accorder une préférence locale : dans la mesure où les habitants de la collectivité ont la qualité de contribuables locaux et qu'ils participent, indirectement, au financement des services publics locaux, les autorités locales ont eu tendance à leur réserver des tarifs préférentiels (pour une application au service public des cantines scolaires, voir CE 5 oct. 1984, *COREP de l'Arège, RFDA* 1985. 241, avec les conclusions de F. Delon).

Il convient, toutefois, de préciser que le lieu de résidence ne peut constituer un critère de sélection pour l'accès au service public (CE 13 mai 1994, *Commune de Dreux, RFDA* 1994. 711 avec les conclusions de S. Daël, à propos d'une école municipale de musique). Ainsi, les collectivités territoriales peuvent accorder des tarifs préférentiels aux usagers des services publics administratifs résidant sur le territoire de la collectivité puisqu'ils contribuent, par leurs impôts, au financement de ces activités, mais elles ne peuvent leur réserver l'accès à ces activités (sauf s'il s'agit de l'octroi d'une prestation sociale facultative, l'accès à ces prestations pouvant être réservé aux seuls habitants : CE 11 déc. 1996, *CCAS de Saint-André-les-Vergers, Rec.* p. 480).

Toutefois, cette pratique fondée sur la préférence locale n'est pas toujours jugée conforme au droit de l'Union européenne : dans une décision du 16 janvier 2003, la Cour de justice des communautés européennes a estimé, s'agissant de l'accès à un service public culturel, que l'octroi de tarifs préférentiels aux personnes de plus de 60 ans ayant la qualité de résident local, était contraire au principe de non-discrimination (CJCE 16 janv. 2003, *Commission contre République italienne*, n° 388/01, *AJDA* 2003. 387). La Cour a considéré que cette pratique pouvait créer une discrimination fondée sur la nationalité à l'égard des ressortissants des autres États membres qui ne peuvent avoir la qualité de résident local. La pratique des collectivités territoriales françaises peut ainsi être remise en cause par le droit de l'Union européenne. On peut également s'interroger sur le maintien de cette pratique au regard de la suppression programmée de cet impôt local qu'est la taxe d'habitation. Les justifications apportées aux différences tarifaires fondées sur le critère géographique semblent ainsi s'étioler.

2. La mise en œuvre d'une tarification sociale

Le juge administratif admet l'application d'un tarif variant selon un quotient familial. Cette solution a tout d'abord été appliquée à un service public à vocation sociale, telle une crèche (CE 20 janv. 1989, *CCAS de La Rochelle, Rec.* p. 8), avant d'être étendue aux services publics culturels (CE 29 déc. 1997, *Commune de Gennevilliers* et CE 29 déc. 1997, *Commune de Nanterre, Rec.* p. 499).

Cette faculté a ensuite été reconnue par le législateur puisque l'article 147 de la loi du 29 juillet 1998 relative à la lutte contre les exclusions (loi n° 98-657) énonce que « les tarifs des services publics administratifs à caractère facultatif peuvent être fixés en fonction du niveau de revenu des usagers et du nombre de personnes vivant au foyer. Les droits les plus élevés ainsi fixés ne peuvent être supérieurs au coût par usager de la prestation concernée ».

Les collectivités territoriales ont ainsi la possibilité de mener une politique tarifaire favorisant l'accès effectif de tous, y compris des plus démunis, aux services publics locaux à caractère administratif.

Section 2 – Le recours au contrat

Le procédé contractuel est devenu un véritable instrument de mise en œuvre des compétences des collectivités territoriales, qu'il s'agisse d'organiser leur répartition et leur transfert, ou qu'il s'agisse d'assurer effectivement l'exercice d'une compétence.

§ 1 – Les conventions liées à la répartition des compétences et des moyens

Dans cette première catégorie de contrats, peuvent être mentionnés les contrats de plan conclus entre l'État et la région afin d'assurer la coordination entre les objectifs de développement économique et social nationaux et les objectifs locaux. Dans le domaine de l'aménagement du territoire, le contrat semble être devenu l'un des outils de la nécessaire articulation entre politique nationale et politiques locales.

Outre les contrats de projets, il existe également d'autres types de conventions, certaines sont liées aux transferts de compétences entre l'État et les collectivités territoriales, d'autres à la définition d'une politique cohérente entre les différents niveaux de collectivités dans le cadre des compétences enchevêtrées.

I – Les conventions liées aux transferts de compétences entre l'État et les collectivités

Tout nouveau transfert de compétences doit s'accompagner de moyens financiers, mais aussi du transfert des services correspondants à l'exercice de la compétence concernée. Ce transfert est organisé par la voie contractuelle, étant précisé que les services concernés peuvent ne pas être transférés, mais simplement mis à disposition de la collectivité.

Des conventions analogues sont également passées entre les communes et les EPCI pour organiser les transferts de services ou les mises à disposition entre ces collectivités et leur établissement.

En outre, plusieurs textes prévoient que, par conclusion d'une convention avec l'État, une collectivité territoriale peut exercer une compétence appartenant normalement à l'État. Les exemples permettant d'illustrer ce cas de figure peuvent être multipliés, on se contentera simplement de citer la loi du 27 janvier 2014 de modernisation de l'action publique territoriale et d'affirmation des métropoles : ce texte indique que, par convention, l'État peut déléguer aux métropoles l'attribution des aides au logement locatif social, ou encore, la garantie du droit à un logement décent et indépendant. La conclusion de convention permet ainsi d'organiser des transferts facultatifs de compétences entre l'État et les collectivités ou leurs groupements.

Plus largement, l'article L. 1111-8 du CGCT (issu de la loi du 27 janv. 2014) prévoit que l'État peut déléguer, par convention, à une collectivité ou à un EPCI à fiscalité propre qui en fait la demande l'exercice de certaines compétences. Sont cependant exclues les compétences régaliennes relevant de la nationalité, des droits civiques, des garanties des libertés publiques, ou encore de la politique étrangère par exemple.

II – Les conventions visant à remédier à l'enchevêtrement des compétences

Les textes imposent aux collectivités territoriales l'adoption de schémas et plans visant à coordonner leurs actions, par exemple, en matière de tourisme ou de logement.

Le recours à l'instrument contractuel pour assurer une plus grande cohérence des interventions publiques a également été renforcé par la loi du 27 janvier 2014 de modernisation de l'action publique territoriale et d'affirmation des métropoles. Dans les domaines dans lesquels les collectivités sont désignées chef de file, elles doivent élaborer un projet de convention d'exercice concerté qui fixe des objectifs en termes de rationalisation des interventions publiques, et qui détermine les modalités de l'action commune des différentes catégories de collectivités. Cette convention peut prévoir des délégations de compétences entre collectivités territoriales ou en faveur d'un EPCI, la création de services unifiés dans une logique de mutualisation, ou encore, la rationalisation des interventions financières des collectivités. Cette convention est conclue pour six ans. Le projet est élaboré par la collectivité chef de file et soumis pour avis à la conférence territoriale de l'action publique. Il doit ensuite être transmis au préfet avant d'être finalement adopté par les organes délibérants des collectivités et établissements concernés. La loi du 27 janvier 2014 privilégie ainsi le recours au contrat pour tenter de remédier à l'échec de la logique des blocs de compétences, le contrat présentant l'avantage de la souplesse. Les collectivités peuvent donc décider elles-mêmes des modalités de leur action commune.

§ 2 – Les contrats assurant l'exercice effectif des compétences locales

Deux grandes catégories de contrats peuvent être abordées dans ce cadre : d'une part, ceux visant à confier à une personne privée une opération matérielle relative au fonctionnement d'un service public, d'autre part, les contrats permettant de recruter des agents non statutaires afin, notamment, d'assurer la continuité des services publics locaux.

I – Les délégations de service public et les marchés publics

La mise en œuvre des compétences dévolues aux collectivités territoriales peut reposer sur la conclusion de contrats visant à transférer la gestion d'une activité de service public à une personne privée par le biais d'une délégation de service public. Le recours à ce contrat suppose, néanmoins, la consultation préalable de la commission consultative des services publics locaux (dont la création est imposée par l'article L. 1413-1 du CGCT dans les régions, les départements, les communes de plus de 10 000 habitants, ou encore, dans les EPCI de plus de 50 000 habitants). Par ailleurs, si la collectivité dispose d'une certaine liberté pour décider d'avoir recours à une délégation de service public, la procédure de passation de ce contrat est encadrée par le Code de la commande publique : l'autorité délégante doit respecter une procédure de publicité permettant la présentation de plusieurs offres concurrentes. Les offres présentées peuvent être ensuite librement négociées par l'autorité responsable de la personne publique délégante. C'est elle qui choisira, *in fine*, le délégataire.

Outre les délégations de service public, les collectivités territoriales peuvent également conclure des marchés publics de travaux ou de services. Un marché public peut ainsi être conclu pour la gestion d'un service public, la différence avec la délégation résidant dans le critère du risque financier. Dans le cadre d'un marché public, le cocontractant de la collectivité est rémunéré par un prix fixé dans le contrat ; dans l'hypothèse d'une délégation, le cocontractant est rémunéré en fonction des résultats de l'exploitation, il supporte donc un risque financier lié aux aléas de l'exploitation (voir en ce sens CE 7 nov. 2008, *Département de la Vendée, AJDA* 2008. 2454, note L. Richer). Les marchés publics sont soumis aux règles du Code de la commande publique, règles qui sont plus contraignantes en matière de procédure de passation afin de garantir le respect de la libre concurrence.

II – Les contrats de recrutement d'agents publics

Au regard des chiffres fournis par l'Insee, il apparaît que plus de 25 % des agents des collectivités territoriales ne sont pas titulaires, ce qui met en exergue l'importance du recours au contrat dans la fonction publique territoriale.

Plusieurs hypothèses permettent de recruter un contractuel :

- pour le remplacement d'un fonctionnaire en congé maladie, en congé maternité, ou en congé parental ;
- pour faire face à des besoins saisonniers ;
- lorsqu'il n'existe pas de cadre d'emploi dans la fonction publique pour assurer les missions concernées ;
- si la nature des fonctions suppose des compétences techniques particulières s'agissant des emplois de catégorie A ;
- lorsqu'il s'agit d'un emploi fonctionnel (c'est-à-dire d'un emploi de direction), ou d'un emploi de collaborateur de cabinet.

À ces hypothèses, la loi du 6 août 2019 de transformation de la fonction publique (loi n° 2019-831) en a ajouté d'autres en généralisant le recours aux contrats pour les emplois de direction (directeur général et directeur général adjoint des services de certaines collectivités). Ce texte prévoit aussi que dans les communes de moins de 1 000 habitants et dans les EPCI de moins de 15 000 habitants, tous les emplois sont désormais ouverts au recrutement de contractuels.

Par ailleurs, les contrats se sont diversifiés : ils peuvent être à durée déterminée ou à durée indéterminée, par exemple, dans l'hypothèse où il n'existerait pas de cadre d'emploi pour assurer certaines fonctions. Il peut encore s'agir de contrats aidés.

De plus, les collectivités territoriales ont la possibilité, depuis la loi du 3 août 2009 relative à la mobilité et aux parcours professionnels (loi n° 2009-972), de recourir à l'intérim, sous réserve de consulter au préalable le centre de gestion afin de s'assurer qu'aucun agent territorial n'est disponible pour effectuer la mission temporaire.

Ainsi, l'emploi public local tend à emprunter certains procédés au secteur privé, la flexibilité étant parfois présentée comme un atout pour la gestion des ressources humaines.

Section 3 – Les sociétés commerciales

Pour mener à bien leurs missions, les collectivités territoriales peuvent créer des sociétés d'économie mixte ou des sociétés publiques locales.

§ 1 – Les sociétés d'économie mixte (SEM)

Elles sont définies par l'article L. 1521-1 du CGCT qui prévoit qu'une collectivité territoriale ou un EPCI peut s'associer à une ou plusieurs personnes privées pour créer une SEM, dans l'objectif de mener des actions d'aménagement, de construction, pour exploiter un service public industriel et commercial, ou pour toute autre activité d'intérêt général. Une SEM peut ainsi être constituée pour assurer la réhabilitation d'espaces publics et la construction de bâtiments nécessaires au développement économique de la collectivité (CE 22 févr. 1991, *SIDEC contre Commune d'Aubervilliers*, n° 97312).

Une SEM est une société qui permet d'associer des capitaux publics et privés afin d'assurer la mise en œuvre d'une activité d'intérêt général. En vertu de l'article L. 1522-1 du Code, les collectivités et leurs groupements doivent détenir plus de la moitié du capital des SEM et des voix dans les organes délibérants de ces sociétés. Tout en étant soumise au régime juridique des sociétés commerciales, la SEM n'en reste pas moins sous la domination des collectivités territoriales.

§ 2 – La société publique locale (SPL)

Créées par la loi du 28 mai 2010 pour le développement des sociétés publiques locales (loi n° 2010-559), elles sont définies par l'article L. 1531-1 du CGCT. À la différence des SEM, dans lesquelles les collectivités ne détiennent qu'une partie du capital, celui des SPL est entièrement détenu par les collectivités et leurs groupements.

Ce sont des sociétés anonymes, compétentes pour réaliser des opérations d'aménagement, des opérations de construction, pour gérer un service public industriel et commercial, ou toute autre activité d'intérêt général. Elles permettent ainsi à plusieurs collectivités ou groupements de s'associer afin de mener, en commun, une opération s'inscrivant dans le champ des compétences précitées.

Elles présentent également un autre intérêt dans la mesure où elles permettent de contourner les règles relatives à l'attribution des marchés publics. Des collectivités (ou groupements) peuvent ainsi confier une opération d'aménagement ou de construction à une SPL, sans avoir à respecter les règles de mise en concurrence, dans la mesure où les collectivités exercent sur la SPL un contrôle analogue à celui qu'elles exercent sur leurs propres services. La SPL est soumise au régime « in house » assimilable, en quelque sorte, à une gestion directe par la collectivité (CJCE 18 nov. 1999, *Teckal*, *Rec. CJCE* I. 8121). Le régime « in house » concerne les services dont la gestion est assurée par un organisme qui est intimement lié à une personne publique. Deux critères doivent être satisfaits pour faire application de cette notion : il faut, d'une part, que l'autorité publique exerce sur l'organisme un contrôle analogue à celui qu'elle exerce sur ses propres services. Et il convient, d'autre part, que l'organisme réalise l'essentiel de son activité pour la personne publique qui le détient (art. L. 2511-1 et L. 3211-1 du Code de la commande publique).

La SPL répond à ces deux critères, elle n'est qu'un démembrement des collectivités, les missions qui lui sont confiées échappent ainsi au respect des règles de mise en concurrence car on considère que les collectivités contractent avec elles-mêmes. Puisque la SPL n'est que le prolongement administratif des collectivités, elles exercent sur elle un contrôle identique à celui qu'elles exercent sur leurs propres services. Or, ce critère permet de faire application du régime « in house » et de soustraire les opérations visées à l'application des règles relatives à la passation des marchés publics. La création de SPL tend, en définitive, à assouplir quelque peu les règles régissant la gestion des compétences locales.

Pour aller plus loin

Bibliographie

- V. Donier (dir.), *Quelle place pour les collectivités territoriales dans la politique de l'emploi ?*, L'Harmattan, coll. « Grale », 2012, 279 p.
- B. Faure, « Le leadership régional : nouvelle orientation du droit des collectivités territoriales ? », *AJDA* 2015. 1898.
- P. Idoux, « Les régions et le développement économique », *RFDA* 2016. 467.
- M. Long (dir.), *Le financement des services publics locaux*, LGDJ, coll. « Décentralisation », 2010, 164 p.
- J.-M. Pontier, « La redéfinition des compétences : à la recherche de la cohérence », *RDP* 2015. 1241.
- J.-M. Pontier, « Contractualisation et libre administration », *RFDA* 2018. 201.
- L. Potvin-Solis, *Les effets du droit de l'Union européenne sur les compétences des collectivités territoriales*, L'Harmattan, coll. « Grale », 2013, 448 p.
- O. Renaudie (dir.), *Les aides économiques locales, de quel droit ?*, L'Harmattan, coll. « Grale », 2020, 256 p.

Sujets

- Peut-on parler d'échec de la logique des blocs de compétences ?
- Libre administration et services publics locaux

Index alphabétique

T – U

Dans la même collection

Série droit public – Science politique

- *Contentieux administratif*, A. Perrin
- *Contentieux constitutionnel*, M. Verpeaux
- *Droit administratif des biens*, C. Roux
- *Droit administratif général*, P. Gonod
- *Droit des collectivités territoriales*, V. Donier
- *Droit constitutionnel et institutions politiques*, J. P. Jacqué
- *Droit des contrats publics*, F. Lichère
- *Droit de l'environnement*, P. Planchet
- *Droit fiscal*, C. de Lauzainghein, M.-H. Stauble-de Lauzainghein, X. Cabannes
- *Droit de la fonction publique*, G. Peiser
- *Droit international public*, D. Ruzié, G. Teboul
- *Droit public*, L. Dubouis, J.-P. Négrin, G. Peiser
- *Droit de la santé publique*, D. Truchet
- *Droit de l'Union européenne*, L. Coutron
- *Droit de l'urbanisme*, J. Morand-Deviller, S. Ferrari
- *Finances locales*, R. Muzellec, M. Conan
- *Finances publiques*, J. Buisson
- *Histoire du droit*, J. Hilaire
- *Histoire des idées politiques de l'Antiquité à la fin du XVIIIe siècle*, D. G. Lavroff
- *Histoire des idées politiques depuis le XIXe siècle*, D. G. Lavroff
- *Histoire des institutions publiques de la France*, P. Villard, L.-A. Barrière
- *Institutions européennes*, É. Chevalier, O. Dubos
- *Institutions internationales*, B. Sierpinski
- *Introduction à la science politique*, J. Baudouin
- *Libertés fondamentales*, F. Mélin-Soucramanien
- *Relations internationales*, M. Gounelle, M.-P. Lanfranchi

Série droit privé

- *Droit des assurances*, H. Groutel
- *Droit bancaire*, F. Dekeuwer-Défossez, S. Moreil
- *Droit civil général*, P. Bihr, M.-H. Bihr
- *Droit civil. Sûretés, publicité foncière*, V. Brémond, M.-N. Jobard-Bachellier
- *Droit commercial. Notions générales*, J.-P. Le Gall, C. Ruellan
- *Droit du commerce international*, H. Kenfack
- *Droit de la concurrence*, J.-C. Roda
- *Droit de la consommation*, S. Le Gac-Pech
- *Droit de la construction*, C. Saint-Alary-Houin, R. Saint-Alary
- *Droit des biens*, P. Courbe, M. Latina
- *Droit des contrats spéciaux*, B. Bourdelois
- *Droit des entreprises en difficulté*, P.-M. Le Corre, E. Le Corre-Broly
- *Droit des obligations*, L. Tranchant, V. Égéa

- *Droit des personnes, de la famille et des incapacités*, P. Courbe, F. Jault-Seseke
- *Droit des successions et des libéralités*, J. Houssier
- *Droit international privé*, J.-P. Laborde, S. Sana-Chaillé de Néré
- *Droit pénal des affaires*, G. Giudicelli-Delage
- *Droit pénal général*, J. Larguier, P. Conte, P. Maistre du Chambon
- *Droit pénal spécial*, J. Larguier, P. Conte, S. Fournier
- *Droit de la propriété industrielle*, L. Marino
- *Droit rural*, J. Audier
- *Droit de la sécurité sociale*, X. Prétot
- *Droit des sociétés*, A. Constantin
- *Droit du travail*, A. Cœuret, J.-P. Lieutier
- *Grands systèmes de droit étrangers*, M. Fromont
- *Institutions juridictionnelles*, J.-J. Taisne
- *Introduction générale au droit*, P. Courbe, J.-S. Bergé
- *Procédure civile. Droit judiciaire privé*, J. Larguier, P. Conte, C. Blanchard
- *Procédure pénale*, J. Larguier, P. Conte
- *Propriété littéraire et artistique*, P. Sirinelli

PEFC 10-31-1895

720477 - (I) - OSB - A 60 - NC (HCH)
Achevé d'imprimer en octobre 2021 sur les presses de l'imprimerie Chirat
42540 Saint-Just-la-Pendue
Dépôt légal : novembre 2021 - N° 202110.0062

Imprimé en France